普通高等教育规划教材

Daolu Yunshu Xingzheng Guanlixue
道路运输行政管理学

李升朝 编

人民交通出版社股份有限公司
China Communications Press Co.,Ltd.

内 容 提 要

本书属普通高等教育规划教材,包括道路运输行政管理基础、道路运输行政主体及其职能、道路运输行政决策、道路运输行政执行总论、道路运输车辆技术管理和从业人员管理、道路运输行政许可、道路运输市场监管、道路运输行业信用管理和道路运输行政监督等相关内容。

本书可作为普通高等学校交通运输管理相关专业教材,也可作为各级道路运输管理机构的行政管理人员和一线运政执法人员培训教材。

图书在版编目(CIP)数据

道路运输行政管理学/李升朝编. —北京:人民交通出版社股份有限公司,2017.4
ISBN 978-7-114-13680-1

Ⅰ.①道… Ⅱ.①李… Ⅲ.①道路运输—交通运输管理—行政管理 Ⅳ.①U491

中国版本图书馆 CIP 数据核字(2017)第 029495 号

书　　名:道路运输行政管理学
著 作 者:李升朝
责任编辑:曹　静
出版发行:人民交通出版社股份有限公司
地　　址:(100011)北京市朝阳区安定门外外馆斜街 3 号
网　　址:http://www.ccpcl.com.cn
销售电话:(010)59757973
总 经 销:人民交通出版社股份有限公司发行部
经　　销:各地新华书店
印　　刷:北京市密东印刷有限公司
开　　本:787×1092　1/16
印　　张:15.75
字　　数:367 千
版　　次:2017 年 4 月　第 1 版
印　　次:2022 年 8 月　第 2 次印刷
书　　号:ISBN 978-7-114-13680-1
定　　价:36.00 元

(有印刷、装订质量问题的图书由本公司负责调换)

PREFACE 前 言

  道路运输业是国民经济行业之"交通运输业"的重要组成部分，道路运输是综合运输体系的基础。时值国家加快完善综合交通运输体系、使交通运输真正成为发展的先行官、推进"四个交通"全面发展的重大战略机遇期，如何改进提升道路运输服务、满足人民群众日益多样化的出行需求、提高道路运输效率和降低物流成本、使得人民群众更加满意、让经济发展更具活力，是各级交通运输主管部门及其所属的道路运输管理机构履行道路运输行政管理职责的重要任务。本书在以往道路运输行政管理学相关著述基础上，以行政管理学领域最新前沿理论和方法为指导，深入分析道路运输行政管理工作实务，试图建构一个全新框架的道路运输行政管理学教材。

  本书共由八章组成，主要讲述了道路运输业务分类、道路运输行政管理主体、道路运输行政职能及管理手段的相关内容。首先，定义道路运输行政的基本概念、对道路运输业务进行详细分类，即叙述"管什么"；其次，对交通运输主管部门及其所属的道路运输管理机构的体制、道路运输行政人员进行叙述，即"谁来管"；再次，以道路运输决策、执行、监督为基本写作框架，以道路运输执行为重点，从事先、事中、事后管理三个方面分述道路运输经营许可、经营管理、诚信管理等执行工作，即叙述"怎么管"；最后，本书以道路运输行政监督收尾。

  本书由长安大学李升朝编写，编写内容以相关道路运输的法律、法规、规章以及交通运输部颁布的与道路运输有关的规范性文件为基础，同时参考了交通运输部牵头组织撰写的一些科研报告、调研报告等。本书编写期间，得到了长安大学经济与管理学院的陈引社老师、张周堂老师基于专业角度的支持，得到了陕西省交通运输厅姚军、刘向东和习江鹏等同志基于实务工作角度的写作指导支持，作者所指导的研究生李尚官、冯阳萍、何雅婧等同学对本书写作也做了大量工作，在此一并感谢。

李升朝
2017 年 1 月

CONTENTS 目 录

第一章 道路运输行政管理基础 …………………………………………… 1
- 第一节 行政、交通运输行政及道路运输行政 ……………………………… 1
- 第二节 道路运输 …………………………………………………………… 9
- 第三节 道路运输经营分类 ………………………………………………… 11
- 第四节 道路运输经营者和道路运输从业人员 …………………………… 19
- 第五节 道路运输属性特征及对行政管理的要求 ………………………… 25
- 复习题 ……………………………………………………………………… 30

第二章 道路运输行政主体及其职能 …………………………………… 31
- 第一节 道路运输行政主体 ………………………………………………… 31
- 第二节 道路运输行政主体职能及转变 …………………………………… 40
- 第三节 道路运输行政人员 ………………………………………………… 51
- 复习题 ……………………………………………………………………… 58

第三章 道路运输行政决策 ………………………………………………… 59
- 第一节 道路运输行政决策概述 …………………………………………… 59
- 第二节 道路运输行政决策体制 …………………………………………… 63
- 第三节 道路运输行政决策范围和程序 …………………………………… 68
- 第四节 道路运输业发展规划编制程序 …………………………………… 71
- 第五节 道路运输法规制定程序 …………………………………………… 72
- 第六节 道路运输规范性文件制定 ………………………………………… 85
- 第七节 道路运输标准的制定 ……………………………………………… 90
- 复习题 ……………………………………………………………………… 94

第四章 道路运输行政执行总论 …………………………………………… 95
- 第一节 道路运输行政执行 ………………………………………………… 95
- 第二节 道路运输行政许可实施 …………………………………………… 99
- 第三节 道路运输行政处罚实施 ……………………………………………106
- 第四节 道路运输行政强制措施实施 ………………………………………115
- 第五节 道路运输行政强制执行实施 ………………………………………117
- 第六节 道路运输监督检查 …………………………………………………119

复习题 ……………………………………………………………………… 121
第五章　道路运输车辆技术管理和从业人员管理 …………………………… 122
　　第一节　道路运输车辆技术管理 ………………………………………… 122
　　第二节　道路运输从业人员管理 ………………………………………… 128
　　第三节　出租汽车驾驶员从业资格管理 ………………………………… 135
　　复习题 ……………………………………………………………………… 140
第六章　道路运输行政许可 …………………………………………………… 141
　　第一节　道路客运经营许可 ……………………………………………… 141
　　第二节　道路货物运输经营许可 ………………………………………… 153
　　第三节　道路危险货物运输许可 ………………………………………… 156
　　第四节　国际道路运输许可 ……………………………………………… 160
　　第五节　机动车维修经营许可 …………………………………………… 163
　　第六节　机动车驾驶员培训许可 ………………………………………… 167
　　第七节　出租汽车经营许可 ……………………………………………… 172
　　复习题 ……………………………………………………………………… 178
第七章　道路运输市场监管 …………………………………………………… 179
　　第一节　道路客运市场监管 ……………………………………………… 179
　　第二节　道路货运市场监管 ……………………………………………… 184
　　第三节　危险货物运输行政监管 ………………………………………… 187
　　第四节　国际道路运输运营监管 ………………………………………… 191
　　第五节　道路运输价格监管 ……………………………………………… 195
　　第六节　道路运输相关业务市场监管 …………………………………… 198
　　第七节　出租汽车运营服务行政监管 …………………………………… 205
　　复习题 ……………………………………………………………………… 214
第八章　道路运输行业信用管理 ……………………………………………… 215
　　第一节　道路运输企业质量信誉考核 …………………………………… 215
　　第二节　道路运输驾驶员诚信考核 ……………………………………… 222
　　复习题 ……………………………………………………………………… 227
第九章　道路运输行政监督 …………………………………………………… 228
　　第一节　道路运输行政执法监督 ………………………………………… 228
　　第二节　道路运输行政许可监督 ………………………………………… 231
　　第三节　道路运输行政复议 ……………………………………………… 234
　　复习题 ……………………………………………………………………… 243
参考文献 ………………………………………………………………………… 244

第一章　道路运输行政管理基础

第一节　行政、交通运输行政及道路运输行政

一、行政、行政机关和行政职权

道路运输行政管理工作,属于国家行政管理工作的一部分。要研究道路运输行政管理工作,必须先了解国家行政管理工作的基本知识,这些知识主要包括行政的含义、行政机关体系及行政职权。

(一)行政的含义

1."行政"一词的字面含义

《说文解字》中解释:"行,道也"。"行"原为名词,后来演变成动词,俗语说:"读万卷书,行万里路",指出了"行"的本义是实践、执行;"政"从字面意思看,左半部分代表正义,右半部分代表强力,意即以强力施行正义。由此看来,行政重在通过"行",完成"政"的目标任务。

2.行政的实务工作含义

从实务看,以我国为例,行政与行政机关、行政权密不可分。根据宪法,行政权属于国家权力的一部分,行政机关属于国家机关的一部分。

国家权力归属于国家权力机关即人民代表大会及其常务委员会,国家权力机关在保留重大决策权(包括立法权等国家权力)后,把大部分执行权分出交给国务院和各级人民政府机构,把专业的执行权分出交给司法机关和军事机关。国务院和各级人民政府因此享有行政权(包括执法权等国家权力);司法机关(包括最高人民检察院和地方各级人民检察院、最高人民法院和地方各级人民法院)因此享有司法权(包括法律监督权和审判权);军事机关因此享有相关的军事指挥权力。总之,国家权力可以分为立法、行政、司法、军事共四大块。这四个权力的关系为"议行合一",并非完全平行。从国家管理的角度看,人民代表大会重在决策,国务院和各级人民政府重在执行,军事机关重在特殊执行,最高人民检察院和地方各级人民检察院、最高人民法院和地方各级人民法院重在监督执行(专业的执行)。

基于上述内容,行政的基本含义是,各级人民政府及其所属的行政机构基于宪法的规定,通过经济调节、市场监管、社会管理和公共服务等方式执行权力机关的重大决策和国家法律,履行法定职责的各种职能活动。

(二)行政机关和行政职权

图1-1、图1-2分别为我国国家机构图和我国中央国家机构图。

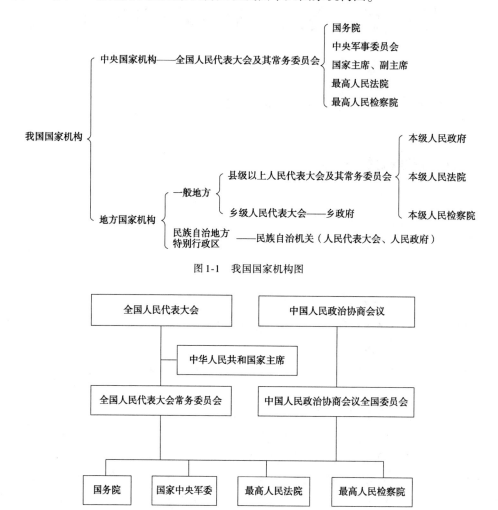

图1-1 我国国家机构图

图1-2 我国中央国家机构图

1. 最高行政机关(国务院)及其职权

行使行政权的国家机关在中央为国务院及其组成机构。国务院是最高国家权力机关的执行机关,是最高国家行政机关;行使行政权的国家机关在地方为各级人民政府及其组成机构。

(1)国务院组成。国务院由总理、副总理若干人、国务委员若干人、各部部长、各委员会主任、审计长和秘书长组成。

(2)国务院实行总理负责制。总理领导国务院的工作,副总理、国务委员协助总理工作。总理、副总理、国务委员、秘书长组成国务院常务会议。总理召集和主持国务院常务会议和国务院全体会议。国务院对全国人民代表大会负责并报告工作;在全国人民代表大会闭会期间,国务院对全国人民代表大会常务委员会负责并报告工作。

2. 国务院所属机构

国务院行政机构根据职能分为国务院办公厅、国务院组成部门、国务院直属机构、国务院办事机构、国务院组成部门管理的国家行政机构和国务院议事协调机构(图1-3)。国务院直属特设机构、国务院直属事业单位为国务院的两类特殊机构，并非典型意义的行政机构。

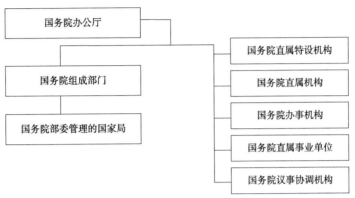

图1-3　国务院所属机构框架图

国务院办公厅、国务院组成部门、国务院直属机构、国务院办事机构在职能分解的基础上设立司、处两级内设机构；国务院组成部门管理的国家行政机构根据工作需要可以设立司、处两级内设机构，也可以只设立处级内设机构。

(1)国务院办公厅协助国务院领导处理国务院日常工作。

(2)国务院组成部门依法分别履行国务院基本的行政管理职能。国务院组成部门包括各部、各委员会、中国人民银行和审计署。各部、各委员会实行部长、主任负责制。国务院各部部长、各委员会主任负责本部门的工作；召集和主持部务会议、委员会会议、委务会议，讨论决定本部门工作的重大问题。各部、各委员会根据法律和国务院的行政法规、决定、命令，在本部门的权限内，发布命令、指示和规章。需要指出的是，监察部与中共中央纪律检查委员会机关合署办公，机构列入国务院序列，编制列入中共中央直属机构。

(3)国务院国有资产监督管理委员会为国务院直属特设机构。

(4)国务院直属机构主管国务院的某项专门业务，具有独立的行政管理职能。需要指出的是，国家预防腐败局列入国务院直属机构序列，在监察部加挂牌子。一般来说，属于国务院组成部门的部委参与国务院的重大决策，而"直属机构"则负责专业性行政事务管理。

(5)国务院办事机构协助国务院总理办理专门事项，不具有独立的行政管理职能。例如国务院法制办公室、国务院研究室等。

(6)国务院组成部门管理的国家行政机构，由国务院组成部门管理，主管特定业务，行使行政管理职能。例如：国家信访局由国务院办公厅管理，国家能源局由国家发展和改革委员会管理，国家公务员局由人力资源和社会保障部管理，国家铁路局由交通运输部管理，中国民用航空局由交通运输部管理，国家邮政局由交通运输部管理。

(7)国务院议事协调机构承担跨国务院行政机构的重要业务工作的组织协调任务。国务院议事协调机构议定的事项，经国务院同意，由有关的行政机构按照各自的职责负责办理。在特殊或者紧急情况下,经国务院同意,国务院议事协调机构可以规定临时性的行政管理措施。例如:国务院安全生产委员会,其具体工作由国家安全生产监督管理总局承担;国务院纠正行业不正之风办公室保留名义,其工作由监察部承担。

3. 地方人民政府性质和架构

1) 地方各级人民政府性质

地方各级人民政府是地方各级人民代表大会的执行机关,是地方各级国家行政机关。地方各级人民政府对本级人民代表大会和上一级国家行政机关负责并报告工作。县级以上的地方各级人民政府在本级人民代表大会闭会期间,对本级人民代表大会常务委员会负责并报告工作。全国地方各级人民政府都是国务院统一领导下的国家行政机关,都服从国务院。地方各级人民政府必须依法行使行政职权。

2) 地方各级人民政府层级架构

地方人民政府共分为四级,依次为:省级人民政府及其所属机构、地级人民政府及其所属机构、县级人民政府及其所属机构和乡级人民政府。

地方人民政府的所属行政机构、人员组成、负责制度以及行政权限,与国务院的差异主要表现在管理行政区域不同、管理权力的程度不同。我国属于中央集权的单一制国家,并非联邦制国家。地方人民政府除不享有国防、外交等直属于国务院的专属权力外,基本上权限范围一致,部门上下对应设立,制度安排类似。

二、交通运输行政

道路运输管理机构隶属于交通运输主管部门,道路运输管理职责是交通运输管理职责的一部分,道路运输行政管理工作是交通运输行政管理工作的必要组成部分,研究道路运输行政管理工作,有必要对更大背景的交通运输行政管理做概要的介绍。

(一) 交通运输

"交通"一词,最早仅指运输所依托的基础设施,陶渊明《桃花源记》中的"阡陌交通",指路与路相交互通,即交通。"运输"是指使用适当工具实现人和物空间位置变动的活动。由此可见,"交通"是基础,"运输"是目的。后来,"交通"的含义扩大,包含运输的意思在内,与"交通运输"一词同义。

(二) 交通运输行政

交通运输行政,是指国家各级交通运输主管部门及其所属的专业管理机构根据国家法律、法规、规章等规定,通过经济调节、市场监管、社会管理和公共服务等方式对交通运输事务履行法定职责的行政活动。

交通运输行政的主要含义包括以下方面。

(1) 交通运输行政主体是指各级交通运输主管部门及其所属的专业管理机构。交通运输主管部门的内设机构是交通运输主管部门的内部必要组成部分,原则上没有行政主体资格,对外没有独立名义。交通运输主管部门的直属机构,以交通运输部海事局(中华人民共和国海事局)为例,其具有行政主体资格,在地方所设的直属海事局也有行政主体资格。

(2)交通运输行政的内容主要是对交通运输事务进行的经济调节、市场监管、社会管理和公共服务等。

经济调节是为交通运输发展提供良好的宏观经济环境,对社会交通运输需求和供给进行总量调控,并促进交通运输结构调整和优化,保持交通运输持续快速协调健康发展,立足于交通运输的基础性、先导性、服务性,进一步理清政府与市场的边界,发挥市场在交通运输资源配置中的决定性作用,加快转变政府职能,更好发挥政府作用。经济调节主要运用经济手段和法律手段,必要时辅之以行政手段,通过制定规划和政策指导、发布信息以及规范市场准入条件,引导和调控交通运输行业运行。

市场监管是依法对交通运输市场主体及其行为进行监督和管理,维护公平竞争的市场秩序,形成统一、开放、竞争、有序的交通运输市场体系。管理手段主要包括:①加强交通运输过程监管和后续管理,强化生产经营者的主体责任,完善市场退出机制;②加快建立交通运输强制性标准体系,重点加强对安全生产、工程质量、环境保护、服务质量等方面的监管;③应用信息化等手段创新监管方式,建立交通运输监管信息服务平台,推进监管信息的归集和共享;④创造良好的信用环境;⑤深化交通运输职业资格制度改革,对从业人员实施分类培养、分级管理;⑥改进市场监管执法,改革监管执法体制。

社会管理是通过制定社会政策和法规,依法管理和规范交通运输社会组织、社会事务,化解社会矛盾,调节收入分配,维护社会公正、社会秩序和社会稳定。社会管理的手段主要包括:①依法指导和帮助非政府组织(例如,道路运输协会等)的健康发展,推进行业组织自治;②妥善处理突发性、群体性事件;③解决好各种利益矛盾和纠纷;④加快实施政社分开,完善交通运输行业社会组织管理体制,实现行业协会商会与行政机关真正脱钩,将适合由行业社会组织承担的职能,委托或移交给社会组织承担。

公共服务是指提供公共产品和服务,其包括:①建立交通运输部门向社会力量购买服务制度,制定交通运输领域政府购买服务实施意见,明确购买服务的种类、性质和内容,逐步扩大政府购买服务范围;②在公共汽电车、轨道交通等运营服务领域,进一步引入竞争机制,采取合同、委托等方式向社会购买;③及时、公开地向全社会提供道路运输市场信息等。

(3)交通运输行政必须坚持依法行政。依法行政的主要法律依据指与交通运输相关的法律、行政法规、部委规章、地方性法规、地方规章等。法律依据包括通用执法依据和专用执法依据。通用执法依据主要包括行政处罚法、行政许可法、行政强制法等,是各级行政主体及其执法人员的共同执法依据,无论治安管理、质量管理、食药监管,还是交通管理、路政管理、运政管理等,都必须严格遵守,除非该法本身有授权可以例外。专用执法依据,以公路交通运输行业为例,主要包括《中华人民共和国公路法》《公路安全保护条例》《中华人民共和国道路运输条例》及相关的若干交通运输部规章,也包括地方相关的立法。

(三)最高交通运输主管部门组织机构体系

交通运输主管部门由交通运输部和地方省、地、县三级交通运输主管部门组成(共四级),各级地方交通运输主管部门受本级人民政府统一领导,并依照法律或行政法规的规定受交通运输部的业务指导。

1. 三个部管国家局

(1) 中国民用航空局。中国民用航空局的内设机构包括综合司、航空安全办公室、政策法规司、发展计划司、财务司、人事科教司、国际司(港澳台办公室)、运输司、飞行标准司、航空器适航审定司、机场司、空管行业管理办公室、公安局等。在地方设立华北、东北、华东、中南、西南、西北、新疆七大地区管理局，负责对辖区内民用航空事务实施行业管理和监督，实行垂直管理。另外设立的直属机构空中交通管理局，是民航局管理全国空中交通服务、民用航空通信、导航、监视、航空气象、航行情报的职能机构。

(2) 国家邮政局。国家邮政局内设机构主要包括办公室(外事司)、政策法规司、普遍服务司(机要通信司)、市场监管司、人事司等。垂直管理各省(自治区、直辖市)邮政管理局。

(3) 国家铁路局。国家铁路局内设综合司(外事司)、科技与法制司、安全监察司、运输监督管理司、工程监督管理司、设备监督管理司、人事司等。在地方设立沈阳、上海、广州、成都、武汉、西安、兰州7个地区铁路监督管理局，负责辖区内铁路监督管理工作，实行垂直管理。

2. 交通运输部内设机构

内设机构主要包括办公厅、法制司、政策研究室、综合规划司、财务司、人事劳动司、公路局、水运局、运输服务司、安全与质量监督管理司、科技司、国际合作司、公安局、直属机关党委、离退休干部局、中央纪委驻交通运输部纪检组、中国海上搜救中心(海上突发事件应急处置工作的议事协调机构)等。

3. 交通运输部直属机构

交通运输部直属机构包括：中华人民共和国海事局(交通运输部海事局)、部救助打捞局、中国船级社、质监局、职业资格中心、部长江航务管理局等。

中华人民共和国海事局为交通运输部直属行政机构，履行水上交通安全监督管理、船舶及相关水上设施检验和登记、防止船舶污染和航海保障等行政管理和执法职责，下设天津海事局、河北海事局、辽宁海事局、黑龙江海事局、山东海事局、连云港海事局、上海海事局、浙江海事局、福建海事局、广东海事局、深圳海事局、广西海事局、长江海事局、海南海事局等，实行垂直管理体制。地方海事局通常分为省、市、县三级，负责除国家海事局直接管辖以外的本地通航水域、港口的水上安全监管、水上安全检查和水上安全事故调查处理；承担救助打捞、防止船舶污染、船舶和船员管理工作；承担船舶和水上设施及船用产品检验工作等。

4. 交通运输部派出机构

交通运输部长江航务管理局对长江干线航运行使政府行业管理职能，受交通运输部委托或法规授权行使长江干线(云南水富—上海长江口，干线航道里程2838km)航运行政主管部门职责。长航局现有长江海事局、长江航道局、长江三峡通航管理局、长江航运公安局等直属单位。

交通运输部珠江航务管理局是交通运输部在珠江水系的派出机构，承担珠江水系航运行政管理职责。

(四)地方各级政府交通运输行政主管部门的组织机构体系

地方交通运输行政管理组织体系的基本结构模式,主要体现为纵向组织体系和横向部门制相结合的体制。

1. 纵向组织体系

地方三级政府基本形成"一省一厅(委)""一市一局(委)""一县(区)一局"的组织模式。省、市、县三级交通运输主管部门之间具有上级对下级的业务指导关系,各级交通运输主管部门对本级政府负责。

2. 横向部门制

省级层面基本构建起"一厅(交通运输厅)+专业管理局(公路管理局、港航管理局、运输管理局等)"的构架。另外,许多省份设置综合执法局(总队)或工程质量和安全监督管理局(站)。

地级市层面基本构建起"一局(市交通运输局)+专业管理处(公路管理处或局、港航管理处或局、运输管理处或局等)"的构架。

县级层面基本构建起"一局(县交通运输局)+专业管理站或所(公路管理站、港航管理局、运输管理所等)"的构架。县级层面设置以公路(农村公路)管理机构和道路运输管理机构为主的基本构架,其他专业管理机构视具体情况选设。

但由于各专业管理机构的管理体制和管理工作量的因素,各地对专业管理机构的设置差异很大。

(1)无水运的省份和部分水运较弱的省份不设港航局,而是将相关职能并入其他机构。水运发达的部分省份单设地方航道、地方海事管理机构。虽然港航、船检、地方海事、航道等管理机构"一门多牌"现象较普遍,但各地实行合署办公的程度不一。

(2)国铁、民航运输、邮政管理采取中央垂直体制,地方仅承担一些协调性事务。但由于地方铁路管理和民航机场管理一般由省级交通运输厅内设机构承担,部分省份已通过内设或外设直属机构的方式成立了地方铁路和民航管理机构。

(3)城市客运(包括公共电汽车、出租汽车、轮渡、地铁、轻轨等)管理,已划归交通主管部门负责,各地成立新的内设机构、直属机构或归运输管理机构管理。

3. 地方交通运输专业管理机构的内部管理体制

1)交通运输主管部门和专业管理机构的关系

交通运输主管部门及其所属的专业管理机构之间是"决策"和"执行"的关系。交通运输主管部门既是各项专业性公共政策的决策者、指导者,也是各个专业管理机构的监督者。专业管理机构则是所属专业业务领域公共政策的执行者。

2)各专业管理机构纵向关系

(1)公路管理机构:对国省道,大部分省份实行省以下垂直管理的体制模式;对农村公路,实行省与县之间以块为主、条块结合的体制模式,市级机构作为省级代理,只负责协调具体事务。

(2)港航管理机构:港口和水路运输大多采用以块为主、条块结合的体制模式;地方航道、地方海事一般按流域设置省级垂直管理的分支机构。

(3) 其他专业管理机构大多也采用以块为主、条块结合的体制模式。

三、道路运输行政

道路运输行政是交通运输行政的一个重要分支。道路运输行政管理工作以行政管理学理论作为指导，根据道路运输行政管理自身固有的行业特点，把道路运输专业知识和行政管理学一般理论进行有效结合，兼取道路运输科学与行政管理学之长，处理好两门科学之间的衔接，力争达到"科技与管理是车之两轮，鸟之两翼"，为我国道路运输行政管理实务提供更实用、更贴近实际的理论指导。

（一）道路运输行政含义

道路运输行政，是指国家各级交通运输主管部门及其所属的道路运输管理机构根据国家法律、法规、规章的规定，依法对全社会道路运输事务所进行的经济调节、市场监管、社会管理和公共服务等行政管理活动。

道路运输行政主要有以下特征。

(1)道路运输行政主体是各级交通运输主管部门及其所属的道路运输管理机构。

(2)道路运输行政的内容主要是对道路运输事务所进行的经济调节、市场监管、社会管理和公共服务。

(3)道路运输行政必须坚持依法行政，依法行政的主要法律依据是与道路运输相关的法律、行政法规、部委规章、地方性法规、地方规章等。

（二）道路运输相关概念界定

1. 道路运输与交通运输的关系

交通运输按照运输依托的基础设施不同，分为陆路交通运输、水路交通运输和航空交通运输等。其中，陆路交通运输又可以分为道路交通运输、铁路交通运输、管道交通运输等。由此可见，交通运输是母概念，道路运输是子概念。

2. 道路运输与公路运输的关系

"道路运输"一词中的"道路"，根据《道路交通安全法》第一百一十九条（本法中下列用语的含义：（一）"道路"，是指公路、城市道路和虽在单位管辖范围但允许社会机动车通行的地方，包括广场、公共停车场等用于公众通行的场所。）的规定可以看出，道路运输是母概念，公路运输是子概念。

3. 道路运输管理

道路运输管理，泛指对道路运输进行的各种管理活动，包括道路运输行业管理（包含道路运输行政管理和道路运输行业协会自治管理）和道路运输企业管理两大块。道路运输行政管理和道路运输企业管理并列，互不隶属。

4. 交通安全、公路安全、运输安全

交通安全指为了维护道路交通秩序，预防和减少交通事故，保护人身安全，保护公民、法人和其他组织的财产安全及其他合法权益，提高道路通行效率，由国务院公安部门负责和县级以上地方各级人民政府公安机关交通管理部门负责的一系列道路管理工作。

公路安全指为了加强公路保护,保障公路完好、安全和畅通,由国务院交通运输主管部门和县级以上地方人民政府交通运输主管部门及其所属的公路管理机构负责的公路保护工作。

运输安全指为了维护道路运输市场秩序,保障道路运输安全,保护道路运输有关各方当事人的合法权益,促进道路运输业的健康发展,由国务院交通运输主管部门和县级以上地方人民政府交通运输主管部门及其所属的道路运输管理机构负责的经营性道路客货运输和危险货物运输安全管理工作。

(三)道路运输行政的基本管理体系

1. 道路运输管理对象体系

道路运输管理对象体系即"管什么"的问题。管理对象主要指在城乡道路(城市道路和城外公路)上从事的经营性道路运输业务及相关业务,主要包括道路旅客运输、道路货物运输、道路运输相关业务(机动车辆维修和驾驶员培训)、城市客运(城市公共汽车客运、出租汽车客运和汽车租赁等)。

2. 道路运输管理机构组织体系

道路运输管理机构组织体系即"谁来管"的问题。重点对道路运输管理机构的性质、名称、设置、层级、人员等进行叙述。此外,结合交通运输领域综合执法改革,阐述道路运输管理机构的体制改革问题。

3. 道路运输管理机构管理手段体系

道路运输管理机构管理手段体系即"怎么管"的问题。本书重点从依法行政和决策、执行、监督这一角度论述道路运输行政管理工作:首先梳理道路运输行政管理的法律依据并进行效力分析;然后从道路运输行政规划和重大决策程序等方面论述道路运输行政决策问题,从市场准入监管(许可)、经营过程监管(处罚和强制等)及经营退出监管来论述道路运输行政执行问题,从行政复议等角度论述道路运输行政监管问题;最终力图建构比较完整、科学的道路运输行政管理手段体系。

第二节 道路运输

一、运输和运输业

1. 运输

运输一词,据《说文解字》,运,意为迁徙转移,其字形采用"辶"作边旁,"军"作声旁。"辶"(chuò),意即走走停停、跑;军,意即兵车。输,意为托人转运,字形采用"车"作边旁,"俞"作声旁。俞,空中木为舟也,从舟从水。根据现代汉语字典,"运输"意为用交通工具把人员或物资从一个地方运到另一个地方。

2. 运输业

行业(或产业)是指从事相同性质的经济活动的所有单位的集合。根据《国民经济行业分类》（GB/T 4754—2011），运输业是国民经济行业组成部分之一。《国民经济行业分类》把国民经济行业分为20个门类行业，交通运输业归属于"交通运输、仓储和邮政业"类。交通运输业分为铁路运输业、道路运输业、水上运输业、航空运输业、管道运输业和搬运装卸运输代理业。道路运输业进一步分为城市公共交通运输（公共电汽车客运、城市轨道交通、出租汽车客运、其他城市公共交通运输）、公路旅客运输、道路货物运输、道路运输辅助活动（客运汽车站、公路管理与养护、其他道路运输辅助活动）。

此外，在国民经济20个门类中，汽车租赁属于"租赁和商务服务业"；汽车监测属于"科学研究和技术服务业"；机动车维修属于"居民服务、修理和其他服务业"；驾驶员培训属于"教育"。

3. 本书叙述的道路运输业范畴

根据道路运输行政管理实务工作和本书编写目标，本书述及的道路运输业主要包括道路运输业（客运和货运）、城市电汽车客运、道路客货运相关业务等。其中城市客运中的轨道交通、城市轮渡等，因为其依托的交通基础设施不是道路，故不在本书编写范围。

二、道路运输的概念和特征

（一）道路运输概念

道路运输，是指自然人、法人或其他组织利用客货车辆在道路（公路和城市道路，不含轨道）上进行的客货运输活动。道路运输是一种能实现"门到门"的最快捷的陆上运输方式，是与轨道运输、水路运输、航空运输和管道运输平行的运输方式之一。

（二）道路运输的特征

与轨道运输、水路运输、航空运输相比，道路运输的特征主要表现在以下几方面。

（1）道路运输路网环境开放、密度大、通达行好，因此运输方便灵活。这一特征导致行政监管空白较多，把现代信息技术用于道路运输行政监管是必然选择。

（2）运输工具价格低、动力成本低、驾驶员雇用成本较低，导致市场准入门槛低。这一特征导致经营者数量庞大，竞争激烈，行政监管成本偏高，鼓励规模化、公司化经营是必然选择。

（3）道路质量等级参差不齐、运输工具众多、交通安全管理水平低，导致运输安全度较低。这一特征说明安全问题是道路运输监管的重中之重。

三、道路运输基本分类

道路运输行政监管的对象以经营性道路运输为主，以监管个别非经营性道路运输（主要指非经营性国际道路运输和非经营性危险货物运输两大类）为辅。

（一）经营性道路运输

经营性道路运输是指为社会提供公共服务、具有商业性质的道路运输活动。道路运输的管理范围以经营性道路运输为主。英美法系采用"合同运输"和"非合同运输"；大陆法系采用"有偿运输"和"无偿运输",不论其是为本单位还是为社会服务,也不论其是"显性"有偿运输还是"隐性"有偿运输。

(二)非经营性道路运输

非经营性道路运输指不面向社会提供运输服务,主要为本单位生产、生活服务,不具有商业性质的道路运输活动,例如工厂厂区内的货物运输、自办的职工上下班通勤车运输等。

因非经营性道路运输不向社会提供服务,基本不涉及不特定社会公众安全、权益,基本不影响相应的道路运输市场秩序。除个别非经营性道路运输(主要包括非经营性国际道路运输和非经营性危险货物运输),道路运输行政管理对象基本上不包含非经营性道路运输。

第三节 道路运输经营分类

一、国际道路运输经营和国内道路运输经营

根据道路运输经营是否跨越国境,道路运输经营可以分为国际道路运输经营和国内道路运输经营。

(一)国际道路运输经营

国际道路运输经营指从事中华人民共和国与相关国家间的国际道路运输经营活动。国际道路运输包括国际道路旅客运输和国际道路货物运输。

国际道路旅客运输分为定期国际道路旅客运输和不定期国际道路旅客运输。定期国际道路旅客班线运输有线路、站点、班次方案。

国际公路货物运输指国际货物借助一定的运载工具,沿着公路做跨及两个或两个以上国家或地区的移动过程,涉及国际道路货物运输(普通货物运输、货物专用运输、大型物件运输)和国际道路危险货物运输。

(二)国内道路运输经营

国内道路运输经营指从事中华人民共和国国内的道路运输经营活动。国内道路运输经营,按照经营者所从事经营活动的主辅地位的特点,可分为道路运输经营和道路运输相关业务。道路运输经营指为社会公众提供服务、具有商业性质的道路运输活动。道路运输相关业务指为社会公众提供站场经营、机动车辆维修、驾驶员培训等道路运输辅助服务、具有商业性质的业务。

二、道路客运经营和道路货运经营

按照运输对象的不同,道路运输经营分为道路客运经营和道路货运经营。

(一)道路客运经营

道路客运经营指用客车运送旅客、为社会公众提供服务、具有商业性质的道路客运活

动。在目前城乡二元化大背景下,道路客运经营不包含城市客运部分。但随着城乡一体化的发展,道路客运经营和城市道路客运最终会实现城乡客运一体化。

基于法律人格的平等,在道路客运经营分类中,旅客的身份和特性不能作为分类标准,但在接受旅客运输和旅客在运输过程中,对一些特殊身份的旅客,承运人需给予特别照顾,或需符合承运人规定的运输条件的旅客才可被承运(限制运输)。这些特别旅客主要包括:无成人陪伴的儿童、孕妇、轮椅旅客、担架旅客、病残旅客、遣返旅客、犯人、酒醉旅客等。承运人和旅客一旦发生纠纷,通过民事合同处理纠纷,不用行政强制性的处理手段。

根据道路客运路线、起讫站点和途经站点、发车时间、车型的确定原因,把道路旅客运输分为道路班车客运和道路包车客运。

1. 道路班车客运

道路班车客运指营运客车在城乡道路上按照固定的线路、时间、站点、班次运行的一种客运方式,包括直达班车客运和普通班车客运。加班车客运是班车客运的一种补充形式,是在客运班车不能满足需要或者无法正常运营时,临时增加或者调配客车按原客运班车的线路、站点运行的方式。"班"意为固定不变,这里指按照交通运输主管部门及其所属的道路运输管理机构批准的车型、线路和站点以及和客运站协商好的班次等开展道路运输经营。

1)道路班车客运的线路等级类型

班车客运的线路根据经营区域和营运线路长度分为以下四种类型。

(1)一类客运班线:地区所在地与地区所在地之间的客运班线或者营运线路长度在800km以上的客运班线。

(2)二类客运班线:地区所在地与县之间的客运班线。

(3)三类客运班线:非毗邻县之间的客运班线。

(4)四类客运班线:毗邻县之间的客运班线或者县境内的客运班线。

上述所称地区所在地,是指设区的市、州、盟人民政府所在城市市区;本规定所称县,包括县、旗、县级市和设区的市、州、盟下辖乡镇的区。县城城区与地区所在地城市市区相连或者重叠的,按起讫客运站所在地确定班线起讫点所属的行政区域。

2)道路班车客运的属地管理类型

根据道路班车经营的行政区域,可将道路班车客运分为以下几类。

(1)县内班车客运:从事县级行政区域内客运经营的班车客运。

(2)县际班车客运:从事某个地级市行政区域内跨2个县级以上行政区域客运经营的班车客运。

(3)市际班车客运:从事某个省行政区域内跨2个地级市以上行政区域客运经营的班车客运。

(4)省际班车客运:从事跨省、自治区、直辖市行政区域客运经营的班车客运。

2. 道路包车客运

包车客运指以运送团体旅客为目的,将客车包租给用户安排使用,提供驾驶劳务,按照约定的起始地、目的地和路线行驶,按行驶里程或者包用时间计费并统一支付费用的一种客运方式。"包"指旅客和承运人或托运人与承运人共同协商后订立包车合同,按合同约定执行道路运输合同义务,"包"还意味着承运人不能再让合同约定外的人上车。根据道路包车经营的行政区域,可将道路包车客运分为以下几类。

(1)县内包车客运:从事县级行政区域内客运经营的包车客运。

(2)县际包车客运:从事某个地级市行政区域内跨2个县级以上行政区域客运经营的包车客运。

(3)市际包车客运:从事某个省行政区域内跨2个地级市以上行政区域客运经营的包车客运。

(4)省际包车客运:从事跨省、自治区、直辖市行政区域客运经营的包车客运。

3.道路旅游客运

道路旅游客运指线路一端或途经地应当在旅游景区或景点,并为旅游出行的旅客提供道路客运服务。道路旅游客运分为以下几类。

(1)道路旅游班线客运:从事定线旅游客运的道路旅游客运。

(2)道路旅游包车客运:从事非定线旅游客运的道路旅游客运。

(二)道路货运经营

道路货运经营指为社会提供公共服务、具有商业性质的道路货物运输活动。货运经营是统一的国内市场,没有地域界限。道路货运经营的分类要注意两个问题,一要注意道路货运分类的基础标准,二要注意企业管理分类和基于行政管理需要分类的区别。

道路货物运输经营的最基本分类标准是货物的特性,货物分类的标准往往是道路货运的前提。特种货物往往对运输工具和设备及从业人员有特别要求。普通货物运输并非没有特殊运输要求:基于多式联运的运输效率要求,许多普通货物运输时采用了集装箱运输方式;基于环保、货物性质保持,许多普通货物运输时采用了专用车辆及附属专用设备;基于货物重量、体积的特殊性,许多普通货物在运输时要求专业的大件运输承运人运输。以上普货的运输任务需要专门设置特殊市场准入门槛,一般的普货承运人不适合承揽。部分道路货运的分类是基于企业经营的需要,与行政管理关系不大,例如整车货物运输和零担货物运输的分类,行政许可类别没有必要细分到整车货物运输许可和零担货物运输许可。

1.基于企业管理需要的道路货物运输分类

1)普通货物运输和特种货物运输

特种货物运输是对装卸、运送和保管等环节有特殊要求的货物运输的统称,运输种类包括:危险品运输、三超大件运输、冷藏运输、特殊机密物品运输及特种柜运输等。

2)普通车辆运输和专用车辆运输

这一分类是根据普通货物运输是否需要特定的车辆和设备来进行的划分,其中专用车辆运输可以分为不同类型。

(1)大型特型笨重物件运输:因货物的体积、重量的要求,需要大型或专用汽车运输的货物运输。

(2)集装箱汽车运输:采用集装箱为容器,使用汽车运输的货物运输。

(3)冷藏保鲜设备汽车运输:使用冷藏保鲜设备专用车辆从事的货物运输。

(4)罐式容器汽车运输:使用罐式容器专用车辆从事的货物运输。

(5)其他专用车辆运输:包括邮政车辆、殡仪运输车、银行运钞车等。其中邮政运输属于专营,不属于道路运输行政监管范围;后两者一般属于单位内部运输或有特别法律调整、有特别部门监管,同样不属于道路运输行政监管范围,但如果从事其他货物的道路运输经营活动,可能就会以擅自从事道路运输经营被查处。

3) 零担货物运输和整批货物运输

这一分类的根据为普通货物运输的车辆使用要求。当一批货物的重量或容积不满一辆货车时,可与其他几批甚至上百批货物共用一辆货车装运时,叫零担货物运输。"零"指零散;"担"古代指扁担,在这里指车;"零担"就是不够一扁担,即不够一车的意思。

托运人一次托运货物根据性质、体积、形状需要一辆汽车运输的,为整批货物运输。

公路货运市场包括整车、大票零担(1000~3000kg)、小票零担(30~1000kg)。包裹运输属于快递业,受邮政管理部门监管。

4) 快件货物运输和特快件货物运输

在规定的距离和时间内将货物运达目的地的运输,为快件货物运输;应托运人要求,采取即托即运的运输,为特快件货物运输。

5) 几种特殊的道路货物运输经营

(1) 无车承运经营。

无车承运经营是指经营者以承运人的身份受理业务,通过运输业务外包形式完成道路货物运输,向货主收取运费,并承担承运人责任的经营活动。

(2) 货运中介服务。

货运中介服务是指为托运人和承运人提供道路货物运输居间信息服务并收取服务费的经营活动。

(3) 零担快运经营。

零担快运经营兼有零担货物运输和快件货物运输的特点。从事零担快运经营的,应当建立货物受理环节验视制度,配备必要的安全检测设备,必要时可在验视环节开包检查,并按照公布的服务承诺提供运输服务。

2. 道路货物运输经营行政许可分类

1) 道路普通货运

道路普通货运是指用普通车辆和设备即可完成运输的普通货物运输活动。

2) 货物专用运输

货物专用运输是指使用集装箱、冷藏保鲜设备、罐式容器等专用车辆进行的货物运输。

3) 道路大型物件运输

道路大型物件运输是指在我国境内道路上运载大型物件的运输。

4) 道路危险货物运输经营

承运《危险货物品名表》列名的易燃、易爆、有毒、有腐蚀性、有放射性等危险货物和虽未列入《危险货物品名表》但具有危险货物性质的新产品,为危险货物汽车运输。非经营性到道路危险货物运输,也属于一个许可类别,但不应列入此处。

三、道路运输相关业务分类

道路运输相关业务根据辅助道路运输的方式分为运输站场经营、机动车维修经营和机动车驾驶员培训经营。

(一)运输站场经营

1. 客运站经营

客运站经营是指以站场设施为依托,为道路客运经营者和旅客提供有关运输服务的经营活动。根据《汽车客运站级别划分和建设要求》(JT 200—2004),客运站分类如下所述。

(1)按车站规模分为等级站、简易车站、招呼站:等级站是具有一定规模,可按规定分级的车站;简易车站是以停车场为依托具有集散旅客、售票和停发客运班车功能的车站;招呼站是道路沿线(客运班线)设立的旅客上落点。

(2)按车站位置和特点分为枢纽站、口岸站、停靠站、港湾站:枢纽站是可为两种及两种以上交通方式提供旅客运输服务,且旅客在站内能实现自由换乘的车站;口岸站是位于边境口岸城镇的车站;停靠站是为方便城市旅客乘车,在市(城)区设立的具有候车设施和停车位,用于长途客运班车停靠、上下旅客的车站;港湾站是道路旁具有候车标志、辅道和停车位的旅客上落点。

(3)按车站服务方式分为公用型车站和自用型车站:公用型车站是具有独立法人地位,自主经营,独立核算,全方位为客运经营者和旅客提供站务服务的车站;自用型车站是隶属于运输企业,主要为自有客车和与本企业有运输协议的经营者提供站务服务的车站。

2. 道路货物运输站(场)经营

道路货物运输站(场)经营是指以综合货运站(场)、零担货运站、集装箱中转站、物流中心等场地设施为依托,为社会提供仓储、保管、配载、信息服务、装卸、理货等服务的经营活动。

从狭义上来看,道路货运站是在道路货物运输过程中进行货物集结、装卸搬运、暂存、车辆检修、信息处理等活动的场所,是联系货源和运力的纽带。从广义上来看,公路货运站是以设施、场地及配套设施设备为依托,融合现代物流服务理念和管理理念,为广大客户提供以公路运输为主体的全方位、一体化的仓储、中转换装、装卸搬运、信息处理、货物运输组织、综合物流等服务的空间场所,是公路货运变车流集结为货流集结的重要载体。

(1)公路货运站根据公路货运站建设投资主体的不同可以分为政府主导型模式、企业主导型模式两种。政府主导型模式,是指公路货运站的建设投资主体是政府,在公路货运站建设过程中除了交通运输部、省交通厅站场建设的专项补助外,多数靠地方交通主管部门自筹资金进行建设。企业主导型模式,是指公路货运站的建设投资主体是企业。

(2)公路货运站根据核心功能可以分为两类:综合型公路货运站和专业型公路货运站。

①综合型公路货运站。

综合型公路货运站,指集仓储、配送、流通加工、运输、装卸搬运、信息服务多功能于一体,分拣与配送多种商品的公路货运站。根据《物流术语》(GB/T 18354—2006)综合型公路货运站主要包括以下几种。

a. 物流园区。

物流园区指为了实现物流设施集约化和物流运作共同化或者出于城市物流设施布局合理化的目的,在城市周边等区域集中建设的物流设施群与众多物流业者在地域上的物理集结地。

b. 物流中心。

物流中心指从事物流活动且具有完善信息网络,应基本符合物流功能健全、主要面向社会提供公共物流服务、对下游配送中心客户提供物流服务、存储吞吐能力强、集聚辐射范围大的要求的组织或场所。

c. 配送中心。

配送中心指从事配送业务且具有完善信息网络,应基本符合配送功能健全、主要为特定客户或末端客户提供服务、提供高频率小批量多批次配送服务、辐射范围小的要求的组织或场所。

②专业型公路货运站。

专业型公路货运站,指专门服务于某种特征货物的公路货运站,主要包括以下两种。

a. 公路零担货运站。

公路零担货运站是专门从事公路零担货物运输业务的场所,集零担货物的收集、整理、仓储、编组、装运、中转、分发、交付等环节于一体,实现零担货物运输各个环节的贯通与衔接。

b. 公路集装箱货运站。

公路集装箱货运站是专门从事公路集装箱货物运输业务的场所,主要进行集装箱拆箱、装箱、仓储和接取、送达业务,实现港口、车站、货主间的集装箱中转运输与门到门运输,在整个集装箱运输和集装箱多式联运中,发挥了"链接"和"纽带"的作用。

(二)机动车维修经营

机动车维修经营是指以维持或者恢复机动车技术状况和正常功能,延长机动车使用寿命为作业任务所进行的维护、修理以及维修救援等相关经营活动。机动车维修经营依据维修车型种类、服务能力和经营项目实行分类许可。机动车维修经营业务根据维修对象分类如下。

(1)汽车维修经营业务:根据经营项目和服务能力分为一类汽车维修(项目种类)、二类汽车维修(项目种类)和三类汽车维修(项目种类)。

(2)危险货物运输车辆维修经营业务。

(3)摩托车维修经营业务:根据经营项目和服务能力分为一类维修经营业务和二类维修经营业务。

(4)其他机动车维修经营业务:根据经营项目和服务能力分为一类其他机动车维修(项目种类)、二类其他机动车维修(项目种类)和三类其他机动车维修(项目种类)。

以上具体有关经营项目按照《汽车维修业开业条件》(GB/T 16739—2014)相关条款的规定执行。

(三)机动车驾驶员培训

机动车驾驶员培训是指以培训学员的机动车驾驶能力或者以培训道路运输驾驶人员的从业能力为教学任务,为社会公众有偿提供驾驶培训服务的活动。机动车驾驶员培训包括对初学机动车驾驶人员、增加准驾车型的驾驶人员和道路运输驾驶人员所进行的驾驶培训、继续教育以及机动车驾驶员培训教练场经营等业务。机动车驾驶员培训业务根据经营项目分为以下几种。

1. 普通机动车驾驶员培训

普通机动车驾驶员培训根据培训能力分为一级普通机动车驾驶员培训、二级普通机动车驾驶员培训和三级普通机动车驾驶员培训三类。

获得一级普通机动车驾驶员培训许可的,可以从事三种(含三种)以上相应车型的普通机动车驾驶员培训业务;获得二级普通机动车驾驶员培训许可的,可以从事两种相应车型的普通机动车驾驶员培训业务;获得三级普通机动车驾驶员培训许可的,只能从事一种相应车型的普通机动车驾驶员培训业务。

2. 道路运输驾驶员从业资格培训

道路运输驾驶员从业资格培训根据培训内容分为道路客货运输驾驶员从业资格培训和危险货物运输驾驶员从业资格培训两类。

获得道路运输驾驶员从业资格培训许可的,还可以从事相应车型的普通机动车驾驶员培训业务。获得危险货物运输驾驶员从业资格培训许可的,可以从事道路危险货物运输驾驶员的从业资格培训业务。

3. 机动车驾驶员培训教练场经营

机动车驾驶员培训经营性教练场是指为机动车驾驶员培训机构提供有偿使用的教练场地、配套设施设备等进行驾驶训练的教练场所。

四、城市客运及相关业务

(一)城市公共汽电车客运

城市公共汽电车客运是指在城市人民政府确定的区域内,使用符合国家有关标准和规定的公共汽电车辆和服务设施,按照核准的线路、站点、时间和票价运营,为社会公众提供基本出行服务的活动。其中,城市公共汽电车客运服务设施指保障城市公共汽电车客运服务的停车场、保养场、站务用房、候车亭、站台、站牌以及油气供配电等相关设施。根据《城市公共交通分类标准》(CJJT114—2007),城市公共汽电车客运主要分类如下。

1. 常规公共汽车客运

常规公共汽车客运包括小型公共汽车客运、中型公共汽车客运、大型公共汽车客运、特大型(铰接)公共汽车客运和双层型公共汽车客运。

2. 快速公共汽车客运

快速公共汽车客运包括大型公共汽车客运、特大型(铰接)公共汽车客运和超特大型(双铰接)公共汽车客运。

3. 无轨电车客运

无轨电车客运包括中型无轨电车客运、大型无轨电车客运和特大(铰接)型无轨电车客运。

(二)出租汽车客运经营

1. 巡游出租汽车经营服务

巡游出租汽车(简称巡游车)经营服务是指可在道路上巡游揽客、站点候客,喷涂、安装出租汽车标识,以七座及以下乘用车和驾驶劳务为乘客提供出行服务,并按照乘客意愿行驶,根据行驶里程和时间计费的经营活动。

2. 预约出租汽车经营服务

预约出租汽车经营服务是指以符合条件的七座及以下乘用车通过预约方式承揽乘客,并按照乘客意愿行驶、提供驾驶劳务,根据行驶里程、时间或者约定计费的经营活动。

3. 网络预约出租汽车经营服务

网络预约出租汽车(简称网约车)经营服务是指以互联网技术为依托构建服务平台,整合供需信息,使用符合条件的车辆和驾驶员,提供非巡游的预约出租汽车服务的经营活动。

4. 巡游车电召服务

巡游车电召服务是指根据乘客通过电信、互联网等方式提出的服务需求,按照约定时间和地点提供巡游车运营服务。

私人小客车合乘,也称为拼车、顺风车,按有关规定执行,不视为出租汽车经营。

(三)城市客运相关业务

1. 汽车租赁

汽车租赁是指经营者在约定时间内将汽车交付承租者使用,收取租赁费用,不提供驾驶劳务的经营活动。

1)长期、中期、短期租赁

按照租赁期的长短将汽车租赁分为长期租赁、中期租赁和短期租赁。在实际经营中,一般认为15天以下为短期租赁,15~90天为中期租赁,90天以上为长期租赁。其中,长期租赁,是指租赁企业与用户签订长期(一般以年计算)租赁合同,按长期租赁期间发生的费用(通常包括车辆价格、维修维护费、各种税费开支、保险费及利息等)扣除预计剩存价值后,根据合同月数平均收取租赁费用,并提供汽车功能、税费、保险、维修及配件等综合服务的租赁形式;短期租赁,是指租赁企业根据用户要求签订合同,为用户提供短期内(一般以小时、日、月计算)的用车服务,收取短期租赁费,解决用户在租赁期间的各项服务要求的租赁形式。

2)融资租赁和经营租赁

汽车租赁按照经营目的划分为融资租赁和经营租赁。融资租赁是指承租人以取得汽车产品的所有权为目的,经营者则是以租赁的形式实现标的物所有权的转移,其实质是一种带有销售性质的长期租赁业务,一定程度上带有金融服务的特点;经营性租赁,指承租人以取得汽车产品的使用权为目的,经营者则是通过提供车辆功能、税费、保险、维修、配件等服务来实现投资收益。

2. 其他城市客运相关业务

其他城市客运相关业务包括机动车维修经营和机动车驾驶员培训,与道路客货运经营相关业务类似。

五、城市货运物流

(一) 出租汽车货运

采用装有出租营业标志的小型货运汽车,供货主临时雇用,并按时间、里程和规定费率收取运输费用的运输服务过程,为出租汽车货运。

(二) 搬家货物运输

为个人或单位搬迁提供运输和搬运装卸服务,并按规定收取费用的运输服务过程,为搬家货物运输。

(三) 城市货物配送

以物流中心和配送中心为场所、以城市路网为依托、以货运车辆为载体的运输服务过程,为城市物流配送。

第四节 道路运输经营者和道路运输从业人员

一、道路运输经营者

(一) 外国国际道路运输经营者和中国国际道路运输经营者

自1991年签订首个中外汽车运输协定以来,我国已与周边国家签订了44个双边、多边汽车运输条约。至2013年底,我国与毗邻的11个国家的70对边境口岸开通了287条客货运输线路,线路总长近40000km,年过客量、过货量分别达600万人次和3000万吨以上。

1. 外国道路运输经营者
1) 外国道路运输经营者定义和中国境内的运输行为限制

外国道路运输经营者指依照其本国法律成立的从事国际道路运输的经营者。

外国国际道路运输经营者根据双边、多边汽车运输协定获准从事的业务只限定于从一国到另一国的跨境运输经营。如果擅自从事我国境内运输经营,在我国境内吸收客源、货源,从事运输经营,就超越了营运范围,其行为属于一种未经批准的非法营运。国际道路运输经营者擅自从事我国境内的道路运输,不仅违背了双边、多边汽车运输协定的相关规定,而且破坏了我国国内的道路运输市场秩序,影响了我国国内道路运输经营者的经营效益。《中华人民共和国道路运输条例》第五十一条明确指出,外国国际道路运输经营者的车辆在中国境内运输,应当标明本国国籍识别标志,并按照规定的运输线路行驶;不得擅自改变运输线路,不得从事起止地都在中国境内的道路运输经营。对于违反上述规定的行为,《中华人民共和国道路运输条例》第七十六条规定,由省、自治区、直辖市道路运输管理机构责令停止运输;有违法所得的,没收违法所得,处违法所得2倍以上10倍以下的罚款;没有违法所得或者违法所得不足1万元的,处3万元以上6万元以下的罚款。

2）外国的道路运输经营者进入国内道路运输市场的条件和基本程序

如果外国的道路运输经营者要进入国内道路运输市场，应当根据《中华人民共和国道路运输条例》及其配套规章《国际道路运输管理规定》的有关规定，按照规定的程序提请道路运输管理机构审批。申请从事国际道路运输经营活动的一个基本条件就是已经取得中国国内道路运输经营许可证的企业法人，这就意味着外国的道路运输经营者要进入中国道路运输市场，必须通过投资成为中国的道路运输经营许可证的企业法人。

（1）在中国设立常驻代表机构。

外国国际道路运输经营者向国务院的交通主管部门申请，经国务院交通主管部门批准，可依法在中国境内设立常驻代表机构。

常驻代表机构为非盈利单位，不得从事经营活动，也不得从事与其业务无关的活动，只能为本机构办理一些事务性的、非经营性的工作，如业务联络、产品介绍、技术交流等。

（2）依法选择投资形式。

根据交通运输部、商务部制定的《外商投资道路运输业管理规定》，允许外商采用以下形式投资经营道路运输业：①采用中外合资形式投资经营道路旅客运输；②采用中外合资、中外合作形式投资经营道路货物运输、道路货物搬运装卸、道路货物仓储和其他与道路运输相关的辅助性服务及车辆维修；③采用独资形式投资经营道路货物运输、道路货物搬运装卸、道路货物仓储和其他与道路运输相关的辅助性服务及车辆维修服务。第③项所列道路运输业务对外开放时间由国务院商务主管部门和交通运输主管部门另行公布。

（3）投资立项主管部门和资质条件。

外商投资道路运输业的立项及相关事项应当经省级交通运输主管部门批准。外商投资设立道路运输企业的合同和章程应当经省级商务主管部门批准。

外商投资道路运输业应当符合国务院交通运输主管部门制定的道路运输发展政策和企业资质条件，并符合拟设立外商投资道路运输企业所在地的交通运输主管部门制定的道路运输业发展规划的要求。投资各方应当具有良好的信誉并以自有资产投资。外商投资从事道路旅客运输业务，还应当符合以下条件：主要投资者中至少一方必须是在中国境内从事5年以上道路旅客运输业务的企业；外资股份比例不得多于49%；企业注册资本的50%用于客运基础设施的建设与改造；投放的车辆应当是中级及以上的客车。

（4）设立程序。

第一，立项申请。设立外商投资道路运输企业，应当向拟设企业所在地的市（设区的市，下同）级交通运输主管部门提出立项申请并提交相关材料。

第二，审核和审批。交通运输主管部门按下列程序对外商投资道路运输业立项和变更申请进行审核和审批。市级交通运输主管部门自收到申请材料之日起15个工作日内，依据本规定提出初审意见，并将初审意见和申请材料报省级交通运输主管部门；省级交通运输主管部门自收到前项材料之日起30个工作日内，对申请材料进行审核。符合规定的，颁发立项批件或者变更批件；不符合规定的，退回申请，书面通知申请人并说明理由。

第三，申请颁发或者变更外商投资企业批准证书。申请人收到批件后，应当在30日内持批件和以下材料向省级商务主管部门申请颁发或者变更外商投资企业批准证书：①申请书；②可行性研究报告；③合同、章程（外商独资道路运输企业只需提供章程）；④董事会成员及主要管理人员名单及简历;⑤工商行政管理部门出具的企业名称预核准通知书;⑥投资者所在国或地区的法律证明文件及资信证明文件;⑦审批机关要求的其他材料。

省级商务主管部门收到申请材料后,在45日内做出是否批准的书面决定。符合规定的,颁发或者变更外商投资企业批准证书;不符合规定的,退回申请,书面通知申请人并说明理由。

第四,申请领取道路运输经营许可证并依法办理工商登记。申请人在收到外商投资企业批准证书后,应当在30日内持立项批件和批准证书向拟设立企业所在地省级交通运输主管部门申请领取道路运输经营许可证,并依法办理工商登记后,方可按核定的经营范围从事道路运输经营活动。

第五,备案。申请人在办理完有关手续后,应将企业法人营业执照、外商投资企业批准证书以及道路运输经营许可证影印件报省级交通运输主管部门备案。

(5) 设立过程应注意事项。

取得外商投资道路运输业立项批件后18个月内未完成工商注册登记手续的,立项批件自行失效。

外商投资道路运输企业的经营期限一般不超过12年。但投资额中有50%以上的资金用于客货运输站场基础设施建设的,经营期限可为20年。

经营业务符合道路运输产业政策和发展规划,并且经营资质(质量信誉)考核合格的外商投资道路运输企业,经原审批机关批准,可以申请延长经营期限,每次延长的经营期限不超过20年。

香港特别行政区、澳门特别行政区和台湾省的投资者以及海外华侨在中国内地投资道路运输业参照适用《外商投资道路运输业管理规定》。

2. 中国国际道路运输经营者

中国国际道路运输经营者指按照中国有关企业法律、道路运输法律等设立的从事国际道路运输经营活动的企业法人。

根据《中华人民共和国道路运输条例》的规定,没有从事国内道路运输经营经历的中国道路运输经营者不能直接申请从事国际道路运输。外国道路运输经营者没有从事国内道路运输经营经历的,能否直接申请从事国际道路运输,应当根据其本国法律决定。

《中华人民共和国道路运输条例》及其配套规章对中国道路运输经营者的申请条件和程序作了明确规定,具体详见本书第六章。中国的道路运输企业在外国从事国际道路运输时,不仅要遵守当地国的法律,而且也要遵守中国的有关法律、法规。一般情况下,在国外已经受到处罚的行为,不再在国内重复处罚,法律、法规另有规定的除外。

(二) 个人类经营者和公司企业经营者

根据国内相关企业法规定,在不考虑投资人背景的情况下,国内道路运输经营者的市场主体形式主要包括:个体工商户、个人独资企业、合伙企业(普通合伙企业和有限合伙企业)和公司企业等。现有的道路运输经营和相关业务经营的市场准入条件中,对申请人的市场主体形式的特别要求,主要包括以下几点:①中国国际道路运输经营的市场准入条件之一,即要求申请人是从事国际道路运输经营活动的企业法人;②网络预约出租汽车经营者(即网约车平台公司)经营许可的条件之一,即要求申请人有法人资格;③申请城市公共汽电车线路运营权应当具有从事城市公共汽电车客运相关资质的工商企业法人营业执照;④申请从事机动车驾驶员培训业务许可(包括普通机动车驾驶员培训业务许可、道路运输驾驶员从业资格培训许可)要求申请人取得企业法人资格。

除上述特别规定,道路客运、货运、机动车辆维修、巡游车客运等,在市场准入条件方面,没有特殊要求。但在客运班线招投标、巡游车经营权招投标时,道路运输管理机构或城市出租车管理部门出于规模化集约化考虑,在评分标准方面对采取企业形式的申请人予以特殊照顾。

进入道路运输市场的经营者,有的是原申请人,只是增加了特许经营范围而已,有的是全新的市场主体。

1. 个人类经营者(个体运输经营业户)

个人类经营者是指投资人对经营者的对外债务承担无限责任或连带责任的道路运输经营者。道路运输经营者主要集中在道路货物运输和机动车辆维修两大领域,还有部分分布在道路班车客运、包车客运等道路运输业务和相关业务领域。

2. 公司企业经营者(道路运输和相关业务类企业)

公司是指依公司法在中国境内设立的有限责任公司和股份有限公司。有限责任公司的股东以其认缴的出资额为限对公司承担责任;股份有限公司的股东以其认购的股份为限对公司承担责任。

设立公司,应当依法向公司登记机关申请设立登记。法律、行政法规规定设立公司必须报经批准的,应当依法办理批准手续。所谓公司登记机关,主要是指各级工商行政管理部门;所谓批准,在道路运输和相关类公司设立方面,就是指要取得相应的道路运输和相关业务经营许可。

具体道路运输及相关业务类企业的分类,与业务分类相同。有限责任公司经营者和股份有限公司经营者、非上市公司经营者和上市公司经营者的分类,主要涉及企业登记的行政管理和企业经营投资类决策管理,这里不做叙述。

(三)挂靠经营的分类、认定和治理

1. 传统道路运输挂靠经营

1)道路客运车辆挂靠经营定义

道路客运挂靠经营是指道路客运企业擅自将企业拥有的客运线路经营权私下转卖或以收取管理费的方式转让给职工或不具备经营资质条件的企业和个人,由其出资购买车辆、以所挂靠企业的名义进行经营的行为;或是运输企业在兼并、收购、重组过程中,吸收其他经营业户加盟或入股时,对原经营业户的线路经营权和车辆所有权不按有关规定进行有效改造,仍由原经营者以挂靠企业的名义经营、企业收取管理费的行为。

2)界定原则和确认

(1)可根据以下几个原则来界定是否为挂靠车辆。

①从车辆产权关系上:非挂靠车辆的全部或大部分产权应属于运输企业所有,车辆有关证照注明的所有者应为运输企业。

②从客运线路经营权的所有上:非挂靠车辆的客运线路经营权应为运输企业所有。

③从驾乘人员与运输企业的人事关系上:驾乘人员应是企业的职工,企业必须依照《劳动法》与职工签订劳动合同。职工享受《劳动法》赋予职工的一切权利,企业必须严格执行《劳动法》及其配套法规、规章的有关规定。

④从运输组织上:非挂靠车辆必须由运输企业统一调度指挥,统筹安排各班车上的司乘人员。

⑤从财务关系和收益分配上:非挂靠车辆单车营运收入应全部上交企业,企业每月按相关规定发给驾乘人员工资,并确保相应福利待遇,是股东的职工应按企业盈利情况参与分配红利。驾乘人员不参加单车的利润分配,不与单车的收益挂钩。

⑥从管理责任上:运输企业应对非挂靠车辆负有全部的管理和安全责任。

(2)在实际工作中,对界定一辆车是否是挂靠车辆,应在遵守上述原则的基础上,通过如下材料进行确认。

①该车的线路经营权的所有者为根据线路审批表或相关文件确定的经营者。

②该车购置发票、银行资金流动单据、购车协议所确定的车辆产权拥有者。

③该车的《道路运输证》《行驶证》的车主。

④企业的车辆技术台账、折旧台账、资产台账以及有关资产审核报告是否包括该车辆。

⑤该车营业收入的结算单和解缴营业收入的有关财务凭证。

⑥企业现金流量表是否包括该车的全额营业收入。

⑦驾乘人员的聘任协议、工作证、企业为职工办理的保险、福利等相关证明材料。

⑧是股东的驾乘人员参与企业分红的有关凭证。

⑨企业与车主签订的收购协议或挂靠、承包协议的相关内容。

⑩企业负责人与车主、司乘人员的口头或书面意见(口头意见的应有记录并双方签字)。

3)清理整顿

(1)解除挂靠协议。

运输企业与挂靠车辆解除挂靠合同或协议,挂靠车辆不得再以挂靠企业的名义经营,企业可采取出资收购或车辆作价入股的形式,将挂靠车辆产权转为企业所有。各道路客运企业要进一步明确企业是市场主体,承担运营风险,驾乘人员仅是企业职工,要彻底解决企业只收"挂靠费""管理费",不承担市场风险的问题。

(2)经营期限未满的过度解决。

对以各种名目挂靠经营的车辆,挂靠合同已明确了经营期限的,除经营中心城市间全程高速直达客运的挂靠车辆应尽快清理完毕之外,其他线路原则上允许挂靠车辆可继续经营至合同期满,但在此期间内不得更新运力;在此期间不愿意继续营运的挂靠车辆,企业除按车辆折旧后的实际价值收购(或车主以车辆折旧后的实际价值作价入股)外,还应退补车主从停止其挂靠经营到挂靠合同期满时间内相应的管理费。对没有明确具体经营期限的,允许现有营运车辆经营至报废期。

(3)私自转让线路经营权的处理。

对于私自转让线路经营权的单位和个人,要根据《国务院办公厅转发交通部等部门关于清理整顿道路客货运输秩序意见的通知》(国办发[2000]74号)文件精神和有关规定,被一律视为严重违规行为,交通主管部门不予认可,所产生的经济纠纷可由当事人通过法律手段解决。

(4)2004年以后的挂靠经营处理。

严禁再发生任何形式的新的客运车辆挂靠经营。2004年以后新增的挂靠车辆或现挂靠车辆在报废后更新的、经营期满又续签挂靠合同的,无论是经营高速公路客运还是经营普通客运,其双方签订的合同均视为无效合同,所产生的一切后果或给双方造成的经济损失,由双方自行承担和解决,对社会和道路运输行业管理造成影响的,将追究运输企业有关领导的责任。

最高人民法院《关于审理道路交通事故损害赔偿案件适用法律若干问题的解释》第三条规定:"以挂靠形式从事道路运输经营活动的机动车发生交通事故造成损害,属于该机动车一方责任,当事人请求由挂靠人和被挂靠人承担连带责任的,人民法院应予支持。"

2. 出租汽车经营利益分配制度和行业转型升级

1)出租汽车经营利益分配制度

出租汽车经营者要依法与驾驶员签订劳动合同或经营合同。采取承包经营方式的承包人和取得经营权的个体经营者,应取得出租汽车驾驶员从业资格,按规定注册上岗并直接从事运营活动。建立良好的出租汽车经营利益分配制度,要利用互联网技术更好地构建企业和驾驶员运营风险共担、利益合理分配的经营模式;鼓励、支持和引导出租汽车企业、行业协会与出租汽车驾驶员、工会组织平等协商,根据经营成本、运价变化等因素,合理确定并动态调整出租汽车承包费标准或定额任务,现有承包费标准或定额任务过高的要降低;要保护驾驶员合法权益,构建和谐劳动关系;严禁出租汽车企业向驾驶员收取高额抵押金,现有抵押金过高的要降低。

2)行业转型升级

鼓励巡游车经营者、网约车经营者(即网约车平台公司)通过兼并、重组、吸收入股等方式,按照现代企业制度实行公司化经营,实现新老业态融合发展。鼓励个体经营者共同组建具有一定规模的公司,实行组织化管理,提高服务质量,降低管理成本,增强抗风险能力。

二、道路运输从业人员

(一)道路运输从业人员概念

从业人员指从事一定的社会劳动并取得劳动报酬或经营收入的各类人员。道路运输从业人员包括经营性道路客货运输驾驶员、道路危险货物运输从业人员、机动车维修技术人员、机动车驾驶培训教练员、道路运输经理人和其他道路运输从业人员。

(二)道路运输从业人员分类

根据道路运输业务的分类基础,可以把道路运输从业人员分为以下内容。

(1)经营性道路客货运输驾驶员:经营性道路旅客运输驾驶员和经营性道路货物运输驾驶员。

(2)道路危险货物运输从业人员:道路危险货物运输驾驶员、道路危险货物运输装卸管理人员和道路危险货物运输押运人员。

(3)机动车维修技术人员:机动车维修技术负责人员、质量检验人员和从事机修、电器、钣金、涂漆、车辆技术评估(含检测)作业的技术人员。

(4)机动车驾驶培训教练员,包括理论教练员、驾驶操作教练员、道路客货运输驾驶员从业资格培训教练员和危险货物运输驾驶员从业资格培训教练员。

(5)道路运输经理人,包括道路客货运输企业、道路客货运输站(场)、机动车驾驶员培训机构和机动车维修企业的管理人员。

(6)其他道路运输从业人员,包括道路客运乘务员、机动车驾驶员培训机构教学负责人及结业考核人员、机动车维修企业价格结算员及业务接待员。

(三)与道路运输有关的城市客运从业人员分类

出租汽车驾驶员从业人员包括巡游车驾驶员和网约车驾驶员等。

从事公共交通服务的从业人员包括驾驶人员、售票员和调度员等。

第五节 道路运输属性特征及对行政管理的要求

道路运输的属性特征主要包括多样性、市场性、公共性、普遍服务性、外部性、过程性、网络性、技术性等。熟悉这些特性,有利于帮助理解道路运输对行政管理的要求,有利于有关公共政策的提出,有利于明确交通运输主管部门及其所属的道路运输管理机构的相关管理责任,有利于实施专业化和一体化相结合的综合协调管理。

一、道路运输多样性及对行政管理的要求

道路运输多样性,是指道路运输行业细分表现形式多样,各有特征。广义道路运输业根据业务的地位分为狭义道路运输业和道路运输相关业务(也称运输辅助业)。狭义的道路运输根据是否向社会公众提供具有商业性质的输服务,分为经营性运输和非经营性运输。经营性运输根据运输对象的不同,分为道路旅客运输和道路货物运输。以道路旅客运输为例,根据运输车辆使用的不同要求,道路旅客运输又可以分为班车旅客运输、包车旅客运输、城市公共汽车旅客运输、出租汽车旅客运输。

道路运输的多样性,要求交通运输主管部门及其所属的道路运输管理机构,要有针对性地根据各种不同的道路运输子行业进行因业施政。

(1)要求政府要平衡各种道路运输形态的发展,扶持有利于节约资源的公共交通运输的发展。对公共性比较明显的道路运输业,制定更有针对性的公共政策,更多地进行干预,例如提高市场准入门槛、财政扶持、要求运输企业提供普遍服务等。对公共性不明显的道路运输业,以市场调节为主,守住安全底线。对完全不向社会提供运输服务的道路运输组织,除非法律有特别要求(例如非经营性的道路危险货物运输),则不纳入道路运输行政监管范畴。同时,促进不同运输方式协调发展,提高交通系统的总体效率。

(2)推进道路运输综合管理,合理引导多样性道路运输需求。根据道路运输供求状况,综合运用法律、经济、行政等手段,有效调控、合理引导道路运输需求。

二、道路运输市场性及对行政管理的要求

道路运输市场性是指道路运输是高度市场化的行业,市场在资源配置中起决定性作用。市场经济是一种经济体系,在这种体系下产品和服务的生产及销售完全由自由市场的自由价格机制所引导。在理论上,市场将会透过产品和服务的供给和需求产生复杂的相互作用,进而达成自我组织的效果;市场经济是自由的经济、公平的经济、产权明晰的经济。但是在理论上这一切是通过市场交换规则根据市场需求状态做出强制性调整的经济形态,在实际操作过程中缺陷非常大。

道路运输市场性对交通运输主管部门及其所属的道路运输管理机构的要求如下。

(1)围绕使市场在资源配置中起决定性作用深化改革,加快完善道路运输市场体系、宏观调控体系、开放型经济体系,加快转变经济发展方式,加快建设创新型道路运输业,推动道路运输经济更有效率、更加公平、更可持续发展。

(2)处理好行政干预和市场的关系,使市场在资源配置中起决定性作用并更好发挥行政作用。市场决定资源配置是市场经济的一般规律,健全社会主义市场经济体制必须遵循这条规律,着力解决市场体系不完善、政府干预过多和监管不到位问题。

(3)积极稳妥地从广度和深度上推进道路运输市场化改革,大幅度减少政府对资源的直接配置,推动资源配置依据市场规则、市场价格、市场竞争实现效益最大化和效率最优化。政府的职责和作用主要是保持宏观经济稳定,加强和优化公共服务,保障公平竞争,加强市场监管,维护市场秩序,推动可持续发展,促进共同富裕,弥补市场失灵。

(4)建设统一开放、竞争有序的道路运输市场体系,是市场在资源配置中起决定性作用的基础。必须加快形成企业自主经营、公平竞争,消费者自由选择、自主消费,商品和要素自由流动、平等交换的现代市场体系,着力清除市场壁垒,提高资源配置效率和公平性。

(5)建立公平、开放、透明的道路运输市场规则。实行统一的市场准入制度,在制定负面清单基础上,各类市场主体可依法平等进入清单之外领域。探索对外商投资实行准入前国民待遇加负面清单的管理模式。

(6)改革市场监管体系,实行统一的市场监管,清理和废除妨碍全国统一市场和公平竞争的各种规定和做法,严禁和惩处各类违法实行优惠政策行为,反对地方保护,反对垄断和不正当竞争。建立健全社会征信体系,褒扬诚信,惩戒失信。健全优胜劣汰市场化退出机制。

(7)完善主要由市场决定价格的机制。推进交通领域价格改革,放开竞争性环节价格。政府定价范围主要限定在重要公用事业、公益性服务、网络型自然垄断环节,提高透明度,接受社会监督。

三、道路运输公益性及对行政管理的要求

道路运输公益性是指部分道路运输业以谋求社会效应为主要目的,兼顾企业的盈利性目的。一般具有规模大、投资多、受益面宽、服务年限长、影响深远等特点。

一方面,市场为了保持其平等与开放的特性,促进竞争,对政府的干扰有本能的排斥;另一方面,市场为了维持秩序又需要政府调停,尤其是市场失灵时,更需要政府的介入。政府

对市场的干预包括开展公益服务、发展公共事业、解决外部性问题(例如环境污染)、控制垄断的出现、维护市场的稳定和机会公平、解决信息不对称问题等。为了控制垄断和外部不正当经济行为,政府通过提高资源配置手段来保证企业间的公平竞争。政府还需要提供充分的政策和资金的支持,创造积极条件,促进经济结构的优化和转型,鼓励新兴产业的成长。政府还为社会公众提供国防安全、公共工程、社会福利等公共产品。道路运输公益性对行政管理的要求主要体现在以下几方面。

(1)强化规划调控。公共道路运输规划要科学规划线网布局,优化重要运输节点设置,方便衔接换乘,落实各种运输方式的功能分工,加强与个体机动化运输以及步行、自行车出行的协调,促进城市内外道路运输便利衔接和城乡公益性道路运输一体化发展。

(2)加快基础设施建设。提升公共道路运输设施和装备水平,提高公共道路运输的便利性和舒适性。科学有序发展公共道路运输,积极发展大容量地面公共运输,加快调度中心、停车场、保养场、首末站以及停靠站的建设,提高公共汽(电)车的进场率;推进换乘枢纽及步行道、自行车道、公共停车场等配套服务设施建设,鼓励新能源道路运输车辆应用,加快老旧车辆更新淘汰,保障公共道路运输运营设备的更新和维护,提高整体运输能力。另外,加强公共道路运输用地综合开发。

(3)加大政府投入。各地政府要将公共道路运输发展资金纳入公共财政体系,重点增加大容量公共道路运输、综合运输枢纽、场站建设以及车辆设备购置和更新的投入。在税收减免、成品油价格补贴等方面,确保补贴及时足额到位。

(4)拓宽投资渠道。推进公共道路运输投融资体制改革,进一步发挥市场机制的作用。支持公共道路运输企业利用优质存量资产,通过特许经营、战略投资、信托投资、股权融资等多种形式,吸引和鼓励社会资金参与公共道路运输基础设施建设和运营,在市场准入标准和优惠扶持政策方面,对各类投资主体同等对待。

(5)保障公共道路运输路权优先。优化公共道路运输线路和站点设置,逐步提高覆盖率、准点率和运行速度,改善公共道路运输通达性和便捷性。增加公共道路运输优先车道,扩大信号优先范围,逐步形成公共道路运输优先通行网络。增加公共道路运输优先通行管理设施投入,加强公共道路运输优先车道的监控和管理,在拥堵区域和路段取消占道停车,充分利用科技手段,加大对交通违法行为的执法力度。

(6)完善价格补贴机制。综合考虑社会承受能力、企业运营成本和运输供求状况,完善价格形成机制,根据服务质量、运输距离以及公共道路运输换乘方式等因素,建立多层次、差别化的价格体系,增强公共道路运输吸引力。合理界定补贴、补偿范围,对实行低票价、减免票、承担政府指令性任务等形成的政策性亏损。对企业在技术改造、节能减排、经营冷僻线路等方面的投入,地方财政给予适当补贴补偿。建立公共道路运输企业职工工资收入正常增长机制。

四、道路运输普遍服务性及对行政管理的要求

普遍服务性指国家为了维护全体公民的基本权益,缩小贫富差距,通过制定法律和政策,使得全体公民无论收入高低,无论居住在本国的任何地方,包括农村地区、边远地区或其他高成本地区等,都能以普遍可以接受的价格,获得某种能够满足基本生活需求和发展的服务。

普遍服务主要出现在与公众生活密切相关的公益性垄断行业,如城市公交、道路班线客运等。由于受到各自客观环境条件的限制,不同的国家对普遍服务具体内容的理解不尽相同,但是基本上所有的普遍服务都具有一些共同特征。第一,普遍服务必须是针对所有的(或者绝大部分)用户;第二,普遍服务的价格是可以接受的;第三,普遍服务要有一定的质量保证。

一般来说,公共道路运输企业在诸如边远地区或者农村地区等典型的高成本地区往往是入不敷出的。高成本地区的特点就是经济欠发达,这使得基础设施和运输供给的利用率过低,从而导致公共道路运输企业很难收回投资。由于回报率低,所以高成本地区的公共道路运输发展十分落后,公共道路运输的落后又反过来制约了经济发展,而经济越落后就越不能吸引公共道路运输方面的投资,这就形成了一种公共道路运输投资的恶性循环。基于此,道路运输普遍服务性对行政管理的要求主要表现为以下几方面。

(1)要求公共道路运输企业对普遍的服务对象实行普遍性服务。考虑到经济的协调发展,政府有必要采取一定的措施。要求公共道路运输企业实行普遍服务是一项切实可行的措施。提供普遍服务,要求公共道路运输企业既不能拒绝为高成本地区的用户提供服务,也不能根据投入和运营成本采用相应的高资费定价策略,并且还要保证一定的服务质量。

(2)要求公共道路运输企业在普遍的地点实行普遍性服务。普遍的地点是指道路能够通达的任何地点。目前我国已经基本实现村村通公路,要求公共道路运输企业在普遍的地点实行普遍性服务是能够实现的。

(3)要求公共道路运输企业在普遍的时间实行普遍性服务。

(4)建构普遍服务的驱动机制。主要是通过网络正外部性,促进经济增长和实现收入再分配,从而促进社会公平。驱动机制主要包括以下几点。

①采取对公共道路运输服务提供补贴的政策。

提供普遍服务有助于公共道路运输外部性的发挥。接受公共道路运输服务的人越多,则公共道路运输所产生的价值(无论是社会价值还是商业价值)就越大。公共道路运输的消费者个体是否接受服务以及公共道路运输企业是否愿意提供公共道路运输服务的决策会直接影响到消费者的利益,但无论是消费者还是公共道路运输企业对从社会福利的角度看问题的认识程度不够高。因此,需要政府采取措施来弥补可能会出现的市场失灵。由于这种网络外部性是正的,所以普遍服务政策可以使网络外部性在一定程度上内部化。就我国目前的情况来说,政府已经逐步意识到采取对公共道路运输服务提供补贴的政策,将有助于网络规模的迅速扩大。

②采取对公共道路运输服务提供优惠财政税收政策。

普遍服务还可以看成是一种特殊的再分配方式,即通过定价而不是税收的形式影响再分配。把低收入阶层确定为再分配的对象,保证他们享受到一定的基本服务,避免当运价调整的时候对他们产生不利的影响。由于经济发展的不平衡性,利用收入再分配解决收入不平衡和地区发展不平衡是政府面临的一项重要工作。一般可以利用两种方法实现收入再分配:一种方法是利用交叉补贴机制实现普遍服务政策;另一种方法是利用一般的财政税收政策。

③采取对公共道路运输服务提供专项基金支持的政策。

专项基金支持政策实际上是大用户或工商用户对居民用户的补贴,或者低收入用户得到不同形式的补贴。这种补贴资金并不是直接来源于财政资金,而是来源于在某些服务上设立的专项收费。

④采取对公共道路运输服务提供交叉补贴机制的政策。

由于公共道路运输企业在高成本地区提供的服务项目上的收入低于成本,因此,需要在其他服务上得到相应的补偿。补偿的具体方式通常是预先规定好的,一般采取交叉补贴机制,也就是在没有补贴的服务上允许公共道路运输企业制订较高的加价。因此,交叉补贴只是满足公共道路运输企业自身预算平衡的一种机制,相对于财政补贴来说,交叉补贴是在企业内部实现的。这种交叉补贴并不是企业可以随意进行的,它属于公共道路运输企业与政府管制机构之间所订立的协约的一部分。

⑤采取允许公共道路运输服务企业占据适当的垄断地位的政策。

普遍服务的运作机制需要以企业垄断为保证,因为竞争会降低高资费服务项目的利润,而这就破坏了交叉补贴的生存基础。

五、道路运输外部性及对行政管理的要求

道路运输的外部性特征表现为正负两方面。道路运输正外部性更多地体现为交通运输基础设施的公共物品性质,包括:消费的增加和生活水平的提高;收入效应和增加就业机会;拉动经济增长,优化产业结构;节约交通运输时间价值、运输成本等。负外部性包括环境污染、生态破坏、交通拥挤和交通事故等。

道路运输的正外部性及对行政管理的要求,前边已经述及。道路运输的负外部性及对行政管理的要求主要表现在:坚持资源节约和环境保护,努力调整和优化客货运输结构,推进增长方式转变,推进节能减排工作;加强对道路运输质量、安全的监督管理。

六、道路运输过程性及对行政管理的要求

道路运输过程,就是货物或旅客被移动的过程。通过运输过程,货物或旅客被移动了一定距离,即完成了运输工作。运输过程的工作环节包括四个部分:第一,准备工作,即向起运地点提供车辆(空车或空位);第二,装载工作,即在起运地点进行货物装车或上客;第三,运送工作,即在路线上由运输车辆运送货物或旅客;第四,卸载工作,即在到达地点卸货或下车。

道路运输过程性对行政管理的要求表现在以下几个方面。

(1)运输起始点监管,即源头监管,是行政监管的重点区域。

(2)运输途中管理以间接管理为主。主要包括:严格市场准入管理,在车辆技术条件、从业人员条件、安全制度条件等方面严把市场准入关;严格从业人员资格管理;严格车辆技术管理;运用现代信息技术进行过程监控管理。

七、道路运输网络性及对行政管理的要求

道路运输网络性是指道路运输以道路网络为依托、以各种道路运输方式的线路和枢纽

连接线点、以信息网络为支撑构成网络的属性。道路运输网是运输生产的基础设施,是供运输工具行驶或航行的网络线路。

道路运输网络性对行政管理的要求主要包括以下几个方面。

(1)扶持先进的运输组织形式,为发展网络化运输创造条件。

(2)加快完善道路运输网络,科学规划和建设道路运输网络,避免重复建设和重复投资,充分发挥网络的综合优势,提高道路运输的总体效率。

(3)加快综合运输枢纽的建设。运输枢纽是运输网络的重要节点,是各种运输方式之间、城市交通与城际交通之间相互联系的桥梁与纽带。

(4)建设综合道路信息服务系统。完整、及时的信息服务是保证客流和物流在不同枢纽间、不同运输方式间顺畅流通的基本要素。要加快综合道路运输管理信息系统的建设,完善综合道路运输信息网络,加强各类运输管理信息系统的综合集成和有效衔接,实现信息资源的共享。

八、道路运输技术性及对行政管理的要求

道路运输技术性是指道路运输活动涉及的方法、流程、程序或者技巧。

基于道路运输技术性的特点,对道路运输行政管理的要求主要包括以下几个方面。

(1)有关道路运输国家标准、行业标准、地方标准等的制定和应用问题。

(2)鼓励科技创新,推广车辆、信息等先进适用技术在运营管理、服务监管和行业管理等方面的应用,加快科技成果转化,促进道路运输产业升级,提升道路运输竞争力。

(3)统一顶层设计,完善信息采集和分析手段,加快建设完善公众出行信息服务系统、车辆运营调度管理系统、安全监控系统和应急处置系统。促进道路运输与其他运输方式,以及与城市道路交通管理系统的信息共享和资源整合。

(4)完善移动支付体系建设。推广普及"一卡通",完善技术标准,加快建设"一卡通"互联互通平台,推进"一卡通"跨市域、跨省域互联互通工作。

(5)增强公众安全意识。开展社会公众道路运输安全应急知识宣传教育活动,制定乘客安全乘车行为规范和道路突发事件应急知识手册,组织开展道路安全应急知识竞赛、道路运输突发事件应急演练等活动,提高社会公众道路运输安全意识和安全防范能力。

复 习 题

1. 辨析交通运输行政和道路运输行政的关系。
2. 简述道路运输行政的基本管理体系。
3. 简述经营性道路运输的定义和特征。
4. 简述道路运输客运分类。
5. 简述道路运输货运许可分类。

第二章　道路运输行政主体及其职能

第一节　道路运输行政主体

"道路运输行政主体"属于一个理论概念,被用于解决"谁来管"这一问题。我国的道路运输行政主体体系是由各级交通运输主管部门及其所属的道路运输管理机构组成的复杂、多层次管理系统。在道路运输行政管理工作当中,各级交通运输行政主管部门主要履行组织领导职责,重在决策和行业内部监督;道路运输管理机构主要履行具体实施职责,重在执行。

一、道路运输行政主体概念、特征

道路行政主体指依法享有道路运输行政管理职权,能够以自己的名义从事行政活动,并能独立承担相应的法律责任,具有管理公共事务职能的社会组织。它的特征主要包括以下几点。

(1)道路运输行政主体是社会组织。

道路运输行政主体是社会组织,意味着道路运输行政主体不是个人,即道路运输行政主体中的工作人员不是行政主体,工作人员不能以自己个人名义从事行政活动,不能独立承担相应的法律责任。

(2)道路运输行政主体是管理公共事务职能的社会组织。

交通运输主管部门作为行政机关,是管理公共事务职能的组织。道路运输管理机构,如果是交通运输主管部门的内设机构,是管理公共事务职能的组织的一部分;如果是交通运输主管部门直属机构,则是由行政法规《中华人民共和国道路运输条例》授权的具备管理公共事务职能的事业单位。

(3)道路运输行政主体是具备独立名义、能够承担独立责任的组织。《中华人民共和国道路运输条例》通过以前,许多事业单位性质的道路运输管理机构,在对外进行行政活动时,需要交通运输主管部门委托并以交通运输主管部门的名义对外进行行政活动,有关法律责任也由交通运输主管部门最终承担。《中华人民共和国道路运输条例》施行后,道路运输行政主体主要包括交通运输主管部门和其直属的道路运输管理机构两大类。

二、交通运输主管部门及其内设的道路运输管理机构

交通运输主管部门在第一章已经进行了叙述,本章仅从各级交通运输主管部门内设的负责道路运输行政管理职能的机构角度进行说明。内设机构没有行政主体资格,对外没有独立名义,以所属政府主管部门的名义进行有关行政管理活动,不能独立承担责任,活动后果由所属政府主管部门承担。

(一)交通运输主管部门内设道路运输管理机构

1. 最高交通运输主管部门

国务院交通运输主管部门(即交通运输部)的设立,是按照《国务院组织法》的规定,经总理提出,由全国人民代表大会或全国人民代表大会常务委员会决定。国务院交通运输主管部门设立时,需具有中央机构编制委员会办公室统一核定的"三定方案"(即包括主要职责、内设机构、人员编制三个部分内容)。交通运输部设部长1人,副部长2至4人,实行部长负责制,部长领导本部门的工作,负责召集和主持部务会议。根据《国务院行政机构设置和编制管理条例》,作为国务院组成部门的交通运输部依法履行国务院基本的交通运输行政管理职能,有行政主体资格。

国务院交通运输主管部门在职能分解的基础上设立司、处两级内设机构;司级内设机构的增设、撤销或者合并,经国务院机构编制管理机关审核方案,报国务院批准。处级内设机构的设立、撤销或者合并,由国务院行政机构根据国家有关规定决定,按年度报国务院机构编制管理机关备案。内设机构没有行政主体资格。

2. 内设运输管理机构职责和组织结构

国务院交通运输主管部门内设的道路运输机构为交通运输部运输服务司,其主要职能是运输管理(尤其是道路运输管理职能,不含水路运输管理职能)。交通运输部内设的法制机构、规划机构、科教机构、安监机构、人事机构等,也履行一些与运输管理有关的职能。

交通运输部运输服务司,负责拟订综合交通运输基本公共服务标准并监督实施,承担协调与衔接工作;负责指导综合交通运输枢纽管理;负责指导城乡客运及有关设施的规划、运营管理工作;负责城乡道路运输市场监管,负责运输线路、营运车辆、枢纽、运输场站等管理工作;负责指导城市客运管理,拟订相关政策、制度和标准并监督实施;负责指导公共汽车、城市地铁和轨道交通运营、出租汽车、汽车租赁等工作;负责拟订经营性机动车营运安全标准,指导车辆维修、营运车辆综合性能检测管理,参与机动车报废政策、标准制定工作;负责机动车驾驶员培训机构和驾驶员培训管理工作;负责跨省客运、汽车出入境运输管理;按规定负责物流市场有关管理工作;负责组织协调国家重点物资运输和紧急客货道路运输;负责起草有关道路运输安全生产政策和应急预案,组织实施应急处置工作;指导有关道路运输企业安全生产监督管理工作。

交通运输部运输服务司,设司长1人、副司长2人、巡视员和副巡视员各1人,下设综合处、城乡客运管理处、货运与物流管理处、车辆管理处、出租汽车管理处、综合运输服务处。处级内设机构的领导职数一般是一正两副。

(二)地方各级交通运输主管部门内设的道路运输管理机构

省交通运输主管部门内设机构全称为××省(自治区、直辖市)交通运输厅(局委)运输服务处,但其表现不一,主要分为以下几种。

(1)内设专门道路运输管理机构。

名称:××省交通运输厅运输服务处。

职责:负责城乡道路运输市场监管,指导城市客运管理,拟订相关政策、制度和标准并监督实施;负责运输线路、营运车辆、枢纽、运输场站等管理工作;负责车辆维修、营运车辆综合性能检测、机动车驾驶员培训机构和驾驶员培训管理工作;负责公共汽车、城市地铁和轨道交通运营、出租汽车、汽车租赁等的指导工作;按规定承担物流市场有关管理工作;负责协调公路、水路运输和其他运输方式之间的平等竞争秩序;指导交通运输行业结构调整;管理交通运输国际交流与合作事项。

领导数:一般为一正两副。

(2)内设综合性的运输管理机构。

名称:××省交通运输厅运输处。

职责:组织拟订道路、水路运输行业政策制度和价格,参与拟订物流行业政策、制度和价格;协调重点物资、紧急物资运输和春运、抢险救灾、军运工作,参与口岸开放、联合运输协调工作;维护运输行业平等竞争秩序,负责道路、水路运输业的行业管理。

领导数:一般为一正两副。

(3)无内设专门的道路运输管理机构。

没有专门内设道路运输管理机构的,省交通运输厅运输管理局承担省交通运输厅的道路运输行政管理职能。

(4)内设专门的道路运输管理机构,但执法权划归内设的综合执法机构。

名称:××省交通运输厅综合运输处、××省交通运输厅综合执法局。

综合运输处工作职责:承担道路运输市场监管及指导城市公共客运的相关工作;组织实施重点物资和紧急客货公路运输;负责省际和省内跨市旅客运输管理以及汽车出入境运输管理;按规定承担物流市场有关管理工作;组织协调道路、水路、地方铁路等多种运输方式的衔接工作;协调中央垂直管理的海事、民航、邮政及铁路等管理机构的涉地相关工作。

综合执法局工作职责:指导、监督全省交通行政执法工作,承担本厅的监督检查、行政处罚和行政强制工作;组织查处重大违法案件,协调跨区域的交通执法工作。

三、法律法规授权的道路运输管理机构

(一)道路运输管理机构历史演变

道路运输管理机构作为交通运输主管部门下设的具体负责实施道路运输管理工作的组织,其历史沿革基本上与经济体制改革、行政管理体制改革以及道路运输业的发展步伐同步,经历了一系列的演化过程。

新中国成立至今,我国道路运输管理机构的沿革变化大体可划分为三个阶段。

1. 内设管理阶段(1949—1978年)

新中国成立后到改革开放前,我国总体上实行的是计划经济体制,运输企业的性质基本上为国营企业,道路运输由隶属于政府的交通专业运输企业承担,运输活动主体性质单一,运输市场没有形成。因此,这一时期,不存在对道路运输的行业管理,交通运输主管部门也没有下设独立的道路运输管理机构,管理职能由交通运输主管部门直接行使。交通运输主

管部门的管理方式体现为通过计划进行管理的直接管理方式,管理工作十分具体,反映在包含统一货源、统一调度、统一结算、统一价格等方面的统一计划管理上。这一时期的主要特点有以下几方面。

(1)没有独立设置道路运输管理机构。道路运输管理职能由各级交通运输主管部门相应的内设机构行使。

(2)管理方式为直接的计划管理方式。政府交通运输主管部门主要通过统一货源、统一调度、统一结算、统一价格等管理方式直接管理指挥运输企业生产经营活动,运输管理的核心也主要集中在运输生产管理方面。

(3)存在对非机动车等民间运输活动进行管理的机构。由于运输难问题突出,国家鼓励非机动车参与运输活动,也因此设置了一些相关管理机构(民间运输管理机构),如20世纪50年代成立的联合运输办公室、60年代成立的民间运输管理总站等。这些机构实际上并不是独立的行政管理机构,而是附属于交通运输主管机关,管理方式仍然是计划管理方式。

2. 单独创设阶段(1978—2004年)

改革开放使国民经济得到了迅速恢复和发展,运输需求大幅度增加。与迅速增加的运输需求相比之下,当时的道路运力供给明显不足,运输能力不足的矛盾十分严重。"运货难、出行难"成为当时社会生产与人民生活中的一个突出问题,交通运输成为经济社会发展的主要"瓶颈"之一。为满足运输需求对运力的要求,缓解交通运输全面紧张的状况,我国采取了一系列措施。1979年8月,原交通部召开全国汽车运输座谈会,根据中央"调整、改革、整顿、提高"的方针,研究加强运输市场管理和改革汽车运输管理体制等问题;1983年3月在全国交通工作会议上,明确提出"有路大家行车"的开放运输市场的政策;1985年,原交通部又提出了"三个一起干、三个一起上",即各部门、各行业、各地区一起干,国营、集体、个人以及各种运输工具一起上的政策。这些政策的贯彻落实,极大地解放了运输生产力,有效地缓解了交通运输紧张的状况,客观上形成了多元化主体的道路运输市场,也使当时道路运输业成为向社会开放最早的行业之一。多元主体的道路运输市场的形成,极大地推动了道路运输事业的发展,也带来了一些亟待解决的管理问题,如欺行霸市、垄断货源、宰客、骗客、倒客、卖客、甩客等不规范的运输行为。这些行为严重地扰乱了正常的道路运输市场秩序,侵害了旅客和货主的权益。因此,为加强对道路运输市场的管理,迫切需要建立一个独立的道路运输管理机构,对道路运输全行业进行管理。

作为创设阶段的成果,1986年12月原交通部、国家经济贸易委员会颁布了《公路运输管理暂行条例》和《公路运输管理费征收使用管理规定》;1987年4月,原交通部出台了《公路运输管理部门工作条例》。按照这些规章,这一时期道路运输管理机构在职能和设置方面主要有以下几个特点。

(1)创设五级道路运输管理体制。到20世纪90年代初期,绝大部分省份在交通运输主管部门下设立了独立的道路运输管理机构,从而形成道路运输管理机构实行中央(内设不独立)、省级、市级、县级和乡镇五级管理体制。

(2)道路运输管理机构性质为自收自支的事业单位。事业费来源依据是1986年出台的《公路运输管理费征收使用管理规定》。

道路运输行政主体及其职能

(3)明确了道路运输管理机构管理职能范围。其主要为:道路旅客运输、道路货物运输、搬运装卸、汽车维修和运输服务等管理职能。个别地方道路运输管理机构依据地方法规或政府委托,也履行与道路运输活动相关的其他职能。

(4)道路运输管理机构的运输行政执法主体地位不统一:有的是受交通运输主管机关委托执法,实际上没有独立的行政执法主体资格;有的是根据地方法规或规章的授权,具有独立的行政执法主体资格,但授权依据层次太低。

(5)道路运输管理机构作用突显。道路运输管理机构组建后,通过规范化、制度化建设,加强政策引导,强化管理职能,有力促进了道路运输业的快速发展,也奠定了道路运输业又好又快发展的体制机制基础。

3. 法律授权阶段(2004年至今)

2004年国务院颁布实施的《中华人民共和国道路运输条例》,以行政法规的形式授权县级以上道路运输管理机构负责具体实施道路运输管理工作,对道路运输管理机构的建设和相关管理职能进行了立法规范。这一时期,道路运输管理机构在职能履行和机构设置方面主要有以下几个特点。

(1)道路运输管理机构职能进一步明确。在职能范围方面,道路运输管理机构负责履行对经营性道路旅客运输、货物运输、客货运站场、机动车维修和驾驶员培训的管理职能。为实现这些职能,依照《中华人民共和国道路运输条例》的规定,道路运输管理机构担负着市场准入(道路运输行政许可)、市场监管、安全管理、技术管理、信息服务和应急保障等具体管理职责。另外,根据地方性法规、规章或政府委托,一些地方的道路运输管理机构还承担着对城市客运、机动车综合性能检测机构、道路运输源头治超等管理职能。

(2)形成四级道路运输管理体制。乡镇级道路运输管理机构不再具有独立的道路运输行政管理主体资格,在立法上统一并基本形成了中央、省级、市级和县级四级道路运输管理体制。在管理体制模式方面,基本实施"条块结合模式"。这一时期,各地对管理体制模式进行了一些有益的探索,试点推行垂直管理的体制模式,有些省份已建立起市、县两级道路运输管理机构的垂直管理模式,较成功地解决了上下级道路运输管理机构政令不畅、行政效率低下等问题。

(3)道路运输管理机构行政管理主体地位明显提升。在道路运输管理机构地位方面,《中华人民共和国道路运输条例》以行政法规的形式授予道路运输管理机构对道路运输活动的行政管理权力,确立了道路运输管理机构独立的行政管理主体地位,结束了长期以来道路运输管理机构行政管理主体资格不统一的局面。

(4)道路运输管理机构性质改革的探索。在道路运输管理机构性质方面,由于《中华人民共和国道路运输条例》并未触及燃油税费的改革问题,道路运输管理机构的经费来源仍然依赖对公路运输管理费等费用的收取,机构性质多为自收自支的事业单位。但值得关注的是,这一时期,一些地方为扭转事业单位自收自支性质给道路运输管理带来的诸多问题与困扰,对机构性质进行了一些改革探索,有些实现了从自收自支到"参公"或"转公"性质的过渡。

(5)道路运输管理机构在构建综合运输体系等方面的作用越来越明显。在构建综合运输体系、发挥道路运输的比较优势、加强与其他运输方式的沟通与联系、积极推动城乡运输一体化发展、加大综合运输枢纽体系规划与建设等方面,道路运输管理机构起到了十分重要的作用。另外,道路运输管理机构在应急保障运输、稳定行业发展、促进运输生产安全等方面,其作用也在日益增强。

(6)道路运输管理机构面临新的发展改革机遇。2008年以来,道路运输管理机构面临新的发展改革机遇。其主要标志:一是国务院机构大部制改革,成立交通运输部,道路运输管理机构职能必然要求发生调整;二是成品油价格与税费改革所带来道路运输管理机构相关规费收取职能的取消,道路运输管理机构性质需要予以重新定位;三是构建综合运输体系,道路运输管理机构职责发生新变化;四是城乡道路运输一体化发展、一体化管理基本形成,发展现代服务业使道路运输发展迈上新台阶。

(二)法律法规授权的道路运输管理机构的表现形式

地方各级道路运输管理机构隶属于地方交通运输主管部门,属于直属机构(外设机构),与交通运输主管部门的性质不同,不是行政机关(政府及所属部门),是法律法规授权的组织。法律法规授权的组织,是指根据具体法律法规的授权,依法履行行政管理职能的非行政机关的组织。目前,全国地方道路运输管理机构大部分为自收自支事业单位性质或参照公务员管理的事业单位性质。

在现代社会,行政机关无疑是最重要的行政管理主体,履行着大量的行政管理职责,但随着社会的发展,将某些行政管理权赋予行政机关以外的其他组织逐渐有了必要性。原因在于:第一,伴随着社会发展产生的大量复杂的社会事务,仅仅依靠行政机关管理逐渐显得捉襟见肘;第二,一些新出现的事务具有非常强的专业性、技术性,把对这些事务的管理权授予在这方面具有专长和优势的某些社会组织来行使,将更加有利于行政管理效率的提高和行政管理水平的改善。

2004年实行的《中华人民共和国道路运输条例》从法律法规授权的组织角度,使县级以上道路运输管理机构的设置有了明确的行政法规依据,其法律地位得到保障,行政执法具有方便性、及时性,从而提高执法的效率,解决了行政职能的稳定性。同时,授权后有利于县级以上地方道路运输管理机构参与事业单位分类改革,有利于单纯履行行政职能的执法人员实行参公管理。

(三)地方三级道路运输管理机构组织体系

1. **地方道路运输管理机构纵向分级体系——三级和两级体系并存**

《中华人民共和国道路运输条例》取消了乡镇级道路运输管理机构,确立了省级、市级和县级三级地方道路运输管理机构体系。目前,三级管理机构体系基本已在全国普遍形成,但也有例外:第一,直辖市基本上实行两级管理机构体系;第二,个别省由于"省管县"的行政管理体系,只有省、县两级机构;第三,个别中心城市未设区级机构,实际上形成了省市两级机构体系。

2. **地方道路运输管理机构纵向管理关系——条块与垂直并存**

条块结合模式是指道路运输管理机构接受地方交通运输行政主管部门的直接领导和上级道路运输管理机构的业务指导。具体而言,上级道路运输管理机构负责管理"事权",地方交通运输行政主管部门负责管理"人、财、物"。目前,全国大部分省、自治区、直辖市实行的是条块结合模式。在具体运作过程中,条块结合模式在不同地区具有差异性。

垂直管理模式是指道路运输管理机构接受上级道路运输管理机构的直接领导。具体而言,上级道路运输管理机构负责管理"事权",也负责管理"人、财、物"。目前个别省、自治区、直辖市全部或部分实行了垂直管理,实行垂直管理模式的地方也各具特点。从垂直管理的层级上看,虽有实行省、市、县三级垂直管理的,但多数为两级垂直管理。在实行两级垂直管理的地方,多数实行市县两级垂直管理,也有省直管县或省直管市的

3.地方道路运输管理机构横向组织架构关系——单设和机构横向分设相结合

机构分设,是指统一的道路运输管理职能由隶属于同一交通运输主管机关的不同道路运输管理机构行使的机构设置现象。目前,省级机构被分设的情况较少(个别直辖市除外),主要为单设;市、县两级地方运管机构横向分设情况较为普遍,特别是在中心城市,机构分设情况非常普遍。设区的市级道路运输管理机构一般被分设为:道路客货运管理机构、维修管理机构、驾驶培训(简称驾培)管理机构、出租车管理机构、城市公交管理机构等。从道路运输管理机构的角度看,参公性质或事业性质的交通运输综合执法机构,通过处罚、强制等行政管理手段履行了道路运输管理职能的部分职责,其也属于道路运输管理机构分设特例。

4.机构名称现状

目前,全国地方道路运输管理机构名称繁多,且各具特点。其名称主要有"道路运输管理局(处、所)""公路运输管理局(处、所)""交通运输管理局"和"运输管理局(处、所)"几种。

5.机构规格现状

在机构规格方面,全国现有省级道路运输管理机构中,省级道路运输管理机构多为县处级,部分也有副厅局级,但其往往同时兼任交通运输主管部门副职;市级道路运输管理机构设置规格差异较大,多为正科级,中心城市为副处级,非中心城市也有副处级,但其往往同时兼任交通运输主管部门副职;县级运管机构中,大部分为股级,也有副科级,但其往往同时兼任交通运输主管部门副职。

(四)道路运输管理机构登记管理

1.事业单位和道路运输管理机构定义

根据《事业单位登记管理暂行条例》,事业单位是指国家为了社会公益目的,由国家机关举办或者其他组织利用国有资产举办的,从事教育、科技、文化、卫生等活动的社会服务组织。

道路运输管理机构(事业性质)是指国家为了维护道路运输市场秩序,保障道路运输安全,保护道路运输有关各方当事人的合法权益,促进道路运输业的健康发展等社会公益目的,由地方各级交通运输主管部门举办的,从事道路运输管理活动的社会服务组织。

2.道路运输管理机构登记条件

事业单位性质的道路运输管理机构经县级以上交通运输主管部门批准成立后,应当依照《事业单位登记管理暂行条例》的规定登记或者备案。县级以上各级人民政府机构编制管理机关所属的事业单位登记管理机关(以下简称登记管理机关)负责实施事业单位的登记管理工作。

申请事业单位法人登记,应当具备下列条件:①经审批机关批准设立;②有自己的名称、组织机构和场所;③有与其业务活动相适应的从业人员;④有与其业务活动相适应的经费来源;⑤能够独立承担民事责任。

3.道路运输管理机构登记程序

道路运输管理机构登记程序依次是申请、受理、审查、核准、发(缴)证章、公告。

1)申请

申请人向登记管理机关提出有关登记请求。申请人应当如实填写有关申请材料,并对提交的申请材料的真实性负责。申请事业单位法人登记,应当向登记管理机关提交下列文件:登记申请书、审批机关的批准文件、场所使用权证明、经费来源证明和其他有关证明文件。

2)受理

登记管理机关对申请人提交的登记申请材料进行初步审查,做出受理或不予受理的决定。

登记申请不属于本登记管理机关管辖范围的,应即时做出不予受理的决定,并告知申请人向有关机关申请。

登记申请不符合法定条件的,应在5个工作日内做出不予受理的决定,并说明理由。申请材料存在可以当场更正的错误的,应当允许申请人当场更正。申请材料不齐全或不符合法定形式的,应当当场或者在5个工作日内一次告知申请人需要补正的全部内容,逾期不告知的,自收到申请材料之日起即为受理。

登记申请属于本登记管理机关管辖范围,申请材料齐全、符合法定形式,或者申请人按照本登记管理机关的要求提交全部补正申请材料的,应当受理。

3)审查

登记管理机关审查申请人是否符合规定的登记条件。根据法定条件和程序,需要对申请材料的实质内容进行核实的,登记管理机关应当指派两名以上工作人员进行核查。登记管理机关审查时,发现登记申请直接关系他人重大利益的,应当告知该利害关系人。申请人、利害关系人有权进行陈述和申辩。登记管理机关应当听取申请人、利害关系人的意见。

4)核准

登记管理机关应当自收到登记申请书之日起30日内依照《事业单位登记管理暂行条例》的规定进行审查,做出准予登记或者不予登记的决定。登记管理机关依法做出不予登记决定的,应当说明理由,并告知申请人享有依法申请行政复议或者提起行政诉讼的权利。

5)发(缴)证章

登记管理机关向核准登记的事业单位发(缴)证章。

6)公告

登记管理机关对核准登记的有关事项予以公告。事业单位设立登记的公告内容,应当包括名称、法定代表人、宗旨和业务范围、开办资金、住所及《事业单位法人证书》证书号等。

每年1月1日至3月31日,事业单位向登记管理机关报送年度报告,并在登记管理机关指定网站上向社会公示,例如表2-1所示。事业单位对公示的年度报告的真实性负责,在公示前,要将年度报告书报送举办单位进行保密审查,由举办单位出具确认该年度报告书可以向社会公示的审查意见。

2011年度事业单位法人年度报告公开表(公路运输管理所)　　表 2-1

<table>
<tr><td rowspan="7">登记有关
事项</td><td colspan="2">单位名称</td><td colspan="2">和县公路运输管理所</td></tr>
<tr><td colspan="2">事证号</td><td colspan="2">134152600093</td></tr>
<tr><td colspan="2">住所</td><td colspan="2">巢宁路109K+100米处</td></tr>
<tr><td colspan="2">法定代表人</td><td colspan="2">许长征</td></tr>
<tr><td colspan="2">经费来源</td><td colspan="2">转移支付(自收自支)</td></tr>
<tr><td colspan="2">开办资金</td><td colspan="2">5.0万元</td></tr>
<tr><td colspan="2">宗旨和业务范围</td><td colspan="2"></td></tr>
<tr><td colspan="3">变更登记情况(2011年4月1日—2012年3月31日)</td><td colspan="2"></td></tr>
<tr><td rowspan="4">经费收支
情况</td><td rowspan="2">上年度结余(万元)</td><td colspan="3">本年度收入(万元)</td></tr>
<tr><td colspan="2">合计</td><td>其中财政拨款</td></tr>
<tr><td>0.4</td><td colspan="2">69.6</td><td>8.0</td></tr>
<tr><td colspan="4">
<table>
<tr><td>本年度结余(万元)</td><td colspan="2">本年度支出(万元)</td></tr>
<tr><td></td><td>合计</td><td>其中人员经费</td></tr>
<tr><td>12.7</td><td>62.3</td><td>2.2</td></tr>
</table>
</td></tr>
<tr><td>绩效和所受
奖惩情况</td><td colspan="4">2011年被县委县政府授予"文明单位"
2011年被市交运局授予"先进集体"
2011年被市运管处授予"先进集体"</td></tr>
<tr><td>接受捐赠资助
及其使用情况</td><td colspan="4"></td></tr>
<tr><td rowspan="2">从业人数</td><td colspan="2">上年末</td><td colspan="2">92</td></tr>
<tr><td colspan="2">本年度</td><td colspan="2">86</td></tr>
<tr><td>保密审查
意见</td><td colspan="4">同意公开　　　　　　　　　　　　　　　和县交运局
　　　　　　　　　　　　　　　　　　　2012年7月30日</td></tr>
<tr><td>举办单位
意见</td><td colspan="4">同意公开　　　　　　　　　　　　　　　和县交运局
　　　　　　　　　　　　　　　　　　　2012年7月30日</td></tr>
<tr><td>年检结果</td><td colspan="4">年检合格　　　　　　　　　　　　和县事业单位登记管理局
　　　　　　　　　　　　　　　　　　　2012年7月30日</td></tr>
<tr><td>备注</td><td colspan="4">监督电话:0555-5335378</td></tr>
<tr><td colspan="5">履行职责及开展业务活动情况</td></tr>
<tr><td colspan="5">　　2011年,本单位积极维护运输市场秩序,认真开展道路运输经营管理,积极完成上级下达各项任务。自觉遵守国家法律和有关政策;严格按照机构编制执行;实际使用的名称与核准登记的名称一致,使用的印章、标牌与核准登记的名称一致,没有擅自增加名称的行为;实际地址与核准登记的位置是同一地址;按照核准登记的宗旨和业务范围开展活动,涉及行政许可事项的活动均有法律、法规等相关依据;事业单位登记的法人代表与实际的负责人一致;开办资金没有大幅变化,继续承担宗旨和业务范围相适应的民事责任能力;有关资质认可或许可继续有效;接受捐赠、资助及使用情况符合《事业单位登记管理暂行条例》和其他有关规定;自核准登记后一直正常开展业务;没有抽逃、转移开办资金的行为;没有涂改、出租、出借《事业单位法人证书》或者出借印章的行为;严格依法纳税,没有违法和社会投诉现象;未涉及诉讼,多次受上级业务部门的好评</td></tr>
</table>

4. 登记事项

事业单位法人登记事项包括：名称、住所、宗旨和业务范围、法定代表人、经费来源（开办资金）等情况。

1）名称

事业单位名称是事业单位的文字符号，是各事业单位之间相互区别并区别于其他组织的首要标志，由以下部分依次组成：字号，即表示该单位的所在地域、举办单位或者单独字号的字样；所属行业，即表示该单位业务属性、业务范围的字样（如道路运输等）；机构形式，即表示该单位属于某种机构形式的字样（如所、站等）。除特殊情况外，一个事业单位一般只使用一个名称。申请人申请登记多于一个名称，登记管理机关经审查确认必要的可以核准登记，并在法人证书上将第一名称之外的名称以加括号的形式显示在第一名称之后。

2）住所

事业单位住所是事业单位的主要办事机构所在地。一个事业单位只能申请登记一个住所。申请登记的事业单位住所地址应当是邮政能够送达的地址。

3）宗旨和业务范围

事业单位宗旨是指举办事业单位的主要目的，事业单位业务范围是对事业单位可以开展的业务事项的界定。事业单位业务范围应当符合宗旨的要求，并与其资金、场地、设备、从业人员以及技术力量相适应。事业单位应当在核准登记的业务范围内开展活动。

4）法定代表人

事业单位法定代表人是按照法定程序产生，代表事业单位行使民事权利、履行民事义务的责任人。事业单位的拟任法定代表人，经登记管理机关核准登记，方取得事业单位法定代表人资格。

5）经费来源

事业单位经费来源是指事业单位的收入渠道，包括财政补助和非财政补助两类。事业单位开办资金是事业单位被核准登记时可用于承担民事责任的全部财产的货币体现。事业单位开办资金包括举办单位授予事业单位法人自主支配的财产和事业单位法人的自有财产。事业单位开办资金由相关部门出具确认证明。

5. 登记证书的性质和使用管理

事业单位法人证书有效期为5年。事业单位要在有效期截止前30日内到登记管理机关换领新的《事业单位法人证书》。《事业单位法人证书》是证明事业单位法人资格的唯一合法凭证。未取得《事业单位法人证书》的单位，不得以事业单位法人名义开展活动。经登记的事业单位，凭《事业单位法人证书》刻制印章，申请开立银行账户。事业单位应当将印章式样报登记管理机关备案。《事业单位法人证书》分为正本和副本，正本和副本具有同等法律效力。《事业单位法人证书》正本应当置于事业单位住所的醒目位置。

第二节　道路运输行政主体职能及转变

职能是行政的核心内容，职能的转换往往和机构改革一并实施。

第二章 道路运输行政主体及其职能

一、职能的定义、属性和分类

(一)定义

行政主体职能是指国家行政机关根据国家和社会发展的需要,在施政时应承担的职责和所具有的功能。政府职能是公共行政的核心内容,是政府机构设置的根本依据,机构改革必须要根据政府职能的变化来进行,首先确定政府职能,然后再进行政府机构的调整和改革。政府职能的实施情况是衡量行政效率的重要标准。

(二)与行政主体职能相关的公共产品理论依据

公共产品的基本特征是消费的非竞争性和非排他性。非竞争性是指一个消费者对一种公共产品的消费不影响其他消费者对该产品的消费和使用;非排他性是指公众的任何一员都不能被排除在对该公共产品的消费之外,都可以享受这种产品。与公共利益和需求直接相关的公共产品是指公共享有的消费品,如国防、大型基础设施等。公共产品的特性导致了其供给的稀缺,因而只能依靠政府组织生产和供应才有可能得以解决,这是政府职能的基本依据。

(三)行政主体职能的属性

(1)公共性。行政主体职能涉及国家大量日常公共事务的处理,根本目的是为所有社会群体和阶层提供普遍的、公平的、高质量的公共服务。

(2)动态性。行政主体职能始终是变化的,取决于市场经济条件下政府与市场关系的动态性和政府与社会关系的力量对比等。

(3)扩张性。行政主体职能的扩张性是指随着现代社会中公共事务和公共问题日益增多且日益复杂,公众需求日益个性化、多样化,行政主体承担了越来越多的职能,并逐渐扩展至社会各层面。

(四)行政职能的分类

一般来说,行政主体的属性规定政府的基本职能,行政主体职能特性规定政府的具体职能。行政主体基本职能主要包括:第一,政治职能,即行政主体为维护国家统治,对外保护国家安全、对内维持社会秩序的职能;第二,经济职能,即行政主体为国家经济的发展,对社会经济生活进行管理的职能;第三,文化职能,即行政主体为满足人民日益增长的文化生活的需要,依法对文化事业所实施的管理;第四,其他职能,即除政治、经济、文化职能以外的行政主体必须承担的其他职能,这类事务一般具有社会公共性,无法完全由市场解决,应当由政府从全社会的角度加以引导、调节和管理。

行政主体的具体职能因为管理对象不同而各有差异。交通运输部及其内设机构运输服务司的具体职能详细参照《交通运输部主要职责、内设机构和人员编制规定》和中央机构编制委员会办公室有关文件。

(五)行政职能的转变趋势

1. 从政治统治职能为主到社会管理职能为主

进入现代社会以后,尽管政府的政治统治职能依然存在,而以经济职能为主导的社会管理职能却不断增强和膨胀,使政府日益扮演着社会公共利益代表的角色。从政治统治职能为主向社会管理职能为主的转换,是政府职能走出传统社会而进入现代社会的重要标志。

2. 从全面的经济干预职能到经济引导职能

职能转变,主要是指政府经济管理职能的转变。政府经济职能的成长与市场经济相伴而进。市场经济发展初期,政府主要发挥着保护职能,即站在市场之外为市场的发育和成长提供一定的民商事法律保障,保证市场竞争的有序化。随着市场经济的进一步发展,经济危机周期性发生,垄断问题越来越突出,出现了所谓"市场失灵"的问题。政府原先的保护性功能已无法保护市场的秩序,需要政府介入到市场中来,对经济加以干预。但随着政府干预的加深,导致经济停滞,原因在于市场经济条件下"政府过分干预的失败",于是各国围绕限制政府干预经济采取了一系列改革措施期望实现"充分的市场,必要的政府"。于是,干预逐渐向引导方向过度。

3. 从经济职能为主到全社会管理职能

政府经济职能的片面发展,带来了许多新的问题,诸如环境问题、能源和资源问题等。这都需要政府职能重新定位和调整,以便适应未来发展的需要。政府社会管理职能表现在不仅提供非排他性的公共物品(包括科、教、文、卫、体等方面的公共物品或服务,以及更多的基础设施和公共设施),而且负责适度就业、实施社会救济、社会保险和社会福利方面的工作。

4. 从直接管理到间接管理

政府作为国家公共权力执行机关,对社会生活进行广泛的管理,但也会出现失效的情况。没有万能的政府,政府应将有限的能力集中于基础性管理工作,而将非基础性工作(例如,专业技术管理等)交还给社会,实行协调和间接管理,以提高政府管理的有效性,其主要表现为以下几方面。

(1)改革社会组织管理制度,形成政社分开、权责明确、依法自治的现代社会组织体制。强化行业自律,推进行业协会商会与行政机关脱钩,使其真正成为提供服务、反映诉求、规范行为的主体。

(2)探索一业多会,引入竞争机制。重点培育、优先发展行业协会商会类、科技类、公益慈善类、城乡社区服务类社会组织。

(3)社会组织直接向民政部门依法申请登记,不再需要业务主管单位审查同意。民政部门要依法加强登记审查和监督管理,切实履行责任。

(4)积极引导发展,严格依法管理,促进社会组织健康有序发展。

(5)完善相关法律法规,建立健全统一登记、各司其职、协调配合、分级负责、依法监管的社会组织管理体制,健全社会组织管理制度,推动社会组织完善内部治理结构。

（六）行政主体职能转变的主要做法

(1) 科学合理界定政府职能，解决越位、缺位、错位的问题。

在改善和加强经济调节、市场监管的同时，要更加注重社会管理和公共服务，把财力、物力等公共资源更多地向社会管理和公共服务倾斜。

经济调节方面，政府要加快健全宏观调控体系，重点搞好宏观规划、政策制定和指导协调，进一步退出微观经济领域，更多地运用经济手段和法律手段调节经济活动。

市场监管方面，政府要着力解决管理职能分割和监管力度不够的问题，增加违法违规行为的经济和社会成本，使违法违规行为的预期成本高于预期收益，形成自我约束机制。

社会管理方面，政府要加快制定和完善管理规则，丰富管理手段，创造有利于社会主体参与和竞争的环境，平等地保护各社会群体的合法权益，维护社会公正和社会秩序。

公共服务方面，政府应随着经济的发展相应增加对公共教育、医疗卫生、社会保障、劳动就业、群众文化、人口计生、公用事业等基本公共服务的投入，促进基本公共服务均等化。

(2) 合理划分各级政府职责关系，实现决策权、执行权、监督权相互制约协调。

正确处理中央和地方政府关系，根据责任与权力相统一、财权与事权相一致的原则，依法规范中央和各级地方政府经济社会管理的职能和权限，理顺中央和地方政府的职责和分工，形成合理的政府层级体系。

完善垂直管理体制，包括中央垂直管理部门和省以下垂直管理部门。在确保中央统一领导、政令畅通的前提下，充分发挥地方政府的积极性、主动性和创造性，强化地方政府的管理责任，加强和优化基层行政资源，增强基层政府提供公共服务的能力。

(3) 继续推进政企、政资、政事、政社分开。

全面梳理各级政府管理的事务，将政府"不该管""管不好""管不了"的事项转移出去，还权于民、还权于市场、分权于社会。除法律、行政法规有规定以外，凡是公民、法人和其他组织能够自主解决的事项、凡是市场机制能够自行调节的事项、凡是行业组织通过自律能够解决的事项，政府都不应再"管"。清理行政许可项目和非行政许可审批项目，该取消的要坚决取消，能下放的要尽量下放，对必须保留的行政审批项目要减少环节、简化程序、提高透明度。高度重视加快培育、发展和规范行业协会、中介组织等民间组织，增强政府职能退出后的社会接管能力。

二、交通运输部及其内设的道路运输管理机构的职能转换历程

改革开放以来，中国分别在1988年、1993年、1998年、2003年、2008年和2013年进行了六次规模较大的政府机构改革，道路运输管理机构及其归属的交通运输主管部门的职能调整也是亦步亦趋。本书主要结合交通运输部的职能调整历史来举例说明道路运输行政主体职能调整转换历史。

（一）1988年改革

1988年7月19日，原交通部"三定"方案公布，遵照党中央、国务院关于政府机构改革

的要求,按照政企分开、党政分开和精减、统一、效能的原则,改革原交通部的机构,以强化宏观控制和行业管理。

1. 职能转变主要内容

(1) 以转变职能为核心,加强宏观调控和行业管理。主要抓好统筹规划、政策法规、经济调节、监督服务。

(2) 淡化对企业直接控制的职能,强化行业间接调控的职能,以利于优化运输结构,发展综合运输。

(3) 进一步下放权力,搞活交通运输企业,理顺企事业单位管理体制。对关系国计民生的运输保持必要的直接控制,以保证国家计划运输和紧急物资运输的需要。

2. 原交通部关于道路运输的基本职能

原交通部是国务院对全国道路运输实行组织领导和宏观调控、进行行业管理的职能部门。其基本职责有以下几个方面。

(1) 根据国民经济和社会发展需求,拟定全国公路交通运输行业发展战略和方针、政策。

(2) 根据国家的统筹安排,组织编制全国公路交通运输行业发展规划,制定年度运输和建设计划并监督实施,确保完成国家指令性运输计划和紧急物资的运输。

(3) 拟订有关交通法规,并监督执行。

(4) 围绕建设与发展综合运输体系,优化运输结构,协调行业内外和多种所有制运输企业的关系,推进横向联合,发展合理运输。

(5) 深化交通运输经济体制改革,指导企业改善经营机制,指导交通行业的精神文明建设。

(6) 制订交通运输行业科技、教育发展规划,负责部属院校和科研单位的领导工作。

(7) 会同国家科学技术委员会等部门制定有关交通运输的技术政策;拟订技术规范、标准,组织技术开发,促进技术进步。

(8) 协同国务院有关部门提出有关交通运输方面的价格、税收、信贷、物资、劳动工资和外汇等经济政策。

3. 原交通部的道路运输机构设置及主要职责

设置运输管理司,负责水路、公路运输管理工作;拟订有关运输管理制度;审批国际、跨省水运企业及航线,协调跨省公路运输企业及线路;负责运输设备管理;掌握运输平衡,组织推进联合运输;负责下达季度、月度的指令性运输计划,并监督实施;负责实施国际运输协作、双边运输协定和有关外资引进、技术合作、人才交流等事宜;管理水上货运中心的工作。

(二) 1998 年改革

1998 年,《交通部职能配置、内设机构和人员编制规定》经国务院批准印发。

1. 与道路运输有关职能调整

(1) 划出的职能。将出租车管理职能交给地方各市人民政府,由其自行确定管理部门。

(2) 划入的职能。汽车出入境运输由原交通部管理。

(3) 转变的职能。第一,除国家重点和大中型交通基础设施建设项目外,原交通部不再直接管理项目的立项审查、评估、评奖、推广等事项;除国家重大科技项目外,原交通部不再直接管理科技项目的成果鉴定、评审、评奖、推广等事项。第二,交通行业有关培训、企业年度会计报表审计等事务性工作,交给有关社会中介机构。第三,交通企业集团二级单位领导班子的调整和企业经营性项目的投资、生产计划、运输班期调整等生产经营权交给企业。

2. 与道路运输有关的主要职责

根据以上职能调整,原交通部的主要职责有以下几方面。

(1)拟订公路交通行业的发展战略、方针政策和法规并监督执行。

(2)拟订公路交通行业的发展规划、中长期计划并监督实施;负责交通行业统一和信息引导。

(3)对国家重点物资运输和紧急客货运输进行调整;组织实施国家重点公路、水陆交通工程建设。

(4)指导交通行业体制改革;维护公路交通行业的平等竞争秩序;引导交通运输行业优化结构、协调发展。

(5)组织公路及其设施的建设、维护、规费稽征;负责汽车维修市场、汽车驾驶学校和培训机构驾驶员培训工作的行业管理。

(6)制定交通行业科技政策、技术标准和规范;组织重大科技开发,推动行业技术进步;指导交通行业高等教育、成人教育以及职业技术教育。

(7)指导交通行业职工队伍建设。

(8)负责政府间交通行业的涉外工作,指导利用外资工作;管理公路、水路交通与国际组织有关事宜,开展国际交通经济技术合作与交流。

(9)承办国务院交办的其他事项。

3. 与道路运输有关的内设机构

设置公路司,其主要职责包括:拟定公路建设和道路运输的行业政策、规章和技术标准;维护公路建设和道路运输行业的平等竞争秩序;监督管理重点公路建设项目的实施;负责公路归费稽征、公路养护、路政、收费公路的管理;负责道路运输、汽车维修市场、汽车驾驶学校和驾驶员培训工作的行业管理;负责运价政策的拟定和汽车出入境运输管理。

4. 关于道路交通安全管理

道路交通管理体制维护现状,待下一步进行深入调查后,作为专题,研究管理体制的改革与职责分工。

(三)2008 年改革

2009 年 3 月 2 日,《交通运输部主要职责内设机构和人员编制规定》经国务院批准公布。

1. 与道路运输有关的职责调整

(1)将原交通部的职责,原中国民用航空总局拟订的民航行业规划、政策和标准职责,原建设部的指导城市客运职责,整合划入交通运输部。

(2)取消已由国务院公布取消的行政审批事项。

(3)取消公路养路费、航道养护费、公路运输管理费、公路客货运附加费、水路运输管理费、水运客货运附加费六项交通规费的管理职责。

(4)将组织推广公路水路行业设备新技术、协调闲置设备调剂等职责交给事业单位,将港口企业与国际港口组织联络等工作交给有关行业协会。

(5)加强综合运输体系的规划协调职责,优化交通运输布局,促进各种运输方式相互衔接,加快形成便捷、通畅、高效、安全的综合运输体系。

(6)加强统筹区域和城乡交通运输协调发展职责,优先发展公共交通,大力发展农村交通,加快推进区域和城乡交通运输一体化。

(7)继续探索和完善职能有机统一的交通运输大部门体制建设,进一步优化组织结构,完善综合运输行政运行机制。

2. 主要职责

(1)承担涉及综合运输体系的规划协调工作,会同有关部门组织编制综合运输体系规划,指导交通运输枢纽规划和管理。

(2)组织拟订并监督实施公路、水路、民航等行业规划、政策和标准。组织起草法律法规草案,制定部门规章。参与拟订物流业发展战略和规划,拟订有关政策和标准并监督实施。指导公路、水路行业有关体制改革工作。

(3)承担道路、水路运输市场监管责任。组织制定道路、水路运输有关政策、准入制度、技术标准和运营规范并监督实施。指导城乡客运及有关设施规划和管理工作,指导出租汽车行业管理工作。负责汽车出入境运输、国际和国境河流运输及航道有关管理工作。

(4)指导公路、水路行业安全生产和应急管理工作。按规定组织协调国家重点物资和紧急客货运输,负责国家高速公路及重点干线路网运行监测和协调,承担国防动员有关工作。

(5)指导交通运输信息化建设,监测分析运行情况,开展相关统计工作,发布有关信息。指导公路、水路行业环境保护和节能减排工作。

3. 与道路运输有关的内设机构

设置道路运输司(出租汽车行业指导办公室),且其主要职责包括:承担城乡道路运输市场监管,指导城市客运管理,拟订相关政策、制度和标准并监督实施;承担运输线路、营运车辆、枢纽、运输场站等管理工作;承担车辆维修、营运车辆综合性能检测、机动车驾驶员培训机构和驾驶员培训管理工作;承担公共汽车、城市地铁和轨道交通运营、出租汽车、汽车租赁等的指导工作;承担跨省客运、汽车出入境运输管理;按规定承担物流市场有关管理工作。

4. 其他事项

(1)由交通运输部牵头,会同国家发展和改革委员会、铁道部等部门建立综合运输体系协调配合机制。交通运输部会同有关部门组织编制综合运输体系规划,承担涉及综合运输体系规划有关重大问题的协调工作。国家发展和改革委员会负责综合运输体系规划与国民经济和社会发展规划的衔接平衡。

(2)城市地铁、轨道交通方面的职责分工。交通运输部指导城市地铁、轨道交通的运营;住房和城乡建设部指导城市地铁、轨道交通的规划和建设。两部门要加强协调配合,确保城市地铁、轨道交通规划与城市公共交通整体规划的有效衔接。

(四)2013年国务院机构改革

2014年1月,根据《中央编办关于交通运输部有关职责和机构编制调整的通知》。

1. 与道路运输有关的职能调整

(1)交通运输部管理国家铁路局、中国民航局、国家邮政局,负责推进综合交通运输体系建设,统筹规划铁路、公路、水路、民航以及邮政行业发展。

(2)负责组织拟订综合交通运输发展战略和政策,组织编制综合交通运输体系规划,拟订铁路、公路、水路发展战略、政策和规划,统筹衔接平衡铁路、公路、水路、民航等规划,指导综合交通运输枢纽规划和管理。

(3)负责组织起草综合交通运输法律法规草案,统筹铁路、公路、水路、民航、邮政相关法律法规草案的起草工作。

(4)负责拟订综合交通运输标准,协调衔接各种交通运输方式标准。

2. 与道路运输有关的交通运输部内设机构

设置运输服务司,其职责主要包括:负责拟订综合交通运输基本公共服务标准并监督实施,承担协调与衔接工作;负责指导综合交通运输枢纽管理;负责指导城乡客运及有关设施的规划、运营管理工作;负责城乡道路运输市场监管,负责运输线路、营运车辆、枢纽、运输场站等管理工作;负责指导城市客运管理,拟订相关政策、制度和标准并监督实施;负责指导公共汽车、城市地铁和轨道交通运营、出租汽车、汽车租赁等工作;负责拟订经营性机动车营运安全标准,指导车辆维修、营运车辆综合性能检测管理,参与机动车报废政策、标准制定工作;负责机动车驾驶员培训机构和驾驶员培训管理工作;负责跨省客运、汽车出入境运输管理;按规定负责物流市场有关管理工作;负责组织协调国家重点物资运输和紧急客货道路运输;负责起草有关道路运输安全生产政策和应急预案,组织实施应急处置工作;指导有关道路运输企业安全生产监督管理工作。

三、省级政府交通运输主管部门及运管机构的职能

(一)省级政府交通运输主管部门主要职责(与道路运输相关)

(1)贯彻执行国家有关交通运输的方针政策和法律、法规、规章等。

(2)组织起草交通运输地方性法规、规章草案,拟订交通运输行业有关政策并监督实施。

(3)指导全省公路、水路行业体制改革。

(4)组织编制全省综合运输体系规划,组织拟订并监督实施公路、港口、航道、地方铁路、民用航空和交通物流业等行业规划。指导编制城市客运发展规划,参与城市客运有关设施的规划,指导交通运输枢纽规划。会同有关部门编制交通运输固定资产投资计划。

(5)承接外商投资道路运输业立项审批职责。负责汽车出入境运输管理。

(6)承担全省道路、水路运输市场监管责任。指导城市客运管理及出租汽车行业管理工作。指导交通运输枢纽管理工作。参与物流业发展规划的拟订并监督实施;拟订有关物流业政策和标准并监督实施。

(7)指导全省运政等行政执法工作。

(8)负责全省交通运输行业安全生产的监督管理。承担并指导交通运输行业应急处置工作。组织实施重点物资运输和紧急运输。拟订全省经营性机动车营运安全标准,指导营运车辆综合性能检测管理,参与机动车报废政策、标准制定工作。

(9)拟订全省交通运输行业科技与信息化政策、规划和规范并组织实施,组织重大交通运输科技项目攻关。指导协调交通运输行业信息化项目的建设与管理。指导并监督交通运输行业质量、技术、环保和节能减排工作。拟定全省综合交通运输标准,协调衔接各种交通运输方式标准。指导交通运输信息化建设,监测分析运行情况,开展相关统计工作,发布有关信息。

(10)负责全省交通运输外事工作,开展对外交流与合作。

(11)承办省政府交办的其他事项。

省级政府交通运输主管部门的专门内设机构为运输处,其他处室行使相关专项道路运输管理职能。

(二)省交通运输厅道路运输管理局职责

省交通运输厅道路运输管理局(挂牌省交通运输厅运政稽查总队、省城市客运管理办公室)的主要职责包括以下几方面。

(1)贯彻执行国家有关道路运输的方针、政策和法规。

(2)编制道路运输发展规划草案,并组织实施;编制道路运输站(场)建设计划草案并组织实施。参与拟订交通物流业发展战略和规划,承担交通物流市场管理工作;参与拟定物流业有关政策和标准并监督实施。

(3)承担道路旅客运输及客运站的行业管理工作。负责跨省、市旅客运输和国际道路旅客运输的经营许可。承担指导城市客运、城市地铁、轨道交通营运的具体工作;承担全省出租车客运的行业管理工作。负责制定出租车驾驶员客运资格考试范围、标准。

(4)承担道路货物运输(包括危险货物运输)及货运站的行业管理工作。负责国际道路货物运输的经营许可。

(5)承担机动车维修的行业管理工作。承担机动车维修业开业地方标准的起草工作。

(6)承担机动车驾驶员培训的行业管理工作。负责机动车驾驶员培训教学人员相关知识和能力的考试;承担机动车驾驶员培训开业地方标准的起草工作。

(7)承担营运车辆综合性能检测;指导汽车租赁等行业管理工作。

(8)承担全省道路运输安全生产的行业管理。协助有关部门调查处理道路运输行业的重特大安全事故;具体承担抢险、救灾、战略物资等紧急道路运输任务和指令性计划运输的组织实施。

(9)依法对道路运输和道路运输相关业务经营活动进行监督检查;负责道路运输行政执法工作。

(10)依法对道路运输行政许可、行政处罚行为实施监督。办理道路运输行政赔偿和行政诉讼案件的应诉工作。

(11)负责道路运输行业的统计和分析。

(12)承担全省道路运输行业的信息化建设、科研项目及技术攻关的管理。

(13)承担全省道路运输管理机构队伍建设和精神文明建设。

(14)承办省交通厅交办的其他工作。

四、地市级政府交通运输主管部门及运管机构职能

(一)地市级政府交通运输主管部门的道路运输管理职能

(1)贯彻执行国家和省、市有关交通运输行业的法律、法规、规章和方针政策。
(2)制定并组织实施全市交通运输行业发展战略。
(3)受委托起草交通运输行政管理的地方性法规、规章草案,经审议通过后组织实施。
(4)指导交通运输行业体制改革。
(5)负责涉及全市综合运输体系的规划协调工作,会同有关部门组织编制综合运输体系规划和交通运输枢纽规划;制定和组织实施全市公路、水路、港口交通行业发展规划及专项规划、计划;会同有关部门制定城市公共客运行业发展规划及专项规划、计划,并按分工做好组织实施;参与制定物流业发展战略和规划。
(6)负责城乡客运有关设施建设和管理工作;参与城市公共客运设施的建设并负责公共客运设施监管。
(7)负责全市交通运输市场监管,组织制定相关政策、制度和标准并监督实施;负责道路运政管理工作,指导、监督全市交通运输行业的行政执法工作。
(8)负责全市交通运输行业安全生产监督管理和应急管理工作;按规定组织协调重点物资和紧急客货运输;配合有关部门管理车站、港口(码头)的治安保卫工作。
(9)指导交通运输行业科技进步和交通运输信息化建设工作;组织开展交通运输行业环境保护和节能减排工作。
(10)组织开展交通运输行业对外技术交流与合作。
(11)负责市交通战备办公室的日常工作。
(12)承担区、县(市)交通运输部门的业务指导工作。
(13)承办市政府交办的其他事项。
与道路运输有关的内设处室主要是道路运输处。

(二)地市一级道路运输管理机构(含道路运政执法支队)的职责

(1)贯彻执行国家和省、市有关道路运输行业管理方面的法律法规、方针政策。
(2)参与起草地方性运政管理法规、规章、规范性文件,并组织实施。
(3)编制全市道路运输行业发展规划,调查研究全市运输市场情况,及时发布相关信息,引导运输业优化结构协调发展。
(4)负责全市道路旅客、货物运输行业管理,履行行政许可、日常监管职责,并负责做好春运、假日运输和抢险救灾、突发性公共事件等紧急运输任务的组织协调工作。
(5)负责全市道路客货站场、机动车维修与检测、机动车驾驶员培训、搬运装卸等运输相关业务,参与制订站场建设规划,做好营运车辆技术管理和道路运输从业人员考核工作。
(6)负责对本行政区域内公共汽车、客运出租汽车行业实施行业管理和市场监督,维持市区公共交通秩序。负责公共汽车场站和公交、客运出租车辆设置广告的统一监督管理。对公共汽车场站建设、迁移、拆除或关闭等进行审核,对车站码头、市区主干道客运出租汽车

的停车场地或站点的设置进行审核。制定公共汽车客运出租汽车经营管理、服务质量的行业标准并实行监督管理。

(7)协同物价部门做好运价的审查、调整工作。

(8)负责维护全市道路运输市场秩序,按法定程序稽查违章行为,并依法作出行政处罚。

(9)履行"三关一监督"职责,切实把好运输市场准入关、营运车辆技术关、从业人员资质关,加强对客运站场的安全监管。

(10)负责对各市(县)、区运政管理机构的执法活动进行指导监督。

(11)承担全市道路运输行业信息化建设、科研项目管理和节能减排工作,以及行业信息的统计和发布工作。

(12)承办上级部门交办的其他工作任务。

相关内设机构包括运输安全管理处、城际城乡客运管理处、货运管理处、客运出租汽车管理处、城市公交和轨道交通管理处、道路运输指挥中心(投诉中心)、办证中心(行政审批处)、机动车维修管理处和驾培处等。

下设机构包括直属机动执法大队和片区管理处(市道路运政稽查大队)。

五、县级政府交通运输主管部门及运管机构职能

(一)区(县)交通运输局道路运输管理有关职能

(1)贯彻执行国家和省、市有关交通运输行业的法律、法规、规章和方针政策;制定并组织实施全区(县)交通运输行业发展战略;指导交通运输行业体制改革。

(2)负责涉及全区(县)综合交通运输体系的规划协调工作,会同有关部门组织编制综合交通运输体系规划和交通运输枢纽规划;制定并组织实施全区(县)公路交通行业发展规划、计划;会同有关部门制定公共客运行业发展规划及专项规划、计划,并按分工做好组织实施;参与制定物流业发展战略和规划。

(3)负责辖区(县)内道路运输管理工作;指导、监督道路客运、道路货运及道路运输站(场)、机动车维修、机动车驾驶员培训、汽车租赁和运输服务等行业管理;指导、监督全区(县)交通运输行业行政执法工作;组织协调国家重点物资和紧急客货运输;参与协调各种运输方式的综合平衡。

(4)参与城市公共客运设施建设,并负责公共客运设施监管。

(5)指导、监督全区(县)交通运输行业安全生产管理和突发事件应急管理工作;会同有关部门管理车站的治安保卫工作。

(6)指导交通运输行业科技进步和交通运输信息化建设工作;组织开展交通运输行业环境保护和节能减排工作;组织开展交通运输行业对外技术交流与合作。

(7)负责区(县)交通战备办公室日常工作和综合治理工作。

(8)承办区(县)政府交办的其他事项。

具体相关内设机构主要表现为道路运输科,由于基层交通运输主管部门内设机构数量的限制,也可能设为更综合性科室,如运输安全科或运输科(公路、水路)等。

(二)区(县)道路运输管理所(含运政执法大队)的职能

区(县)运输管理所,经国家法规授权,行使全县道路运输行业管理等相关内容的行政管理和监督执法职能。其职能包括以下几方面。

(1)贯彻执行国家和省、市有关道路运输及相关业务的法律、法规、规章和方针、政策。

(2)编制全区(县)道路运输发展规划、年度计划,具体负责实施经上级批准的道路运输行业发展规划。

(3)负责辖区内从事道路客运经营(包括班车客运、包车客运、旅游客运、城市公共汽车客运、出租汽车客运等)、道路货物运输经营以及道路运输相关业务经营(包括客货运输站场经营、机动车维修经营、机动车驾驶员培训经营等)等的许可。

(4)负责道路运输车辆技术管理和从业人员资格管理,做好相应的证、牌、单和票据等管理工作。

(5)承担对从事道路运输及相关业务的单位和个人进行监督检查的责任,依法查处道路运输违法案件。

(6)负责道路运输企业质量信誉考核和营业性运输驾驶员诚信考核。

(7)承担全区(县)道路运输行业安全生产监督管理和应急运输保障,具体承担抢险、救灾、战略物资等紧急道路运输任务和指令性计划运输的组织实施。

(8)负责道路运输及相关业务的市场调研、信息收集、信息发布、统计和上报,进行经验交流和推广。

(9)承担全区道路运输行业节能减排、信息化建设、技术攻关。

(10)对道路运输及相关业务协会进行指导。

(11)调解道路运输及相关业务服务质量纠纷。

(12)负责道路运输行业的精神文明建设工作。

(13)协助对区(县)城区域内公共汽车场、洗车场(点)、停车场(点)、机动车辆和非机动车辆临时停放点进行规划和设置。

(14)承办区(县)委、区(县)政府及县交通局交办的其他事项。

第三节 道路运输行政人员

交通运输主管部门直属、非内设的道路运输管理机构,是法律、法规授权的具有公共事务管理职能的事业单位。目前正处于事业单位分类改革时期,事业单位性质的道路运输管理机构未来应回归交通运输主管部门或归类为行政类事业单位,即指依据法律、法规授权,按规定程序批准设立,履行行政职能的事业单位。改革前的事业单位性质的道路运输管理机构的工作人员,改革后,要么成为公务员,要么成为经批准参照公务员法进行管理的人员。

一、公务员身份之道路运输行政人员

各级交通运输主管部门内设的道路运输管理机构中的在编工作人员都是公务员。各级交通运输主管部门外设直属的道路运输管理机构,是法律、法规授权的具有公共事务管理职

能的事业单位,其中除工勤人员以外的工作人员,按照事业单位分类改革的总体精神,理应经批准参照《中华人民共和国公务员法》进行管理,即所谓的参公管理。目前处于事业单位分类改革过渡期,法律法规授权的道路运输管机构,存在财政全额拨款、中央财政转移支付等多种形式的事业单位,故其所属道路运输行政人员的身份表现不一。

(一)公务员的概念与分类

公务员是指依法履行公职、纳入国家行政编制、由国家财政负担工资福利的工作人员。

1. 领导成员和非领导成员

公务员分为领导成员和非领导成员。公务员中的领导成员,是指机关的领导人员,不包括机关内设机构担任领导职务的人员。

2. 综合管理类、专业技术类和行政执法类

按照公务员职位的性质、特点和管理需要,将其划分为综合管理类、专业技术类和行政执法类。各机关依照确定的职能、规格、编制限额、职数以及结构比例,设置本机关公务员的具体职位(综合管理类、专业技术类、行政执法类),并确定各职位的工作职责和任职资格条件。

综合管理类是指除专业技术类、行政执法类以及其他职位类别以外的公务员职位类别。综合管理类职位是机关中数量最多的主体类别。综合管理类公务员非领导职务由高至低分为巡视员、副巡视员、调研员、副调研员、主任科员、副主任科员、科员、办事员。

专业技术类职位应当具有特定的专业技术能力要求,从事专业技术工作,履行专业技术职责,为机关实施公共管理提供专业支持和技术保障。专业技术类公务员非领导职务的名称为专业技术官。由高至低分为若干个职务层次。

行政执法类公务员,是指在本市各级行政机关所属执法单位中主要履行监管、处罚、稽查等执法职责的职位上工作的非领导职务公务员。行政执法类公务员职务统称为执法员,根据任职条件、年功和工作业绩要求,由高至低划分为若干个职级。

3. 选任制、委任制和聘任制

选任制公务员,是指根据民意选举的方式而产生的公务员。我国公务员中的各级人民政府的组成人员,也是由各级人民代表大会及其常务委员会选举产生或决定任命的,因而是选任制公务员。一部分公务员职务虽然不是通过选举产生,但是依照有关法律规定由国家权力机关通过或决定任命,因而担任这些职务的公务员可理解为"准选任制公务员"。

委任制公务员,是指由任免机关在其任免权限范围内,直接确定并委派某人担任一定职务而产生的公务员。我国公务员中的非政府组成人员主要是委任制公务员。目前,我国公务员的任用以委任制为主。

聘任制公务员,是指机关根据工作需要,经省级以上公务员主管部门批准,对不涉及国家秘密的专业性较强的职位和辅助性职位,按照平等自愿、协商一致的原则以合同的方式聘用而产生的公务员。

(二)公务员的条件、义务与权利

1. 公务员的条件

公务员应当具备下列条件:①具有中华人民共和国国籍;②年满十八周岁;③拥护中华

人民共和国宪法;④具有良好的品行;⑤具有正常履行职责的身体条件;⑥具有符合职位要求的文化程度和工作能力;⑦法律规定的其他条件。

2.公务员的义务和权利

公务员的义务有:①模范遵守宪法和法律;②按照规定的权限和程序认真履行职责,努力提高工作效率;③全心全意为人民服务,接受人民监督;④维护国家的安全、荣誉和利益;⑤忠于职守,勤勉尽责,服从和执行上级依法做出的决定和命令;⑥保守国家秘密和工作秘密;⑦遵守纪律,恪守职业道德,模范遵守社会公德;⑧清正廉洁,公道正派;⑨法律规定的其他义务。

公务员的权利有:①获得履行职责应当具有的工作条件;②非因法定事由、非经法定程序,不被免职、降职、辞退或者处分;③获得工资报酬,享受福利、保险待遇;④参加培训;⑤对机关工作和领导人员提出批评和建议;⑥提出申诉和控告;⑦申请辞职;⑧法律规定的其他权利。

(三)录用

1.逢进必考的范围和考务管理部门

录用担任主任科员以下及其他相当职务层次的非领导职务公务员,采取公开考试、严格考察、平等竞争、择优录取的办法。中央机关及其直属机构公务员的录用,由中央公务员主管部门负责组织。地方各级机关公务员的录用,由省级公务员主管部门负责组织,必要时省级公务员主管部门可以授权设区的市级公务员主管部门组织。

2.报考条件

报考公务员,除应当具备《中华人民共和国公务员法》第十一条规定的条件外,还应当具备省级以上公务员主管部门规定的拟任职位所要求的资格条件。

3.招录程序

录用公务员,必须在规定的编制限额内,并有相应的职位空缺。

(1)发布招考公告。招考公告应当载明招考的职位、名额、报考资格条件、报考需要提交的申请材料以及其他报考须知事项。招录机关应当采取措施,便利公民报考。

(2)审查。招录机关根据报考资格条件对报考申请进行审查。报考者提交的申请材料应真实、准确。

(3)考试方式。公务员录用考试采取笔试和面试的方式进行,考试内容根据公务员应具备的基本能力和不同职位类别分别设置。

(4)资格复审、考察和体检。招录机关根据考试成绩确定考察人选,并对其进行报考资格复审、考察和体检。体检的项目和标准根据职位要求确定。具体办法由中央公务员主管部门会同国务院卫生行政部门规定。

(5)拟录用人员公示。招录机关根据考试成绩、考察情况和体检结果,提出拟录用人员名单,并予以公示。

(6)备案和审批。公示期满,中央一级招录机关将拟录用人员名单报中央公务员主管部门备案;地方各级招录机关将拟录用人员名单报省级或者设区的市级公务员主管部门审批。录用特殊职位的公务员,经省级以上公务员主管部门批准,可以简化程序或者采用其他测评办法。

(7)试用。新录用的公务员试用期为一年。
(8)任职或取消录用。试用期满合格的,予以任职;不合格的,取消录用。

(四)培训

公务员的培训实行登记管理。公务员参加培训的时间由公务员主管部门按照规定的培训要求予以确定。公务员培训情况、学习成绩作为公务员考核的内容及任职和晋升的依据之一。公务员培训实行分级分类培训,主要包括以下几方面。

(1)初任培训:机关对新录用人员应当在试用期内进行初任培训。
(2)任职培训:对晋升领导职务的公务员应当在任职前或者任职后一年内进行任职培训。
(3)专门业务培训:对从事专项工作的公务员应当进行专门业务培训。
(4)在职培训:对全体公务员应当进行更新知识、提高工作能力的在职培训,其中对担任专业技术职务的公务员,应当按照专业技术人员继续教育的要求,进行专业技术培训。
(5)后备领导人员培训:国家有计划地加强对后备领导人员的培训。

(五)考核

1.考核内容

对公务员的考核,按照管理权限,全面考核公务员的德、能、勤、绩、廉,重点考核工作实绩。

2.考核方式

公务员考核分为平时考核和定期考核两种方式。定期考核以平时考核为基础。

对非领导成员公务员的定期考核采取年度考核的方式,先由个人按照职位职责和有关要求进行总结,主管领导在听取群众意见后,提出考核等次建议,由本机关负责人或者授权的考核委员会确定考核等次。对领导成员的定期考核,由主管机关按照有关规定办理。

3.考核结果

定期考核的结果分为优秀、称职、基本称职和不称职四个等次。定期考核的结果应以书面形式通知公务员本人,并作为调整公务员职务、级别、工资以及公务员奖励、培训、辞退的依据。

二、交通运输行政执法人员

道路运输行政执法人员属于交通运输行政执法人员的组成部分,其队伍建设管理依据归属于交通运输行政执法人员管理制度,而相关执法人员的管理制度主要通过执法证件管理制度作为表现形式。因此,本节从交通运输行政执法人员证件管理的角度,叙述道路运输行政执法人员管理的相关内容。

(一)交通运输行政执法证件

1.交通运输行政执法证件概念

交通运输行政执法证件是取得交通运输行政执法资格的合法凭证,是依法从事公路路政、道路运政、水路运政、航道行政、港口行政、交通建设工程质量安全监督、海事行政、交通综合行政执法等交通运输行政执法工作的身份证明。

道路运输行政执法人员执法时必须取得交通运输行政执法证件,即交通运输行政执法证。交通运输行政执法人员在执行公务时,应当出示交通运输行政执法证件。未取得交通运输行政执法证件的,一律不得从事交通运输行政执法工作。

2.证件管理职责分工

(1)交通运输部负责全国交通运输行政执法证件管理工作。交通运输行政执法证件的格式、内容、编号和制作要求由交通运输部规定。

(2)县级以上地方交通运输主管部门负责本地区交通运输行政执法证件管理工作。

(二)交通运输行政执法人员的资格条件

1.培训与考试条件

申领交通运输行政执法证件应当参加交通运输行政执法人员资格培训,并通过交通运输行政执法人员资格考试。

参加交通运输行政执法人员资格培训与考试,应当具备以下条件:

(1)十八周岁以上,身体健康;

(2)具有国民教育序列大专以上学历;

(3)具有交通运输行政执法机构正式编制并拟从事交通运输行政执法工作;

(4)品行良好,遵纪守法;

(5)符合法律、行政法规和规章规定的其他条件。

已经持有交通行政执法证,但不符合前款规定的第(2)项、第(3)项条件的人员,可以通过申请参加交通运输行政执法人员资格培训和考试,取得交通运输行政执法证。

下列人员不得申请参加交通运输行政执法人员资格培训和考试:①曾因犯罪受过刑事处罚的;②曾被开除公职的。

符合下列条件之一的人员申请交通运输行政执法资格,经省级交通运输行政执法主管部门审核合格,可免予参加交通运输行政执法人员资格培训和考试:①在法制管理或交通运输行政执法岗位工作15年以上,且具有大学本科以上学历;②在法制管理或基层执法岗位工作10年以上,且具有法学专业本科以上学历。

2.申请参加培训和考试的程序

1)申请

申请参加交通运输行政执法人员资格培训和考试的,应当向其所属主管部门提交下列申请材料。

(1)交通运输行政执法人员资格培训和考试申请表。注明申请人基本情况及拟申请参加资格培训和考试的相应执法门类等主要内容。

(2)居民身份证原件及复印件。

(3)学历证书原件及复印件。

(4)人员编制证明材料。

(5)所在单位的推荐函。

2)审查

主管部门收到申请材料后,应当按照上述条件进行审查。县级以上交通运输主管部门设立业务管理机构的,由业务管理机构对所提交的相应执法门类的申请材料提出初步审查意见。

3)报送

主管部门审查合格的,由其主要负责人签署审查意见并加盖本机关公章后,通过执法人员与执法证件管理系统逐级报送至省级交通运输主管部门。

3. 培训职责分工

交通运输部负责组织编制全国交通运输行政执法人员培训规划、各执法门类的培训大纲和教材。

交通运输部和省级交通运输主管部门根据教学设备设施、教学人员力量等情况组织选择交通运输行政执法人员资格培训机构。

交通运输行政执法人员资格培训教学人员应当是参加交通运输部组织的培训并经考试合格的人员,或者经省级以上交通运输主管部门认可的法学专家、具有丰富执法经验和较高法制理论水平的专业人员。

交通运输行政执法人员培训由交通运输部和省级交通运输主管部门在各自的职责范围内负责实施。

4. 培训内容

交通运输行政执法人员资格培训的内容,应当包括基本法律知识、相关交通运输法规、职业道德规范、现场执法实务和军训,其中面授课时数不少于60个学时。

5. 考试职责分工

交通运输部负责组织制定交通运输行政执法人员资格考试各门类的大纲和考试题库,并逐步推行全国交通运输行政执法人员资格计算机联网考试。

省级交通运输主管部门负责组织本地区、本系统交通运输行政执法人员资格考试,按照执法门类分别实行统一命题、统一制卷、统一阅卷。

6. 考试内容

培训和考试应当按照申领执法证件的门类分科目进行。

交通运输行政执法人员资格考试内容有:①法律基础知识,包括宪法、立法法、行政许可法、行政处罚法、行政强制法、行政复议法、行政诉讼法、国家赔偿法等;②专业法律知识,包括有关交通运输的法律、行政法规和交通运输部规章,以及与交通运输密切相关的法律、行政法规;③行政执法基础理论和专业知识,包括交通运输行政执法人员道德规范、执法程序规范、执法风纪、执法禁令、执法忌语、执法文书等;④交通运输部规定的其他相关知识。

7. 信息录入、公示、备案

省级交通运输主管部门应当将资格培训和考试的相关信息及时录入执法人员与执法证件管理系统,并在本地区、本系统范围内进行公示,公示时间为一周。公示期间无异议的,报交通运输部备案审查。

(三)证件发放与管理

1.证件发放

省级交通运输主管部门是本地区交通运输行政执法证件的发证机关。交通运输部海事局、长江航务管理局、长江口航道管理局是本系统交通运输行政执法证件的发证机关。

发证机关通过执法人员与执法证件管理系统制作并发放交通运输行政执法证件。

2.证件使用和保管

持证人应当按照其所持交通运输行政执法证件中注明的执法门类在法定职责和辖区范围内从事交通运输行政执法工作。

持证人应当妥善保管交通运输行政执法证件,不得损毁、涂改或者转借他人。

3.证件遗失、补发、注销

持证人遗失交通运输行政执法证件的,应当立即向其所属主管部门报告,由其所属主管部门逐级报告至发证机关。发证机关审核属实的,于3日内通过媒体发表遗失声明。声明后通过执法人员与执法证件管理系统补发新证。

交通运输行政执法人员有下列情形之一的,所在单位逐级上报至发证机关,由发证机关注销其交通运输行政执法资格及交通运输行政执法证件:①持证人调离执法单位或者岗位的;②持证人退休的;③其他应当注销交通运输行政执法证件的情况。

(四)监督检查与责任追究

1.执法工作考核

发证机关应当结合实际,每年组织对本地区、本系统交通运输行政执法人员进行执法工作考核。

交通运输行政执法人员执法工作考核分为以下四个等次。

(1)优秀:工作实绩突出,精通法律与业务,执法行为文明规范,职业道德良好,风纪严明,执法无差错。

(2)合格:能够完成工作任务,熟悉或者比较熟悉法律、业务知识,执法行为规范,职业道德良好,遵章守纪,无故意或者过失引起的执法错案。

(3)基本合格:基本能够完成工作任务,了解一般法律、业务知识,执法行为基本规范,具有一定职业操守,无故意或者重大过失引起的执法错案。

(4)不合格:法律、业务素质差,难以胜任执法工作;因故意或者重大过失引起执法错案。

发证机关应当将交通运输行政执法人员的在岗培训情况、年度考核结果及时输入执法人员与执法证件管理系统,并在本地区、本系统范围内进行通报。

2.执法证件年审及效力

发证机关每年应当根据年度考核结果对交通运输行政执法证件进行年审。交通运输行政执法人员考核等次为优秀、合格、基本合格的,保留其交通运输行政执法人员资格,由省级交通运输主管部门对其交通运输行政执法证件予以年度审验通过。

未经发证机关年度审验的交通运输行政执法证件自行失效。

3. 执法证件暂扣及后果

交通运输行政执法人员有下列情形之一的,由发证机关做出暂扣其交通运输行政执法证件的决定,并由其所在单位收缴其证件:①年度考核等次为不合格的;②无故不参加岗位培训或考核的;③涂改交通运输行政执法证件或者将交通运输行政执法证件转借他人的;④其他应当暂扣交通运输行政执法证件的情形。

被暂扣交通运输行政执法证件的,在暂扣期间不得从事交通运输行政执法活动。

4. 离岗培训和证件返还

对暂扣交通运输行政执法证件的人员,发证机关应当对其进行离岗培训。经培训考试合格的,返还其交通运输行政执法证件。

5. 证件吊销级后果

交通运输行政执法人员有下列情形之一的,由发证机关做出吊销其交通运输行政执法证件的决定,并由其所在县级以上交通运输主管部门收缴其证件:①受到刑事处罚、劳动教养、行政拘留或者开除处分的;②利用交通运输行政执法权牟取私利、从事违法活动的;③因利用职务收受贿赂、以权谋私等行为受到行政记大过以上处分的;④以欺诈、贿赂等不正当手段取得交通运输行政执法证件的;⑤因违法执法导致行政执法行为经行政诉讼败诉、行政复议被撤销、变更,并引起国家赔偿,造成严重后果的;⑥违反执法人员工作纪律,造成严重不良社会影响的;⑦连续两年考核等次为不合格的;⑧违反交通运输行政执法禁令,情节严重的;⑨其他应当吊销交通运输行政执法证件的情形。

被吊销交通运输行政执法证件的,不得重新申领交通运输行政执法证件。

6. 吊销争议解决程序

交通运输行政执法人员对吊销交通运输行政执法证件不服的,可以在接到吊销通知之日起30日内向做出该决定的机关申请复核。收到复核申请的机关应当组成调查组自收到复核申请之日起30日内做出复核决定并书面通知申请人。

7. 登记、备案

暂扣、吊销交通运输行政执法证件的,省级交通运输主管部门应当登记,并将有关信息及时通过执法人员与执法证件管理系统报交通运输部备案。

复 习 题

1. 辨析内设机构、直属机构和派出机构的关系。
2. 简述交通运输部内设的道路运输管理机构的职责。
3. 简述道路运输管理职能转换的历史演变。
4. 辨析行政机关和法律法规授权组织关系。
5. 简述非领导身份的公务员分类。
6. 辨析公务员和行政执法人员关系。

第三章 道路运输行政决策

第一节 道路运输行政决策概述

一、道路运输行政决策及其特点

(一)道路运输行政决策的含义

决策,简单地说,就是指"决定"或"做出选择"的意思。按照美国学者斯蒂芬·罗宾斯在《组织行为学》一书中的说法,决策就是决策者在两个或多个方案中进行选择。《中国大百科全书·政治学卷》给"决策"一词下的定义是"从多种可能选择中做出选择和决定"。按照上述解释,行政决策指具有行政决策权的组织或个人为了有效实现行政目标,从多种可能的行政方案中做出选择或决定的过程。

道路运输行政决策是行政决策的一种,其含义与行政决策的含义相似。道路运输行政决策是指道路运输行政主体及其行政人员在处理道路运输行政事务时,为了达到预定的行政目标,根据一定的情况和条件,运用科学的理论和方法,系统地分析主客观条件,在掌握大量的有关信息的基础上,从诸多拟订方案中选择最佳方案的过程。

(二)道路运输行政决策的特点

(1)主体是掌握道路运输行政权力的个人和组织。在道路运输领域内,行政权力主要由交通运输主管部门及其所属道路运输管理机构行使。因此,道路运输行政决策的主体只可能是交通运输主管部门及地方道路运输管理机构及其工作人员。

(2)决策的内容是道路运输行政事务。道路运输行政决策内容既涉及道路运输行政机关的内部事务,如人事行政事务、机关后勤管理事务等,也涉及道路运输活动,如行业发展战略、行业规划、行业法律法规规章、政策性文件、行业标准实施等事务。

(3)决策目标具有长远性。道路运输行政主体及其工作人员做出的决策必须以道路运输发展的长远目标作为依据。这种目标要反映和代表国家道路运输事业和人民的长远发展利益和要求,要从全局出发来处理道路运输行政事务。因此,这种决策活动不应该是一种短期行为和狭隘行为。

(4)行政决策的价值取向是公众利益。社会的每个个人作为"经济人",其决策准则是实现自我利益的最大化。营利性的工商企业也是遵循这一准则,其具体的决策准则是利润的最大化。道路运输行政组织作为公共部门,其决策不能遵循这一准则。公共部门不能是一个"自利性"机构,而应该是一个追求"公共利益"的机构,因此,其决策准则应该是"公共利益的最大化",这不仅仅是公共部门决策与私人企业决策区别之一,而且应该把这一点看成是它们两者之间的本质区别。道路运输行政决策在价值取向上应该而且必须坚持公共利益最大化的原则。

二、道路运输行政决策类型

在道路运输行政决策活动中,由于决策主体、对象、条件、内容、方式的多样性,使得道路运输行政决策的类型可以以多种多样的角度和方法来划分。将其归纳起来,主要有如下几种类型。

(一)国家道路运输决策和地方道路运输决策

这是根据决策的层次不同所做的划分。中央决策又称高层决策,是指国务院交通运输主管部门处理全国性的道路运输行政活动的决策问题。凡制定全国性统一的有关道路运输行政管理的发展战略、行业规划、行业部门规章和法律法规草案、政策性文件、行业规范标准等,都由国务院交通运输主管部门来做决策,这类决策也可以称为总体决策。地方决策是指县以上各级地方交通运输主管部门及其所属的道路运输管理机构根据相关规定,处理地区道路运输行政事务或地区性问题所进行的决策。

(二)确定型决策、风险型决策和不确定型决策

这是根据不同的道路运输行政决策条件和因素所做的划分。确定型决策是指决策条件和决策因素可以确定,决策后果可以预料并可得到控制的决策。一般来说,确定型决策的条件有四个:一是有明确的决策目标;二是有一个确定的自然环境和条件;三是有两个以上的备选方案;四是不同方案在确定状态下可以确定结果。风险型决策是指决策条件、决策因素可以确定,但它不能控制决策的结果而要承担一定风险的决策。风险型决策又称随机型决策,它必须具备五个条件:一是有明确的决策目标;二是有两个以上备选方案;三是有多种不以人的意志为转移的客观条件或自然状态;四是不同方案在不同客观条件下的结果可根据以往的统计数据估算出来;五是某种客观条件会在未来发生作用,这种作用虽无法肯定,但可根据概率进行预测。风险型决策的特点是:后果具有风险性,但可以估算出发生的概率。不确定型决策是指决策条件因素不确定,并且完全不能控制,决策后果难以预测及估算结果的决策。

(三)程序化决策和非程序化决策

这是根据道路运输行政决策问题类型不同所做的划分。程序化决策是指按既定程序和方法处理常规性或重复性问题时的决策。对于一个相对稳定的道路运输行政主体,它一般总有工作是例行性事务,或者说它可以根据以往的经验,按照已有的程序、规定去处理那些经常出现的行政事务。这类事务的特点是具有方法和程序上的重复性,甚至定型化,所遇到的问题较易于处理并已形成了一套较固定有效的步骤和方法。非程序化决策是指面对新的、首次遇到的或特别复杂的问题无常规可循的决策。此种决策处理的问题不是例行性事务,而是具有偶然性、随机性的事件,做出这种决策没有现成的规范和原则可以遵循,也没有既定的程序和方法可以参照。因此,其特点是具有应变性或不定型性。非程序性决策多出现于较高层的决策,它要求决策者具有较强的革新性与创新性。

(四)个人决策和集体决策

这是根据道路运输行政决策主体人数不同而划分的。一般来说,战略决策、总体决策多半是集体决策。集体决策是指由两个以上的人以讨论、协商等方式做出的决策。集体决策集思广益,可以避免个人决策容易出现的片面性,提高决策质量,但花费的时间较长,效率较低。个人决策是指由一个人单独做出的决策。个人决策迅速果断,对突发性紧急事件的处理比较合适。个人决策和集体决策在决策的时间、速度、质量、责任性、认可程序、心理压力等方面各有利弊,在实际过程中,采取哪种决策类型更好,这取决于问题的类型、信息掌握的程度、决策成员的个人经验和技能及知识差别等因素。

(五)定性决策与定量决策

这是根据道路运输行政决策所运用的方法不同而划分的。定性决策指利用政治原理、法律判断、政策分析等各种定性方法进行的决策。定量决策指利用运筹学、数量统计、系统分析、计算机技术等各种量化方法进行的决策。在道路运输行政管理过程中,定性决策多用于制定政策、法规、条例、规定等决策过程,而定量决策多用于制定计划、规划、行动方案等决策过程。

(六)科学决策与经验决策

这是依据行政决策者的思维反映模式不同而划分的。科学决策是指在做出决策之前,根据拟定的决策目标,收集充分的信息,分析各种可能的选择,拟定多个决策方案,经过科学论证,然后给予选择的决策过程。经验决策是指在遇到疑难决策问题难以做出决定时,决策者依据自己的猜测、习惯反应、条件反射、本能反应等非科学的心理因素所作出的决策。任何决策过程都存在这种非科学因素的影响,当这种非科学因素在决策过程中起主导作用时,这个决策便是非科学决策。非科学决策在传统的政治结构中是一种主要的决策方式。

三、道路运输行政决策应遵循的原则

(一)信息原则

首先,行政信息是行政决策的基础。任何决策都要有充分的信息作为基础,没有与决策事实相符的充分参考信息,决策就会走向非科学的方向,容易产生偏差和决策失误。因此,掌握充分相关信息是道路运输行政决策的前提和基础。其次,决策的科学性、正确性是和信息成正比的。信息越及时、准确、全面,决策思维就越具有深度和广度。信息原则对决策的要求是建立和健全信息通道,并利用外脑来提高对信息的收集、分析和处理能力。

(二)预测原则

任何行政决策都是对未来行动所做的一种设想,是在事情发生之前的一种预见分析和抉择,具有明显的预测性。道路运输行政决策是对道路运输行政活动做出的一种结果设想,

事关经济发展、居民出行和生命财产安全。因此,在做出决策之前,要对所作决策的后果进行分析和预测,要做出行之有效的道路运输行政决策,这一原则必须始终贯穿。

(三)系统原则

任何事物都不是独立存在的,都是和周围事物紧密联系的,存在于一个有机系统之中。因此,决策对象本身就具有系统性的特点。道路运输行政决策主体在制定和实施行政决策时,应注意决策对象所处的整个系统,以系统的思维方式对整体与局部、当前利益和长远利益、主要目标和次要目标的相互关系和相互作用加以系统的综合分析。

(四)可行原则

道路运输行政决策要在现实的基础上通过认真分析比较,对决策实施的人力、物力、财力、时间和技术等各方面予以保证,防止盲目和负面的决策。有时现实条件不完全具备,还要经过努力,积极创造条件,使决策真正可行。

(五)动态原则

任何事物都是在不断变化发展的,作为决策对象的事物总是随经济和社会的进步而处于不断变化之中,一项决策的制定、执行、修改是一个很长的动态过程。当决策与客观情况不相适应时应及时调整。必要时还要进行追踪决策,对决策做根本性的修正。道路运输行政决策也要根据道路运输行政事务的发展变化做出调整和修正,从政策的制定到执行、结束都要全程追踪,确保政策的执行符合实际和贯彻到位。

四、道路运输行政决策的作用

行政决策在道路运输行政活动中占有核心地位。行政活动自始至终都是围绕行政决策的制定、修改、实施和贯彻而进行的。任何行政管理都必定是通过一定形式的行政决策来实现的。道路运输行政决策的作用表现有以下几方面。

(1)行政决策是搞好道路运输行政管理的前提。

道路运输行政管理活动蕴涵着领导、沟通、协调、控制、决策、执行、监督等多种功能。在所有这些功能中,决策是最重要的一项功能。行政决策是道路运输行政活动的先导,一切行政活动和行政行为都离不开决策。行政决策道路运输是行政管理优化的前提,只有决策科学化,道路运输行政管理的职能才可以得到充分的发挥。

(2)行政决策是道路运输行政管理的关键环节。

行政决策是道路运输行政管理的中心环节,是其他行政运行功能的基础,处于核心地位。没有决策就没有行政一系列的后续活动。行政决策正确与否,直接关系到道路运输行政管理工作的成败。正确的行政决策,会使行政执行有正确的依据,产生正确的结果;错误的决策,会产生错误的结果。所以,行政决策是道路运输行政机关和行政领导者最重要的任务。衡量道路运输行政机关或一个领导者工作是否出色,关键看其是否对事关全局的、战略性的问题做出恰当的决策。

(3)行政决策贯穿于道路运输行政管理的全过程。

道路运输行政机关的管理活动常常是以发现问题或提出问题开始,随后进行调查研究,然后决策、执行,最后是检查总结效果。发现问题或提出问题,在于期望决策;调查研究,是为了正确决策;执行,在于落实决策;检查总结,在于评价、修正和进一步决策。上述每一步骤都有信息反馈,对决策提出相应的要求。决策贯穿于道路运输行政管理的每个领域、每个方面、每个层次、每个环节、每个步骤之中,渗透于道路运输行政管理功能的全过程,处于核心地位,起着规划未来行动、明确目标方向、提高行政效率的作用。

第二节 道路运输行政决策体制

一、行政决策体制

行政决策体制是指决策权力在决策主体之间进行分配所形成的权力格局和决策主体在决策过程中的活动程序的总体制度体系。决策体制的构成要件有决策权力和决策主体。

(一)决策权力

决策权力可以定义为一种法律权力,它或者是在一系列可能行动中做出选择的权力,或者是影响决策者,推动其去选择自己所偏好的某一行动的权力。

(二)决策主体

决策者与决策参与者共同构成决策主体。决策权力会从各个角度进行分化(如纵向分化和横向分化,向决策者和决策参与者分化等),形成不同的决策体制。

行政决策主体组织系统由行政决策的中枢系统、行政决策的参谋咨询系统、行政决策的情报信息系统共同组成。

二、道路运输行政决策主体组织系统

(一)道路运输行政中枢系统

道路运输行政中枢系统是道路运输行政决策体制的核心部分,它由拥有决策权的领导机构和领导人员构成。其主要职能是统筹考虑道路运输行政决策目标、抉择决策方案、组织领导整个决策工作。该系统最重要的任务是"决策",即根据信息系统提供的信息,对咨询系统提供的各种预选方案和建议、意见进行分析、比较,权衡利弊得失,弄清所需主客观条件,选定或综合出最佳决策方案。

1. 道路运输行政领导决策系统的特点

道路运输行政领导决策系统具有三个主要特点。

(1)具有最高权威性。它是道路运输行政机关最有权威的领导核心,居于最高领导、指

挥的地位。这种地位是由法定的权力和个人优良素质及能力决定的。一个行政机关只能有一个行政领导决策系统，即一个领导核心，人员不宜过多，否则容易出现多头领导、政出多门的弊病。

（2）实行民主集中制。决策方案抉择要征求各方面的意见，进行充分的讨论和协商，最后由决策枢纽集体研究决定，重大决策实行少数服从多数的民主集中制度。一般决策经集体研究后，由行政首长定夺。

（3）承担全部责任。行政决策信息系统提供的全部信息资料、咨询系统所拟订的决策方案及其所做的评估是供决策者参考或选择的，决策者如何进行分析、判断、定案，完全是行政领导者的职权，而不能责怪信息和咨询系统及其他人员。行政决策中枢系统所作出的行政决策的质量与行政首长的个人素质密切相关。这就要求领导者应具有丰富的经验和较高的科学文化知识水平，有面向未来的领导观念，敏锐的预测能力和判断能力，作风民主又富有创新精神，善于调节自己的感情，保持清醒的头脑，对于不同类型的决策能以不同的思考方法来审查专家的意见，而且还要具有很高的政治素质，能真正代表相对人的利益，全心全意为道路运输行政管理相对人服务。

2. 道路运输行政领导决策系统的任务

（1）组织领导整个道路运输行政决策过程。行政领导决策系统在整个道路运输行政决策系统中处于领导核心地位，其表现在它对整个决策过程中起着组织与领导的作用。当管理过程一旦出现问题，行政领导决策系统便着手准备组织有关方面的问题讨论，要求信息系统收集相关信息，并向决策咨询系统提出相应的决策咨询。决策的分析、论证也是在行政领导决策系统的组织领导下进行。总之，整个决策过程都离不开行政决策系统的组织和领导，这种领导是决策过程顺利的有力保证。

（2）确定决策目标。因为作为行政系统的领导者，行政领导决策系统最清楚把行政决策问题解决到什么程度，其有权力决定行政决策应达到或必须达到什么样的目的。因此，在道路运输行政决策过程中，行政决策目标的确立实际上都是由行政领导决策系统来完成的。

（3）选择决策方案。这是道路运输行政领导决策系统最重要的任务，也是它与信息系统、咨询系统的区别之所在。信息系统能够为决策提供信息服务，但它不具备选择决策方案的权力；咨询系统能够为决策提供诸多可行性方案，并参与分析论证，但它也没有权力对决策方案做出最后定夺。即使咨询机构有参与选择方案的过程，也只是具体建议，而最后定案的还是行政领导决策系统。

（4）监督决策的执行。任何决策做出以后，不加以执行是没有任何意义的。然而决策的执行应该是行政执行机关的事情。但如果没有必要的监督检查，执行的程度就得不到保证，目标实现也就大打折扣。行政领导决策系统为了保证其决策不在执行过程中被扭曲和耽误，就必须对执行过程进行严格监督，否则，决策执行的进度和偏差就无从知道，纠偏工作也就无法做起，决策目标自然无法实现。因此，行政领导决策系统只有在检查、监督决策的执行情况时，才能进一步发现问题，确定新的目标，寻找新的方案，完善原有决策。

(二)道路运输行政决策咨询系统

1.道路运输行政决策咨询系统的兴起

现代行政决策咨询机构由来已久,领导决策系统为了提高决策效能,在行政主体内部建立了由各类专家组成的参谋咨询机构,从而使政府行政决策效率大为提高。

道路运输行政决策的咨询系统是决策核心的"智囊团",由多学科的专家集体组成。对于道路运输行政决策来说,其主要的咨询机构是独立于其之外的社会科研机构,如各大院校和交通研究所。这些机构对道路运输行政组织具有相对的独立性和自主性,其主要作用是以建议、答疑、提供备选方案等形式发挥参谋辅助作用。在传统道路运输决策过程中,道路运输活动范围较窄、行政业务量不大,也没有复杂的干扰因素,决策者凭借其知识、经验和才智,一般可以做出有效的决策。但是,随着现代科学技术和经济迅速发展,道路运输活动范围不断扩大,行政业务量日益增加,而且决策过程中的随机干扰因素不断增多,对一些复杂的涉及社会生活各个方面决策问题进行决策的难度增大,尤其对重大问题做出正确决策所需要掌握的知识、信息量以及必要的先进手段是过去无法比拟的。决策者需解决的决策问题,要承担的职责与他们的知识和能力之间的差距越来越大。要弥补这个差距,就必须有法律、运输、汽车等各领域的专家的智慧,把他们的智慧有效地纳入决策过程之中,使他们的智慧同决策者的智慧和权力结合起来,充分发挥他们在道路运输行政决策过程中的作用。所以,如何把专家的知识和技能有效地纳入道路运输行政决策过程中,并使之与决策者的权力、思考协调一致地发挥作用,是道路运输行政决策研究的一个重要命题。

2.道路运输行政决策咨询系统的特点

(1)具有合理的智力结构。决策咨询机构是为道路运输行政决策提供咨询服务的机构,因此,必须有合理的智力结构,注意吸收人才和培养人才,以提供高质量咨询的保证。如交通运输部下设的交通运输部科学研究院、交通运输部公路科学研究院等组织,都是决策咨询机构。作为交通运输部直属综合性科研事业单位,它们的主要任务是面向主管部门和整个交通运输行业开展前瞻、公益性和基础性研究,并提供决策咨询服务。

(2)研究工作的相对独立性。咨询机构在研究工作中必须享有相对独立性。唯有这样,咨询才有可能是客观和科学的。因为咨询是专家或者智囊人物以自己的科学研究结论,给领导者提供制定决策的依据,它不能阐述或者证明领导者的意图。咨询人员只对自己的科学研究结论负责,不对领导者的决策负责。咨询机构中的研究人员的研究工作,不能以执行任何人的指示为前提,甚至他们的研究结论可以与领导人的指示、意图相对立,当然必须是科学的。咨询机构只有独立性地开展工作,才能为决策机关提供科学、客观的咨询意见,从而也才能促进自身的发展。

(3)具有一定的政治性。道路运输行政管理本身具有政治性,这个当然要在其咨询机构有所反应。这种反应主要体现为支持某一种意识形态或方针、政策,反对另一种意识形态或方针、政策。

3.道路运输行政决策咨询系统及其作用

决策咨询之所以能够弥补现代行政决策者的职责同其能力之间的差距,是因为它具有以下作用。

(1) 帮助决策者对决策问题做出客观预测。

预测是对未来事物或不确定的事件所做的预见和推断,是提供有关未来信息的主要手段。准确的预测是选定正确决策目标的前提,可以帮助决策者选准方向并抓住有利时机,从而掌握决策的主动权。在道路运输行政决策过程中,需要做出预测的问题具有量大、复杂和多变的特点,因此,准确的预测需要满足下列基本条件:一是咨询机构成员要有渊博的学识、丰富的经验、敏锐的洞察力和准确的判断力;二是咨询机构成员构成应体现出学科和专业的交叉性和综合性;三是情报信息准确、全面,尤其是要体现出整体性和连续性;四是采用先进的工作手段和现代化科学的观测方法。这些条件是决策者及其职能部门难以全部具备的,他们在人员构成、情报来源和预测人员的时间、精力上,远不如专门从事决策咨询研究的专家优越。

(2) 帮助决策者对决策问题做出细致分析。

大量的道路运输行政决策中的分析工作主要是由各种专家来承担的。分析内容主要包括两个方面:一是形势分析,即对现状做系统、全面和综合的评价,为确立下一步的决策目标打好基础;二是原因分析,它与形势分析不同,其着眼点不是某种社会现象本身,而是找出形成该现象的各种原因,使决策者制定出有效的对策。

(3) 帮助决策者进行方案设计。

决策方案的设计是道路运输行政决策的一个关键性环节,决策的水平高低在很大程度上取决于决策方案的科学性。道路运输行政决策面临着各种利益目标的冲突、主观偏好的差异、受对客观条件认识角度不同等各种分歧性因素的影响,从不同角度可以设计不同的方案。而且,从决策的本意来说,也只有存在多个方案由决策者进行选择的可能性。多个科学的决策方案的设计需要借助专家的知识和智慧。决策方案的设计是专家参与决策过程中最主要的作用。

(4) 帮助决策者论证选择方案科学性和可行性。

按照科学决策的要求,在决策目标和方案最后确定之前,必须进行系统、严密和反复的论证,以增强目标和方案的科学性和有效性。专家的论证功能包括战略思想论证、决策目标论证和决策方案论证等。行政咨询系统为决策服务,使决策减少失误。

(三) 道路运输行政决策信息系统

信息系统是现代行政决策体制的"神经系统",主要由信息的搜集、处理、存贮、传递等机构和人员组成,是为行政领导决策系统和决策咨询系统提供信息服务的体系。行政领导决策系统、咨询系统的工作者都要以信息为基础。行政信息系统的主要作用是:确定信息需要,搜集和加工信息,传递信息,存贮信息以及信息系统的管理工作。

1. 道路运输行政决策信息系统的必要性

道路运输行政决策必须建立和健全信息系统,重视道路运输行政信息系统的作用主要由以下几个方面决定。

(1) 道路运输行政决策要求有专门的机构负责掌握和处理信息,以提供符合要求的信息。对收集的信息有如下要求。

第一,准确。搜集和提供信息要注重信息的真实、准确。以虚假、伪造的信息为依据做出的决策会导致决策的失误。

第二,及时。这是行政信息的时效性所决定的。要把最新信息及时向有关部门提供,否则时机一过,信息就失去了价值。

第三,全面。事物都是互相联系、不断变化发展的,对信息也应注重相关性,尽最大努力提供尽可能全面的信息。

(2)行政领导决策系统和咨询系统不可能抽出过多力量去搜集、加工和贮存信息,即使决策者配有多个秘书,获取的信息也是有限的,更不用说对原始信息的加工处理工作。

(3)当前出现的许多搜集、加工、存贮信息的先进工具与操作技术,但不可能要求咨询人员和决策者都去精通掌握,这些工作有必要交给专业的组织去完成。

目前我国道路运输行政管理亟需现代化的高度灵敏的信息系统,提高信息搜集、加工、存贮能力,以提高行政决策的科学性、有效性。

2.道路运输行政决策信息系统的任务

道路运输行政决策信息系统的主要任务是为决策者收集、处理和传输信息,对决策具有极为重要的作用。这种任务主要表现在以下几个方面。

(1)及时、准确地收集和处理信息。

对于某项行政决策,道路运输行政信息系统要及时准确的收集和决策有关的信息,对于时过境迁不能追忆的信息要做到当时记录。在收集和处理信息的过程中不能有误或者失真,必须准确的反应客观事实;将信息及时处理并传输给决策者,以便决策者及时参考做出正确的决策。道路运输决策信息系统解决了道路运输行政决策过程中产生的大量信息与决策人员手工无法处理的矛盾,并适应了现代化的道路运输行政决策。

(2)提供制定方案的依据。

决策方案的提出都是以比较准确、全面的信息为基础的,信息系统将比较全面、准确、适用的信息传输给决策中心,使决策中心有了制定方案的依据。

(3)帮助进行决策方案的比较和优选。

现代决策信息系统要求以电子计算机系统为基础,能够满足道路运输行政管理对管理效果进行及时、准确的计算和评估的要求,能够对各种因素进行全面考虑,综合分析,提出各种方案进行评估和比较,并迅速地帮助选择最优方案。

(4)控制决策实施和计划执行的最佳状态。

现代道路运输行政决策过程中,信息系统还有一个重要功能就是反馈功能。一旦做出决策,下达执行时,执行部门的工作任务和完成进度必须及时汇报到计划调度部门,以编制下一阶段的工作计划,有时候还要快速变动计划。这些工作,只有依靠信息系统才能有效完成。信息系统能够对大量的信息进行高效的处理,及时编制下一步计划,并提前下达,对决策实施进行准确的控制,对计划执行中的问题能够及时发现,使计划的执行达到最佳状态,从而使决策的实施达到最佳状态。

综上所述,现代行政决策体制的建立为道路运输行政决策的科学性与民主性提供了组织上的保证。一方面行政决策再不可能是某个人的独断专行,而是集体智慧的结晶,这一点体现了决策的民主性;另一方面,道路运输行政决策都是经过信息系统的科学分析与处理、咨询系统的反复论证与推敲、中枢系统权衡利弊与抉择而最终做出的决策,整个过程体现了科学决策的程序及科学方式、方法的运用,从而保证了决策结果的科学性。

第三节　道路运输行政决策范围和程序

道路运输行政决策程序是道路运输行政的一个重要问题。决策要达到科学化、民主化，在很大意义上取决于行政决策程序是否科学、行政决策过程是否民主。如果决策程序设计是非科学的，决策过程又缺乏民主参与机制，那是不可能实现决策科学化和民主化的。从目前我国道路运输行政决策的现实来看，行政决策过程还不完善，存在一些问题，但行政决策程序的科学化、民主化已是一个不可逆转的趋势。顺应这一趋势，道路运输行政决策也正在朝着科学化、民主化的方向发展。

一、道路运输重大行政决策主要范围

(1) 国务院交通运输主管部门重大决策范围包括：道路运输行业发展规划；宏观调控和改革开放的重大政策措施；道路运输行业管理的重要事务；与道路运输相关的法律法规草案和行政规章等。

以上决策由交通运输部部务会议讨论和决定。上述决策事项以外的其他事项，需要由交通运输部决定的，由部主要领导、分管领导按照工作权限做出决定。

(2) 省级政府交通运输主管部门重大决策范围包括：贯彻落实省委、省政府和交通运输部的重要决议、决定和工作部署的实施意见；上报省政府审议的地方性法规、政府规章草案和重要工作报告；制定代省政府起草或者由省厅颁布的规范性文件；制定全省交通运输发展的重大战略、中长期规划、年度计划和重要工作部署；制定涉及群众利益或者对社会公共利益有较大影响的交通运输政策措施；年度财务收支预决算方案、重大财务资金安排；制定交通运输行业发展改革的重大措施；其他交通运输工作中的重大事项。

上述决策事项由厅务会议讨论决定；上述决策事项以外的其他事项，需要省级政府交通运输主管部门(省交通厅)决定的，由省交通厅主要领导、分管领导按照工作权限做出决定。

(3) 市级政府交通运输主管部门重大决策范围包括：贯彻落实市委、市政府和省交通运输厅的重要决议、决定和工作部署的实施意见；上报市政府审议的地方性法规、政府规章草案和重要工作报告；制定代市政府起草或者由市局颁布的规范性文件；制定全市交通运输发展的重大战略、中长期规划、年度计划和重要工作部署；制定涉及群众利益或者对社会公共利益有较大影响的交通运输政策措施；局年度财务收支预决算方案、重大财务资金安排；制定市交通运输行业发展改革的重大措施；市交通运输工作中的其他重大事项。

上述决策事项由市局务会议讨论决定；上述决策事项以外的其他事项，需要市局决定的，由市局主要领导、分管领导按照工作权限做出决定。

(4) 县级政府交通运输主管部门重大决策范围包括：贯彻落实上级党政机关重要指示、决定和工作部署的实施意见和措施；制定交通运输发展的中长期工作规划、重大阶段性工作计划；决定涉及交通运输管理体制、方法制度、基础建设、信息化建设、监督检查等方面的有关重大事项；研究局、局属各单位机构设置、人事任免、奖惩等方面的有关重大事项；制定规范性文件、处理重大交通运输违法案件等方面的有关重大事项；审定局或局属各单位大额度

经费开支等方面的有关重大事项;突发事件应急预案、重大突发事件应急处置措施的采取;其他需要决策的重大事项。

上述决策事项由县局会议讨论决定;上述决策事项以外的其他事项,需要县局决定的,由县局主要领导、分管领导按照工作权限做出决定。

二、道路运输行政决策程序

(一) 道路运输行政决策前期准备工作

(1)调查研究。决策之前,必须要深入开展调查研究,全面、准确掌握决策所需的有关情况。一般由相关部门通过各种途径,运用各种方式方法,有计划、有目的地了解事物真实情况。然后根据调查材料进行去粗取精、去伪存真、由此及彼、由表及里的思维加工,以对所要决策的问题进行全面的认识。

(2)提出方案。在调查研究的基础上,对重大行政决策事项进行综合论证,在科学分析的基础上,提出若干可行的决策方案。在拟定决策备选方案时,必须要避免出现的情况有:所采集信息失真或过时;遗漏必需信息;隐瞒、歪曲真实情况;违反保密纪律等。

(3)听取意见。方案提出后,按涉及范围进行协商并充分听取相关部门和单位的意见。涉及道路运输事业改革工作的事项,应充分征求相关部门及道路运输管理机构的意见;对涉及基层单位和企业的事项,要广泛听取基层单位和企业的意见。对一些专业性、技术性较强的决策事项,应当组织专家进行必要性和可行性论证。

(4)法律审查。重大涉法事项必须依法论证,决策方案、草案应当先由政策法规部门进行合法性审查,提出审查意见。主要审查内容为各项决策是否与法律法规相抵触,是否与现行政策规定相协调,是否存在其他不适当的问题。法律审查通过后方可提交决策。

(5)风险评估。重大行政决策事项应当进行风险评估,实现风险可控。风险评估的重点是社会稳定、环境、经济等方面的风险,通过舆论跟踪、抽样调查、重点走访、会商分析等方式,对决策可能引发的各种风险进行科学预测、综合判断,确定风险等级,并提出相应防范、减缓或者化解措施。

(6)集体讨论。在行政机关会议讨论的基础上,由行政首长决定。其中,属于政府做出重大行政决策的,应由政府全体会议或者常务会议集体讨论决定;属于政府工作部门做出重大行政决策的,应由部门领导班子会议集体讨论决定。行政首长一般应当根据多数人的意见做出决定,也可以根据少数人的意见或综合判断做出决定,但应当说明理由。

(二) 道路运输行政决策中基本程序

(1)确定议题。议题由需要决策的重大问题和相关工作确定,由主管领导和分管领导提出,议题确定要结合决策事实,切忌偏离决策目标和方向。

(2)准备材料。决策会议所需文件有审议需要的决策方案、草案及说明等资料。这些资料需由相关负责部门提前准备。

(3)酝酿意见。会议召开的时间、议题一般应提前通知与会人员。必要的会议材料应于会前送达。与会人员要认真熟悉材料,酝酿意见,做好发言准备。

(4)充分讨论。会议由行政首长主持并作简要说明,与会人员应就议题充分讨论并发表明确的意见。讨论时,会议主持人应在听取其他与会人员的意见后再表明自己的意见。

(5)逐项表决。会议实行逐项表决,议题经充分讨论后,可进行表决。

(6)做出决定。行政首长根据会议讨论、表决情况,对审议的决策事项做出通过、不予通过、修改或者再次审议的决定。做出通过决定的,由行政首长签发;做出修改决定的,由相关部门依照会议要求修改后报分管领导审核,再报行政首长签发,属重大原则或者实质内容修改的,应重新审议,审议程序如前。

(7)形成纪要。重大行政决策事项,应指定专人负责会议记录和会议纪要整理。

(三)道路运输行政决策完成后工作

决策的科学与否,只有在执行中才能对其效果进行最终评价。再完备的决策,在实施中也会出现适用范围、适用环节、适用对象、适用措施等方面的不适应,也会因时、因地而有差异,需要在实践中及时加以不断完善与修正。从某种意义上说,决策应该在实施时才真正得到检验,才知是否要实施此项决策,实施是否适宜,此项决策是否正确、科学、是否需调整修正。在实施道路运输行政决策科学化工作中,切不可把文件出台作为决策之结束,而应将实施中的评估、修正乃至今后的决策选择与设计等环节作为一个完整的决策工作系统合成。

一项决策并不是一次性完成的,行政决策阶段和采取行动阶段也不完全是截然分开的。行政决策对所采取的具体行动具有指导性的作用,可以用来控制具体行动的方向、次序和进程。具体行动的进展情况和效果则可为检查、判断既定的行政决策方案的有效性和可靠性提供反馈。当在具体行动期间发现某些不利情况时,可以进行二次决策和多次决策,对原有的决策方案进行修正和完善,甚至可能出现推翻既定方案,对原有的备选方案进行重新评估与选择、重新收集信息、重新拟定决策备择方案的现象。为了避免采取具体行动时可能出现大的偏差而带来十分不利的社会影响和决策后果,在处理一些较为复杂和较为重大的问题和工作任务时,通常采用先试点后推广的做法,在试点期间经过认真观察和总结,有目的的修改完善既定的决策方案,在确信有一定把握的适当时间再正式全面布置实施。修正完善决策方案的做法,是道路运输现在决策工作的继续,它表明了决策过程的动态性和连续性。

(四)道路运输行政决策内容公开

根据中共中央办公厅、国务院办公厅印发的《关于深化政务公开加强政务服务的意见》,要求推行行政决策公开,逐步扩大行政决策公开的领域和范围,推进行政决策过程和结果公开。完善重大行政决策程序规则,把公众参与、专家论证、风险评估、合法性审查和集体讨论决定作为必经程序加以规范,增强公共政策制定透明度和公众参与度。道路运输行政机构也要与时俱进,贯彻实施意见精神,以改革创新精神深化行政决策公开。

(1)推行行政决策公开。

坚持依法科学民主决策,建立健全体现以人为本、为民行政要求的决策机制,逐步扩大行政决策公开的领域和范围,推进行政决策过程和结果公开。凡涉及群众切身利益的重要改革方案、重大政策措施、重点工程项目,在决策前要广泛征求群众意见,并以适当方式反馈或者公布意见采纳情况。完善重大行政决策程序规则,把公众参与、专家论证、风险评估、合法性审查和集体讨论决定作为必经程序加以规范,增强决策透明度和公众参与度。

(2)推进行政决策权力公开透明运行。

坚持依法行使决策权力,积极推进决策权力运行程序化和公开透明化,确保道路运输行政机关和工作人员严格依照法律规定的权限履职尽责。按照职权法定、程序合法的要求,依法梳理审核决策职权,明确决策权力的主体、依据、运行程序和监督措施等,并向社会公布。针对道路运输行政管理在实施行政许可、行政处罚、行政收费等执法活动中履行职责情况,也要积极建立执法投诉和执法结果公开制度。

(3)加大决策审查公开力度。

及时公布不涉及秘密的行政决策项目目录,继续梳理、完善行政决策审查事项。行政决策不得设置或变相设置有悖于现行法律法规和道路运输相关法律法规。进一步完善审查事项,优化工作流程,公开审查程序,强化过程监控,建立行政决策审查事项的动态管理制度。逐步建立健全道路运输行政决策、执行、监督相互协调又相互制约的运行机制。

(4)扎实做好决策相关信息公开工作。

各级道路运输行政机关要主动、及时、准确公开重大决策、重大建设项目规划、重大改革等信息。决策问题形成、决策目标、决策执行与监督等信息都要适时向社会公开。公开的内容要详细全面,逐步细化。尤其要抓好重大道路运输突发事件和群众关注热点问题的公开,客观公布事件进展、政府举措、公众防范措施和调查处理结果,及时回应社会关切,正确引导社会舆论。

第四节 道路运输业发展规划编制程序

规划,意思是个人或组织制定的比较全面、长远的发展计划,是融合多要素、多人士看法的某一特定领域的发展愿景,是对未来整体性、长期性、基本性问题的考量,是设计未来整套行动的方案。规划与计划基本相似,不同之处在于:规划具有长远性、全局性、战略性、方向性、概括性和鼓动性;计划是规划的延伸与展开。

一、道路运输业发展规划的原则、内容与要求

(一)道路运输行政规划编制的原则

(1)应服从于社会经济发展的战略与目标,满足社会经济发展对道路运输业的需求;正确处理局部与全局、近期与远期、需要与可能的关系。

(2)应与路网规划和其他运输方式的发展规划相协调。

(3)应适应市场经济体制的要求,充分体现道路运输优势和特点,优化道路运输资源配置,发挥道路运输整体优势。

(二)道路运输行政规划的内容

道路运输行政规划的内容包括:城乡客运、货运物流、公共汽车客运、出租车客运、运输辅助业、国际道路运输发展、枢纽站场建设、安全监管和应急保障体系、信息化建设和绿色道路运输和行业节能减排。

(三) 编制要求

道路运输行政规划编制时,应认真分析道路运输业现状和社会经济发展对道路运输业的需求,剖析现有道路运输业的适应性,揭示存在的问题;采用定量和定性分析的方法,预测未来社会经济发展对道路运输业质和量的需求;综合分析各种因素,确定发展目标。

(四) 编制的期限和编制

以道路运输业中期发展目标为重点,每五年编制一次,如:2001—2005 年,2006—2010 年,并于实施起始年之前编制完成,分年度组织实施。

(五) 编制报批、修改、备案

编制完成后,报省级人民政府批准后实施;执行中如需修改,必须提出报告,报原批准机关批准;各省、自治区、直辖市按照交通运输部的统一要求,于规定日期前报交通运输部备案。

二、道路运输业发展规划编制基本方法与步骤

道路运输业发展规划是对道路运输业各子系统的规模、布局、服务系统进行优化论证、统筹安排的过程。在这一过程中,应始终坚持和运用系统工程的思想与理论,采用行之有效的规划方法,做到定量与定性分析相结合;着重剖析现有道路运输业服务系统的适应性,揭示存在的问题;研究未来社会经济与交通运输,特别是道路运输业发展的趋势,分析预测其对道路运输服务系统的质量需求;综合分析各种因素,优化资源配置,统筹规划各服务子系统;合理安排实施序列。

《规划》的一般步骤为:①现状调查与需求分析;②未来发展预测;③确定规划的目标和任务;④规划方案设计或描述。

三、规划目标实施的总体安排

道路运输规划的实施序列应在充分分析各规划阶段的发展需求与可能的基础上,按照轻重缓急进行安排。优先解决目前因规划不到位而产生的一些问题,从而实现滚动式可持续发展。

规划目标实施序列应以五年为一个阶段适当安排,短期规划可列出分年度的计划,中长期规划列出实施序列表。

第五节　道路运输法规制定程序

道路运输法规制定是交通运输行政法规制定的组成部分,本节主要从中央交通运输法规制定的角度叙述。地方交通运输法规的制定过程,同理,可以参照办理。

一、交通运输法规

（一）交通运输法规的定义和范围

交通运输法规是指交通运输部起草上报和制定的调整交通运输事项的规范性文件。交通运输法规包括：(1)交通运输部起草上报国务院审查后提交全国人民代表大会及其常务委员会审议的法律送审稿；(2)交通运输部起草上报国务院审议的行政法规送审稿；(3)交通运输部及交通运输部与国务院其他部门联合制定的规章。

制定交通运输法规包括：立项、起草、修订、审核、审议、公布、备案、解释和废止。

（二）制定交通运输法规的原则

(1)贯彻党和国家的路线、方针和政策。

(2)法律送审稿不得与宪法相违背；行政法规送审稿不得与宪法、法律相违背；规章不得同宪法、法律、行政法规、国务院的决定及命令相违背；法律之间、行政法规之间、规章之间应当衔接、协调。

(3)体现和维护人民群众的根本利益，保护交通运输从业者的合法权益，促进和保障交通运输行业健康、可持续发展。

（三）交通运输法规的名称、内容要求和结构

1. 交通运输法规名称

交通运输法规的名称应当准确、规范，并符合以下规定：(1)法律称"法"；(2)行政法规称"条例""规定""办法"和"实施细则"；(3)规章称"规定""办法""规则""实施细则"和"实施办法"，不得称"条例"。

2. 交通运输法规的内容要求和形式结构

交通运输法规应当备而不繁、结构合理、逻辑严密、条文清晰、用语准确、文字简练，具有可操作性。法律、行政法规已经明确规定的内容，规章原则上不作重复规定。

交通运输法规根据内容需要，可以分为章、节、条、款、项、目。章、节、条的序号用中文数字依次表述，款不编号，项的序号用中文数字加括号依次表述，目的序号用阿拉伯数字依次表述。除内容复杂的外，规章一般不分章、节。

（四）制定部门及内设机构

交通运输法规制定工作由交通运输部法制工作部门（以下简称法制工作部门）归口管理，具体工作主要包括：(1)编制和组织实施交通运输立法规划和年度立法计划，根据全国人民代表大会及其常务委员会相关部门、国务院相关部门的要求，组织报送立法规划、年度立法计划的建议；(2)统筹铁路、公路、水路、民航、邮政法规的起草工作，组织综合交通运输和公路、水路法规的起草工作；(3)负责交通运输法规送审稿的审核修改和报请审议工作；(4)负责配合立法机关开展法律、行政法规草案的审核修改工作；(5)组织交通运输部规章的解释、清理、废止工作；(6)负责交通运输部规章的公布、备案工作；(7)负责组织实施交通运输法规后评估工作。

二、立项

(一) 立法建议的提出

交通运输部负责综合交通运输法规体系建设工作,提出综合交通运输法规体系建设的意见。法制工作部门应当按照突出重点、统筹兼顾、符合需要、切实可行的原则,于每年年底编制下一年度的立法计划。

每年十月底前,法制工作部门应当向交通运输部内有行业管理职责的部门或者单位、国家铁路局、中国民用航空局、国家邮政局(以下统称部管国家局)征询交通运输法规的立法建议,也可以向省级交通运输主管部门征询交通运输法规的立法建议。

交通运输部内如果有行业管理职责的部门或者单位、部管国家局根据职责和管理工作的实际情况,认为需要制定、修订交通运输法规的,应当按照法制工作部门规定的时间及内容要求,提出立法立项建议。

各级地方人民政府交通运输管理部门、其他单位、社会团体和个人可以向法制工作部门提出立法立项建议。

立法立项建议的内容涉及交通运输部内多个部门、单位或者部管国家局职责的,可以由相关部门、单位或者部管国家局联合提出立项建议;对于立项建议有分歧的,由法制工作部门协调提出处理意见,仍不能达成一致意见的,报交通运输部领导决定。

交通运输部规章的内容涉及国务院两个以上部门职权范围的事项,应当与相关部门联合制定规章。部管国家局不得与国务院部门联合制定、发布规章。

交通运输法规的内容涉及国务院其他部门的职责,或者与国务院其他部门关系紧密的,承办单位应当征求相关部门的意见,并力求协调一致。

对涉及公民、法人和其他组织权利、义务,具有普遍约束力且反复适用的交通运输行业管理制度,应当制定交通运输法规。

下列事项不属于交通运输法规立项范围:(1)交通运输行政机关及所属单位的内部管理事项、工作制度及仅规范部属单位的管理性事务等;(2)对具体事项的通知、答复、批复等;(3)需要保密的事项;(4)依照《中华人民共和国立法法》规定不属于交通运输法规规定的其他事项。

(二) 立法建议内容组成

立项建议应当包括以下内容:(1)交通运输法规的名称;(2)拟立项目是新制定还是修订,修订形式如果是修正案的,应当予以说明;(3)立法目的、必要性和所要解决的主要问题;(4)立法项目的调整对象和调整范围;(5)确立的主要制度,是否包含行政许可、行政强制等内容,以及主要依据和理由;(6)立法进度安排;(7)立法项目承办单位和责任人;(8)发布机关(联合发布的,需要联合发布部门的书面同意意见)。

立法立项建议由部门或者单位提出的,应当由部门或者单位主要负责人签署。立法立项建议由部管国家局提出的,应当由部管国家局向部行文提出。

(三)立法计划的拟定、分类和内容

1.立法计划的拟定

法制工作部门应当根据以下原则,对立法立项建议进行汇总研究,拟订交通运输部年度立法计划:(1)是否符合交通运输部近期和年度重点工作要求;(2)交通运输法律和行政法规的立项建议是否符合交通运输法规体系建设的总体要求;(3)立法事项是否属于应当通过立法予以规范的范畴,拟规范的事项是否超出立法权限,是否属于交通运输部的法定职责范围,拟定的承办单位、发布机关是否恰当;(4)法规之间是否相互衔接,内容有无重复交叉;(5)立法时机是否成熟;(6)立法计划的总体安排是否切实可行。

法制工作部门可以根据需要组织开展立法立项论证。

2.立法计划的分类

立法计划分为一类立法项目和二类立法项目。

(1)一类立法项目,是指应当在年内完成的立法项目,即法律送审稿、行政法规送审稿在年内上报国务院,规章在年内公布;已报送国务院、全国人大的,需要配合国务院法制办、全国人大相关部门开展审核修改。

(2)二类立法项目,是指有立法必要性,不能保证年内完成,但需要着手研究起草条件,成熟后适时报审的立法项目。

3.立法计划内容

立法计划的内容包括:立法项目名称;立法项目起草部门和责任人;报法制工作部门审核时间;报部务会议审议时间或者上报国务院时间;其他需要写明的内容。

(四)立法计划的审核、审议、执行及计划变更

交通运输部年度立法计划经主管部门领导审核后,报交通运输部部务会议审议后印发执行。

交通运输部年度立法计划是开展交通年度立法工作的依据,应当严格执行。承办单位应当按照立法计划规定的时间完成起草、送审工作,法制工作部门应当按照规定的时间完成审核工作。法制工作部门应当对年度立法计划执行情况进行检查、督促,并定期予以通报。

立法计划在执行过程中需要对计划内的立法项目予以调整的,立法项目的承办单位应当提出变更立法计划的建议并会商法制工作部门,报主管法制工作的交通运输部领导和分管其业务的交通运输部领导批准后,由法制工作部门对立法计划做出调整;立法项目的承办单位是部管国家局的,应当由部管国家局向交通运输部行文提出变更建议,经主管法制工作的交通运输部领导批准后,由法制工作部门对立法计划做出调整。

三、起草

(一)起草部门

交通运输法规由立法计划规定的承办单位负责组织起草。需与有关部委联合起草的,应当同有关部委协调组织起草工作。

起草交通运输法规,可以邀请有关组织、专家参加,也可以委托有关组织、专家起草。

起草部门应当落实责任人员或者根据需要成立起草小组,制定起草工作方案,并及时向法制工作部门通报起草过程中的有关情况。

(二)起草内容的基本要求

起草交通法规,应当遵循立法法确定的立法原则,符合宪法和法律的规定,同时还应当符合下列要求:(1)体现改革精神,科学规范行政行为,促进政府职能转变;(2)符合精简、统一、效能的原则,简化行政管理手续;(3)切实保障公民、法人和其他组织的合法权益,在规定其应当履行的义务的同时,规定其相应的权利和保障权利实现的途径;(4)体现行政机关的职权和责任相统一的原则,在赋予行政机关必要职权的同时,应当规定其行使职权的条件、程序和应承担的责任;(5)体现交通事业发展和交通行业管理工作的客观规律;(6)符合法定职责和立法权限;(7)符合立法技术的要求。

(三)成立起草小组

承办单位应当落实责任人员或者根据需要成立起草小组,制定起草工作方案。

(四)法制部门介入起草

法制工作部门应当及时了解交通运输法规的起草情况,协助承办单位协调解决起草过程中的问题,可以与承办单位协商,提早介入交通运输法规起草工作。

(五)广泛征求意见

1. 起草阶段征求意见

起草交通运输法规,应当深入调查研究,总结实践经验,广泛征求有关机关、组织和公民的意见。征求意见可以采取书面征求、座谈会、听证会、网上公开征求等多种形式。涉及建立或者调整重大制度的,应当开展专项研究或者专题论证。

起草公路、水路法规应当书面征求省级交通运输主管部门的意见。

2. 根据需要召开听证会

规章起草过程中需要举行听证会的,应当按照《规章制定程序条例》的规定执行。

3. 就起草的交通运输法规征求社会各界意见

起草的交通运输法规涉及公民、法人或者其他组织切身利益,有关机关、组织或者公民对其重大意见分歧的,承办单位应当向社会公布,征求社会各界的意见。

承办单位应当认真研究反馈意见,并在起草说明中对意见的处理情况和理由予以说明。

4. 第三方评估和社会稳定风险评估

对于部门间争议较大的重要交通运输法规草案,可以引入第三方评估。对于可能引发社会稳定风险的交通运输法规草案,承办单位应当进行社会稳定风险评估。

5. 请示部领导和主动听取三总意见

起草公路、水路法规,承办单位应当就草案的主要思路和核心制度向主管部领导请示;

涉及重大技术、安全、规划方面管理事项的,应当根据职责的关联性,主动听取交通运输部总工程师、安全总监和总规划师的意见。

6. 征求部内和部管国家局意见

交通运输法规内容涉及交通运输部部内多个部门、单位或者部管国家局职责的,承办单位应当征求相关部门、单位或者部管国家局的意见。经充分协商仍不能取得一致意见的,承办单位应当在起草说明中说明情况。

(六) 起草说明

起草部门应当编写起草说明。起草说明应当包括以下内容:(1)立法目的和必要性;(2)立法依据;(3)起草过程;(4)征求意见的情况、主要意见及处理、协调情况;(5)对设立和规定行政许可事项的说明;(6)对确立的主要制度和主要条款的说明;(7)其他需要说明的内容。

(七) 送审稿

起草部门应当按照立法计划确定的进度安排完成起草工作,形成送审稿,并按时送法制工作部门审核。

送审稿应当由起草部门的主要负责人签署;涉及交通运输部部内其他部门职责的,应当在送审前送有关部门会签;由几个部门共同起草的送审稿,应当由几个部门主要负责人共同签署。

起草部门将送审稿送法制工作部门审核时,应当一并报送起草说明和其他有关材料。其他有关材料主要包括汇总的意见、调研报告、听证会笔录、国内外立法资料等。

四、法制部门审核、征求意见

送审稿由法制工作部门统一负责审核、修改。

(一) 审核

法制工作部门主要从以下方面对送审稿进行初核:(1)提交的材料是否齐备,是否符合本规定的要求;(2)是否是立法计划安排或者报经同意后增列为立法计划的项目;(3)是否按照本规定要求征求了有关方面的意见,并对主要意见提出了处理意见,对有关分歧意见是否经过充分协调并提出处理意见;(4)联合发布的规章是否取得联合部门的书面同意。

经初审不具备送交审核要求的,承办单位应当按照要求完善后再送交审核。

(二) 审核修改

法制工作部门接收送审稿后主要从以下方面对送审稿进行审核修改:(1)是否符合《交通运输法规制定程序规定》第四条、第二十二条的规定;(2)对有关分歧意见的处理是否适当、合理;(3)是否符合实际,具备可操作性。

除关系重大、内容复杂或者存在重大意见分歧外,法制工作部门应当在三个月内完成规章送审稿的审核修改。

(三)广泛征求意见

1. 向社会公开征求意见

由交通运输部部内部门、单位起草和全面修订的规章,除国务院法制办同意等特殊情形外,法制工作部门应当将送审稿在中国政府法制信息网、交通运输部政府网站上向社会公开征求意见。

由部管国家局起草和全面修订的规章,在送审前由部管国家局在中国政府法制信息网、部管国家局政府网站上向社会公开征求意见。

2. 业内征求意见和召开有关单位、专家参加的座谈会、论证会

法制工作部门在审核阶段对送审稿有较大修改或者调整的,应当将送审修改稿送相关部门、单位或者部管国家局征求意见;涉及重大、疑难问题的,应当召开由有关单位、专家参加的座谈会、论证会。

3. 向基层征求意见

法制工作部门应当组织或者会同承办单位就送审稿涉及的重大、疑难问题,深入基层进行实地调查研究,听取基层有关机关、组织和公民的意见。

4. 向交通运输部法律专家咨询委员会征求意见

法制工作部门可以就送审稿中的有关重要法律问题和行业管理重大问题,通过交通运输部法律专家咨询工作机制,征求相关法律专家和行业管理专家的意见。法制工作部门应当对专家咨询意见进行全面客观的整理,并提出对专家意见的处理建议。

5. 协调和部领导决定

交通运输部部内各相关部门、单位或者部管国家局对送审稿中关于管理体制、职责分工、主要管理制度等内容有不同意见的,法制工作部门应当组织协调,力求达成一致意见;不能达成一致意见的,应当将争议的主要问题、各方意见和处理建议报主管部门领导进行协调。

6. 送审修改稿形成、签署、提请审议

法制工作部门应当认真研究各方意见,在与承办单位协商后,对送审稿进行修改,形成交通运输法规送审修改稿和对送审修改稿的说明。

交通运输法规送审修改稿和说明由法制工作部门主要负责人签署,承办单位为交通运输部部内部门、单位的,送承办单位和相关部门、单位会签;承办单位为部管国家局的,经主要负责人签字确认,报有关交通运输部部领导审核。

交通运输法规送审修改稿经交通运输部部领导审核同意后,提请交通运输部部务会议审议。

五、审议与公布

(一)部务会议审议

交通法规送审修改稿由交通运输部部务会议审议。交通运输部部务会议审议时,承办单位为交通运输部部内部门、单位的,由法制工作部门负责人对送审修改稿作说明。

承办单位为部管国家局的,由部管国家局法制工作部门负责人作起草说明,法制工作部门负责人作审核说明。

(二)规章公布

1. 公布形式

交通运输部部务会议审议通过的规章送审修改稿,由交通运输部部长签署并以交通运输部令形式公布。

交通运输部部务会议审议通过的由交通运输部主办、与国务院其他部委联合制定的规章,由交通运输部部长与国务院其他部委的领导共同签署,以联合部令形式公布,使用交通运输部令的序号。

交通运输部部务会议审议通过的法律、行政法规送审修改稿,由交通运输部正式行文报国务院审查。在全国人民代表大会及其常务委员会的相关部门、国务院的相关部门审核修改过程中,由法制工作部门牵头会同交通运输部部内或者部管国家局的承办单位配合开展审核修改工作。

经交通运输部部务会议审议未通过的交通运输法规送审修改稿,由法制工作部门按照交通运输部部务会议要求,会同承办单位进行修改、完善后,报交通运输部部领导审核同意后再次提交交通运输部部务会议审定。

2. 交通运输部部令内容组成

公布规章的命令应当载明规章的制定机关、序号、规章名称、通过日期、施行日期、公布日期和签署人等内容。

3. 刊登及施行

规章公布后,应当及时在国务院公报或者部门公报和中国政府法制信息网以及《中国交通报》、交通运输部政府网站上刊登。

在国务院公报或者部门公报上刊登的规章文本为标准文本。

规章应当在公布之日起30日后施行,但是涉及国家安全以及公布后不立即施行将有碍规章施行的,可以自公布之日起施行。

六、备案、修订、解释和废止

(一)备案

规章应当在公布后30日内,由法制工作部门按照有关规定报送国务院备案。

(二)修订

具有下列情形之一的,交通运输法规应当予以修订:(1)内容与上位法矛盾或者抵触的;(2)内容不符合党和国家路线方针政策及相关要求的;(3)内容与交通运输行业发展形势变化或者法定职能不相符的;(4)其他应当修订的情形。

(三) 解释

规章的解释权属于交通运输部。规章的解释同规章具有同等效力。

规章有下列情形之一的,应当予以解释:(1)规章条文本身需要进一步明确具体含义的;(2)规章制定后出现新的情况,需要明确适用依据的。

规章的解释由原起草部门负责起草,由法制工作部门按照规章审核程序进行审核、修改;或者由法制工作部门起草,征求有关部门的意见。规章的解释报请交通运输部部务会审议或者经交通运输部领导批准后以交通运输部文件公布。

(四) 废止

规章有下列情况之一的,应予废止:(1)规定的事项已执行完毕,或者因情势变迁,无继续施行必要的;(2)因有关法律、行政法规的废止或者修改,失去立法依据的;(3)与新颁布的法律、行政法规相违背的;(4)同一事项已被新公布施行的规章所代替,规章失去存在意义的;(5)规章规定的施行期限届满的;(6)应当予以废止的其他情形。

规章的废止可以由交通运输部部内有关部门、单位、省级交通运输主管部门向法制工作部门提出,或者由部管国家局向部提出,也可以由法制工作部门直接提出。由法制工作部门直接提出的,要征求相关部门、单位或者部管国家局的意见。除规章规定的施行期限届满的情形外,废止规章应当经交通运输部部务会议审议决定,以交通运输部部令形式予以公布。

七、处罚、许可、强制的设定

(一) 行政处罚的设定

1. 行政处罚的含义和基本原则

行政处罚是指享有行政处罚权的行政机关或法律法规授权的组织,对违反行政法律法规、依法应当给予处罚的行政相对人所实施的法律制裁行为。行政处罚的原则有:(1)处罚法定原则;(2)处罚公正、公开原则;(3)一事不再罚原则;(4)处罚与教育相结合原则;(5)保障权利原则。

2. 处罚权的种类和设定

行政处罚主要包括:(1)警告;(2)罚款;(3)没收违法所得、没收非法财物;(4)责令停产停业;(5)暂扣或者吊销许可证、暂扣或者吊销执照;(6)行政拘留;(7)法律、行政法规规定的其他行政处罚。

行政处罚的设定权划分如下所述。

1) 全国人民代表大会及其常务委员会的设定权

全国人民代表大会及其常务委员会通过制定法律可以设定各种行政处罚。限制人身自由的行政处罚,只能由法律设定。

2) 国务院的设定权

国务院通过制定行政法规可以设定除限制人身自由以外的行政处罚。

3) 有立法权的地方人民代表大会及其常务委员会的设定权

有立法权的地方人民代表大会及其常务委员会通过制定地方性法规可以设定除限制人身自由、吊销企业营业执照以外的行政处罚。

4）国务院部委的设定权

尚未制定法律、行政法规的,国务院、交通运输部委员会通过制定规章对违反行政管理秩序的行为,可以设定警告或者一定数量罚款的行政处罚。罚款的限额由国务院规定。

5）有立法权的地方人民政府的设定权

尚未制定法律、法规的,省、自治区、直辖市人民政府和省、自治区人民政府所在地的市人民政府以及经国务院批准的较大的市人民政府通过制定规章对违反行政管理秩序的行为,可以设定警告或者一定数量罚款的行政处罚。罚款的限额由省、自治区、直辖市人民代表大会常务委员会规定。

除上述内容外,其他规范性文件不得设定行政处罚。

(二)行政许可的设定

1. 行政许可的概念和种类

行政许可是指行政机关根据公民、法人或者其他组织的申请,经依法审查,准予其从事特定活动的行为。行政许可的种类包括以下几种。

(1)一般许可。一般许可直接涉及国家安全、公共安全、经济宏观调控、生态环境保护以及直接关系人身健康、生命财产安全等特定活动,需要按照法定条件予以批准,一般没有数量限制。

(2)特许。特许涉及有限自然资源开发利用、公共资源配置以及直接关系公共利益的特定行业的市场准入等,需要赋予特定权利,一般有数量限制。

(3)认可。认可涉及提供公众服务并且直接关系公共利益的职业、行业,需要确定具备特殊信誉、特殊条件或者特殊技能等资格、资质,一般通过考试或专业评审获得。

(4)核准。核准直接关系公共安全、人身健康、生命财产安全的重要设备、设施、产品、物品,需要按照技术标准、技术规范,通过检验、检测、检疫等方式进行审定。

(5)登记。登记主要指企业或者其他组织的设立等,需要确定主体资格。

(6)其他。法律、行政法规规定可以设定行政许可的其他事项。

2. 行政许可的设定权划分

(1)全国人民代表大会及其常务委员会的设定权。全国人民代表大会及其常务委员会通过制定法律,可以设定各种行政许可。

(2)国务院的设定权。尚未制定法律的,国务院通过制定行政法规可以设定行政许可。必要时,国务院可以采用发布决定的方式设定行政许可。

(3)有立法权的地方人民代表大会及其常务委员会的设定权。尚未制定法律、行政法规的,有立法权的地方人民代表大会及其常务委员会通过制定地方性法规可以设定行政许可;地方性法规不得设定应当由国家统一确定的公民、法人或者其他组织的资格、资质的行政许可;不得设定企业或者其他组织的设立登记及其前置性行政许可。其设定的行政许可,不得限制其他地区的个人或者企业到本地区从事生产经营和提供服务,不得限制其他地区的商品进入本地区市场。

(4)省、自治区、直辖市人民政府的设定权。尚未制定法律、行政法规和地方性法规的,省、自治区、直辖市人民政府因行政管理的需要,确需立即实施行政许可的,通过制定规章可以设定临时性的行政许可。省、自治区、直辖市人民政府规章,不得设定应当由国家统一确定的公民、法人或者其他组织的资格、资质的行政许可;不得设定企业或者其他组织的设立登记及其前置性行政许可。其设定的行政许可,不得限制其他地区的个人或者企业到本地区从事生产经营和提供服务,不得限制其他地区的商品进入本地区市场。

除上述内容外,其他规范性文件一律不得设定行政许可。

3. 设定行政许可的内容组成和设定程序

设定行政许可,应当规定行政许可的实施机关、条件、程序、期限。

起草法律草案、法规草案和省、自治区、直辖市人民政府规章草案,拟设定行政许可的,起草单位应当采取听证会、论证会等形式听取意见,并向制定机关说明设定该行政许可的必要性、对经济和社会可能产生的影响以及听取和采纳意见的情况。

行政许可的设定机关应当定期对其设定的行政许可进行评价;对已设定的行政许可,认为非行政许可方式能够解决的,应当对设定该行政许可的规定及时予以修改或者废止。行政许可的实施机关可以对已设定的行政许可的实施情况及存在的必要性适时进行评价,并将意见报告该行政许可的设定机关。公民、法人或者其他组织可以向行政许可的设定机关和实施机关就行政许可的设定和实施提出意见和建议。

(三)行政强制措施的种类和设定

1. 行政强制措施的概念和种类

行政强制措施,是指行政机关在行政管理过程中,为制止违法行为、防止证据损毁、避免危害发生、控制危险扩大等情形,依法对公民的人身自由实施暂时性限制,或者对公民、法人或者其他组织的财物实施暂时性控制的行为。行政强制措施的种类主要包括:(1)限制公民人身自由;(2)查封场所、设施或者财物;(3)扣押财物;(4)冻结存款、汇款;(5)其他行政强制措施。

2. 行政强制措施设定权的划分

1)全国人民代表大会及其常务委员会的设定权

全国人民代表大会及其常务委员会可以通过制定法律设定各类行政强制措施。

2)国务院的设定权

尚未制定法律,且属于国务院行政管理职权事项的,国务院通过制定行政法规可以设定除限制公民人身自由、冻结存款、汇款和应当由法律规定的行政强制措施以外的其他行政强制措施。

3)有立法权的地方人民代表大会及其常务委员会的设定权

尚未制定法律、行政法规,且属于地方性事务的,地方性法规可以设定查封场所、设施或者财物以及扣押财物共两项行政强制措施。

3. 设定行政强制措施应注意的事项和设定程序

(1)法律、法规以外的其他规范性文件不得设定行政强制措施。

(2)法律对行政强制措施的对象、条件、种类作了规定的,行政法规、地方性法规不得做出扩大规定。

起草法律草案、法规草案,拟设定行政强制措施的,起草单位应当采取听证会、论证会等形式听取意见,并向制定机关说明设定该行政强制措施的必要性、可能产生的影响以及听取和采纳意见的情况。

行政强制措施的设定机关应当定期对其设定的行政强制措施进行评价,并对不适当的行政强制措施及时予以修改或者废止。

行政强制措施的实施机关可以对已设定的行政强制措施的实施情况及存在的必要性适时进行评价,并将意见报告该行政强制措施的设定机关。

公民、法人或者其他组织可以向行政强制措施的设定机关和实施机关就行政强制措施的设定和实施提出意见和建议。有关机关应当认真研究论证,并以适当方式予以反馈。

(四)行政强制执行的种类和设定

1. 行政强制执行的概念和种类

行政强制执行,是指行政机关或者行政机关申请人民法院对不履行行政决定的公民、法人或者其他组织,依法强制履行义务的行为。行政强制执行的方式包括:(1)加处罚款或者滞纳金;(2)划拨存款、汇款;(3)拍卖或者依法处理查封、扣押的场所、设施或者财物;(4)排除妨碍、恢复原状;(5)代履行;(6)其他强制执行方式。

2. 行政强制执行的设定权划分和设定程序

行政强制执行只能由法律设定。法律没有规定行政机关强制执行的,做出行政决定的行政机关应当申请人民法院强制执行。

起草法律草案,拟设定行政强制执行的,起草单位应当采取听证会、论证会等形式听取意见,并向制定机关说明设定该行政强制执行的必要性、可能产生的影响以及听取和采纳意见的情况。

行政强制的设定机关应当定期对其设定的行政强制执行进行评价,并对不适当的行政强制执行及时予以修改或者废止。

行政强制执行的实施机关可以对已设定的行政强制执行的实施情况及存在的必要性适时进行评价,并将意见报告该行政强制执行的设定机关。

公民、法人或者其他组织可以向行政强制执行的设定机关和实施机关就行政强制执行的设定和实施提出意见和建议。有关机关应当认真研究论证,并以适当方式予以反馈。

八、现行主要的全国性道路运输法律、行政法规、国务院决定、交通运输部规章

(一)调整道路运输专门法律及相关法律

目前,专门调整道路运输法律尚为空白。与道路运输有关的法律主要包含以下两大类。

(1)通用类相关法律。主要包括立法法、行政处罚法、行政许可法、行政强制法、行政复议法、行政诉讼法和国家赔偿法等。

(2)专门类相关法律。主要包括公路法、国防交通法、道路交通安全法、安全生产法、治安管理处罚法、招标投标法、价格法、标准化法、公司法和合同法等。

(二)调整道路运输专门行政法规及相关行政法规

(1)专门调整道路运输行政法规,即国家道路运输条例。

(2)与道路运输相关的行政法规。主要包括以下内容。

①公路类。主要包括《公路安全保护条例》《收费公路管理条例》等。

②交通安全类。主要包括《道路交通安全法实施条例》《机动车交通事故责任强制保险条例》《校车安全管理条例》《报废汽车回收管理办法》等。

③危险货物运输相关类。主要包括《危险化学品安全管理条例》《烟花爆竹安全管理条例》《民用爆炸物品安全管理条例》《放射性物品运输安全管理条例》《城镇燃气管理条例》《国内交通卫生检疫条例》等。

④安全事故类。主要包括《生产安全事故报告和调查处理条例》《国务院关于特大安全事故行政责任追究的规定》等。

⑤其他。主要包括《无照经营查处取缔办法》《违反行政事业性收费和罚没收入收支两条线管理规定行政处分暂行规定》《行政执法机关移送涉嫌犯罪案件的规定》《价格违法行为行政处罚规定》《政府信息公开条例》《行政复议法实施条例》等。

(三)国务院的有关决定

国务院的有关决定主要有:《国务院关于立即制止在公路上乱设卡、滥罚款、滥收费的通知》《国务院关于改革道路交通管理体制的通知》《国务院关于加强交通运输安全工作的决定》《国务院办公厅关于交通部门在道路上设置检查站及高速公路管理问题的通知》《国务院办公厅转发交通部等部门关于清理整顿道路客货运输秩序意见的通知》《国务院对确需保留的行政审批项目设定行政许可的决定》《国务院办公厅关于加强车辆超限超载治理工作的通知》《国务院安委会办公室关于进一步加强道路旅客运输企业安全生产管理工作的通知》《国务院关于实施成品油价格和税费改革的通知》《国务院办公厅转发交通运输部等部门关于推动农村邮政物流发展意见的通知》《关于进一步加强烟花爆竹安全监督管理工作的意见》《国务院办公厅关于促进物流业健康发展政策措施的意见》《国务院关于加强道路交通安全工作的意见》《国务院关于城市优先发展公共交通的指导意见》《国务院办公厅关于转发国家发展改革委营造良好市场环境推动交通物流融合发展实施方案的通知》《国务院办公厅关于深化改革推进出租汽车行业健康发展的指导意见》《国务院办公厅关于印发推行行政执法公示制度执法全过程记录制度重大执法决定法制审核制度试点工作方案的通知》。

(四)专门调整道路运输行政规章

(1)国际道路运输管理类。主要指《国际道路运输管理规定》。

(2)从业人员管理类。主要包括《道路运输从业人员管理规定》《出租汽车驾驶员从业资格管理规定》等。

(3)道路运输车辆技术管理类。主要包括《道路运输车辆技术管理规定》《道路运输车辆燃料消耗量检测和监督管理办法》等。

(4)道路客货运输管理类。主要包括《道路旅客运输及客运站管理规定》《道路货物运输及站场管理规定》《道路危险货物运输管理规定》《放射性物品道路运输管理规定》等。

(5)道路运输相关业务管理类。主要包括《机动车维修管理规定》《机动车驾驶员培训管理规定》等。

(6)与道路运输有关的城市客运类。主要包括《巡游出租汽车经营服务管理规定》《网络预约出租汽车经营服务管理暂行办法》等。

(7)其他道路运输管理类。主要包括《道路运输服务质量投诉管理规定》《超限运输车辆行驶公路管理规定》《外商投资道路运输业管理规定》《道路运输价格管理规定》《道路运输车辆动态监督管理办法》等。

(五)与道路运输管理相关的主要行政规章

与道路运输管理相关的主要行政规章有:《交通运输法规制定程序规定》《交通运输行政执法证件管理规定》《交通行政许可实施程序规定》《交通行政许可监督检查及责任追究规定》《交通行政处罚程序规定》《公路监督检查专用车辆管理办法》《交通运输行政执法评议考核规定》《交通行政复议规定》《交通运输突发事件应急管理规定》《公路、水路交通实施＜中华人民共和国节约能源法＞办法》和《关于在公共交通工具及其等候室禁止吸烟的规定》。

第六节 道路运输规范性文件制定

一、道路运输规范性文件定义和制定原则

道路运输规范性文件,是指除交通运输部部委规章和地方规章以外,由各级交通运输主管部门及其所属的道路运输管理机构依照法定权限和规定程序制定,与道路运输管理相关的涉及公民、法人和其他组织权利义务,并具有普遍约束力的各类文件的总称。

规范性文件的制定和备案,应当遵循的原则有:(1)符合法定的权限和程序,坚持依法行政,维护法制统一,保证政令畅通;(2)体现行政机关权力与责任相统一,促进政府职能转变和管理创新,提高行政效率;(3)坚持以人为本,保障公民、法人和其他组织的合法权益;(4)从实际出发,推动科学发展,促进社会和谐。

二、道路运输规范性文件起草

(一)起草主体和年度计划编制

起草主体是各级交通运输主管部门及其所属的道路运输管理机构。涉及两个以上部门职权范围的事项,需要制定规范性文件的,相关部门应联合制定。制定规范性文件,但应当本着精简、效能的原则予以控制。

制定规范性文件,应当根据实际需要进行立项审查或者编制年度计划。规范性文件制定计划,应当明确负责起草规范性文件的部门、机构或者组织(以下统称起草单位)。规范性文件制定计划,由制定机关负责法制工作的机构负责拟订,经制定机关批准后组织实施。

因形势发展变化等原因,制定机关的法制机构可以对规范性文件制定计划提出进行相应调整的意见。

(二)起草要求

规范性文件的起草应当符合下列要求:(1)文件名称一般为规定、(实施)办法、(实施)细则、决定、通告、规范等;(2)文字表达形式可采用条文式,除内容复杂的外,一般不分章、节;(3)内容明确、具体,具有可操作性,用语规范、简洁、准确,能够切实解决实际问题;(4)应当对制定目的、依据、适用范围、主管部门、具体规范、措施、施行日期等作出规定;(5)对法律、法规、规章和上级规范性文件已经明确规定的内容,规范性文件不作重复规定;(6)不得设定行政处罚、行政许可、行政强制措施、行政收费事项、机构编制事项和应当由法律、法规、规章规定的其他事项;(7)对实施法律、法规、规章做出的具体规定,不得增设公民、法人或者其他组织的义务,不得限制公民、法人或者其他组织的权利。

(三)起草可行性说明及起草后的征求意见

起草规范性文件时,应当同时拟写起草说明,对制定规范性文件的必要性和可行性进行研究,并对所要解决的问题、拟定的主要制度、措施等内容进行调研论证。

起草的规范性文件,须广泛征求意见。征求意见可采取书面征求或者召开座谈会、论证会、听证会等形式。有关机关、组织和管理相对人以及专家对规范性文件草案提出的意见,起草部门应当研究处理。有重大分歧意见的,应当进行协商;协商不成的,由牵头起草部门报交通运输厅协调或者决定。重大分歧意见的协调和处理情况,应当在送审稿及其说明中载明。

规范性文件未经听取意见的,不得发布施行。

起草规范性文件,应当及时清理与调整对象相同的现行规范性文件。如原有的规定和规范性文件已明确的,不再重新规定;如现行规范性文件将被起草的规范性文件所替代,应写明予以废止。

规范性文件起草工作完成后,起草处(室)应当将规范性文件送审稿及其说明送制定机关的法制机构。送审稿说明包括制定的必要性、拟规定的主要制度和措施、征求意见的情况等内容。

三、审核

规范性文件的审核分文稿审核和合法性审核。内设办公机构进行文稿审核,内设的政策法规机构进行合法性审核。

(一)文稿审核

交稿审核包括:是否与有关部门(处、室)协商、会签;规范性文件内容是否符合实际工作需要;文字表述、文种使用、公文格式等是否符合公文要求。

(二)合法性审核

合法性审核包括:所提交的送审稿资料的齐备性;制定主体是否超越权限;制定程序是

否合法;是否与法律、行政法规、地方性法规、规章和国家政策相抵触;主要制度和措施是否合理、可行;体例结构和文字表述是否规范。

(三)合法性审核程序

1. 报送材料

职能内设机构自行起草的规范性文件,在审核签发前,需向政策法规机构提交草案、起草说明若干份,相关依据和相关材料若干份,由政策法规机构报政府法制机构备案。相关依据为规范性文件依据的法律、法规、规章和国家政策以及上级行政机关的规范性文件。相关材料包括汇总的意见、听证会笔录、调研报告、国内外有关资料、相关会议集体讨论记录等。

2. 审核

制定机关的法制机构对规范性文件草案送审稿的审核,一般按照下列程序进行:①初步审查;②征求和听取意见;③调研;④协调;⑤送审。因突发公共事件等特殊情况,需要立即制定规范性文件的,可以对上述程序进行必要的调整。

对直接涉及公民、法人或者其他组织切身利益,或者存在重大意见分歧的规范性文件草案送审稿,制定机关的法制机构应当通过网络、报纸等媒体向社会公开征求意见,或者举行听证会。听证会的组织,参照国务院《规章制定程序条例》的规定执行。

制定机关的法制机构应当对规范性文件草案送审稿进行修改完善,审核工作完毕后形成书面审核意见,并将审核完成的规范性文件草案和书面审核意见提交制定机关,由制定机关常务会议或者办公会议集体审议、决定。

送审稿在审核中有下列情形之一的,可以缓办或者被退回起草单位:(1)制定规范性文件的基本条件尚不成熟;(2)有关机构或者部门对送审稿规定的主要制度存在较大争议,起草单位未与有关机构或者部门协商;(3)上报送审稿不符合《规章制定程度条例》的。

四、审议、签署、发布、施行及溯及力

(一)审议

规范性文件经合法性审核和文稿审核后,须由起草处室送内设办公机构提交相关会议集体讨论决定。

(二)签署、发布及公布

经制定机关常务会议或者办公会议集体审议通过的规范性文件,由制定机关主要负责人签署后,以制定机关文件形式发布,并按照有关政府信息公开的规定,向社会公布。制定机关文件形式,不包含制定机关的批复、会议纪要等内部文种。规范性文件应当予以公布;未公布的,不得作为工作依据。

制定机关主要负责人签署之日,即为规范性文件发布之日。制定机关应当对规范性文件统一编排文号。两个以上行政机关联合制定的规范性文件,只标明主办机关文号。

(三)施行

规范性文件应当明确施行日期。施行日期与公布日期的间隔期限,参照国务院《规章制定程序条例》第三十二条执行。

规范性文件不溯及既往,但法律、法规、规章另有规定的特殊情形除外。

五、规范性文件的备案

(一)备案文件和备案报告体提交

规范性文件发布后,应当自发布之日起15日内,将部门规范性文件报本级人民政府备案;作为部门管理机构的法律法规授权组织制定的规范性文件,报本级人民政府备案;两个以上行政机关联合制定的规范性文件,由主办机关报送备案。

报送县级以上地方人民政府备案的规范性文件,径送该级人民政府的法制机构。报送规范性文件备案,应当提交备案报告、规范性文件正式文本和制定说明(一式三份)。规范性文件有法律、法规、规章以外制定依据的,报送备案时,应当同时附具该制定依据一份。报送规范性文件备案,应当同时报送规范性文件的电子文本。

(二)备案审查及有关问题处理

1.审查事项

备案监督机关的法制机构对报送备案的规范性文件,应就下列事项进行审查:(1)是否超越权限;(2)是否违反法律、法规、规章和政策规定,是否同其他规范性文件相矛盾;(3)具体规定是否适当;(4)是否违反制定程序;(5)其他应当予以审查的事项。

2.相关问题处理

1)有关部门的意见、回复及制定机关说明

备案监督机关的法制机构审查规范性文件时,认为需要有关部门或者地方人民政府提出意见的,有关机关应当在规定期限内回复;认为需要制定机关说明有关情况的,制定机关应当在规定期限内予以说明。

2)违法或者不当内容的处理

备案监督机关的法制机构经审查发现报送备案的规范性文件存在不当内容或者违法等问题的,按照下列规定予以处理。

(1)由备案监督机关的法制机构要求制定机关在规定时间内自行纠正,制定机关应当在规定期限内改正,并向备案监督机关的法制机构书面报告处理结果;制定机关无正当理由逾期未纠正的,由备案监督机关的法制机构制发《行政执法监督决定书》,责令制定机关限期纠正;仍拒不纠正的,由备案监督机关的法制机构提请备案监督机关决定撤销或者改变。

(2)继续执行可能造成严重后果的,在制定机关改正之前,备案监督机关的法制机构可以提请备案监督机关及时做出中止执行该规范性文件部分或者全部内容的决定。

3）上下级文件矛盾的处理

下级政府规范性文件与上一级部门规范性文件之间有矛盾或者同级部门规范性文件之间有矛盾的,由备案监督机关的法制机构进行协调,提出处理意见;涉及行政职责划分的,还应当会同机构编制部门一起进行协调。

4）制定依据矛盾或抵触的处理

备案监督机关的法制机构认为报送备案的规范性文件制定依据相互矛盾或者抵触,同级人民政府无权处理的,应当向上一级人民政府法制机构报告,由上一级人民政府法制机构依法处理,或者提请有权机关处理。

5）公民、法人或其他组织意见的处理

公民、法人或者其他组织认为规范性文件与法律、法规、规章相抵触的,可以向备案监督机关提出书面审查建议,由备案监督机关的法制机构予以核实、研究并提出处理意见,按照规定程序处理。

对公民、法人或者其他组织提出的审查建议,备案监督机关的法制机构认为需要制定机关说明有关情况的,制定机关应当在规定期限内予以说明;认为需要有关部门或者地方人民政府提出意见的,有关机关应当在规定期限内回复。

制定机关对公民、法人或者其他组织提出修改或者撤销其规范性文件的书面建议,应当予以核实;发现本机关制定的规范性文件确有问题的,应当予以修改或者撤销。

6）不按规定将规范性文件报送备案的处理

制定机关不按照《规范性文件备案规定》要求将规范性文件报送备案的,由备案监督机关的法制机构通知制定机关限期改正;情节严重的,由备案监督机关的法制机构给予通报批评。

7）对规范性文件存在的问题拒不纠正、拖延纠正的处理

对规范性文件存在的问题拒不纠正、拖延纠正的,由备案监督机关的法制机构给予通报批评;情节严重、造成不良后果的,备案监督机关的法制机构可以提出处理建议,由制定机关的上级行政机关或者监察机关对直接负责的主管人员和其他直接责任人员依法给予处分。

六、规范性文件的管理

(1)清理。制定机关应当每隔两年对规范性文件进行一次清理。对不符合法律、法规、规章规定,或者不适应经济社会发展要求的规范性文件,应当及时予以修改或者废止。清理后继续有效、废止和失效的规范性文件目录,应当向社会公布。

(2)后评估。制定机关应当开展规范性文件制定后评估活动。

(3)汇总或汇编。制定机关应当定期对规范性文件进行汇总或者汇编,并将汇总及汇编的情况告知本级政府法制机构。

(4)电子管理系统。制定机关应当建立和完善规范性文件电子管理系统,便于公众免费查询、下载。

第七节 道路运输标准的制定

标准化是组织现代化生产的重要手段,是科学管理的重要组成部分。在社会主义建设中推行标准化,是国家的一项重要技术经济政策。为了加速实现交通现代化,必须加强标准化工作。

一、标准和标准化概述

(一) 概念

标准是指为了在一定的范围内获得最佳秩序,经协商一致制定并由公认机构批准,共同使用的且重复使用的一种规范性文件。标准宜以科学、技术和经验的综合成果为基础,以促进最佳的共同效益为目的。

标准化是指在经济、技术、科学和管理等社会实践中,对重复性的事物和概念,通过制订、发布和实施标准达到统一,以获得最佳秩序和社会效益。

(二) 标准的分类

1. 技术标准、工作标准和管理标准

技术标准是指供通用或重复使用的产品或相关工艺和生产方法的规则、指南或特性的文件。有关专门术语、符号、包装、标志或标签要求也是标准的组成部分。技术标准的实质就是对一个或几个生产技术设立的必须符合要求的条件以及能达到此标准的实施技术。

管理标准主要规定与技术标准相关联并为技术标准的实现提供支持的重复性事物和概念,是为保证技术标准的贯彻执行而对与之有关的管理事项均事先以标准的形式进行固化,其体系构成形式应与相应技术标准协调一致。

工作标准是指在执行技术标准和管理标准中,与操作作业人员的工作岗位的职责、人员技能、工作内容和要求、检查、监督和考核,以及相关记录表格等有关的重复性事物和概念。

2. 法定标准和事实标准

这个分类实际上主要是对技术标准进行进一步的分类。法定标准是指政府标准化组织或政府授权的标准化组织设置的标准。作为法定标准,一般强调的是公开性、通用性、一致性和系统性。

事实标准(或企业标准)是单个企业或者具有垄断地位的少数企业共同设置的标准。在事实标准中往往包含或涉及许多知识产权,特别是事实标准制定者自有的知识产权,实施这些标准很难避开这些知识产权的制约。企业生产的产品没有国家标准和行业标准的,应当制定企业标准,作为组织生产的依据。企业标准须报当地政府标准化行政主管部门和有关行政主管部门备案。已有国家标准或者行业标准的,国家鼓励企业制定严于国家标准或行业标准的企业标准,在企业内部适用。

3. 国家标准、行业标准和地方标准

这个分类是对法定标准根据指定机关的层级进行的分类。

对需要在全国范围内统一的技术要求,应当制定国家标准。国家标准由国务院标准化行政主管部门制定。

对没有国家标准而又需要在全国某个行业范围内统一的技术要求,可以制定行业标准。行业标准由国务院有关行政主管部门制定,并报国务院标准化行政主管部门备案,在公布国家标准之后,该项行业标准即行废止。

对没有国家标准和行业标准而又需要在省、自治区、直辖市范围内统一的技术要求,可以制定地方标准。地方标准由省、自治区、直辖市标准化行政主管部门制定,并报国务院标准化行政主管部门和国务院有关行政主管部门备案,在公布国家标准或者行业标准之后,该项地方标准即行废止。

4.强制性标准和推荐性标准

这个分类是把法定标准根据效力的强度不同进行的分类。国家标准、行业标准分为强制性标准和推荐性标准。保障人体健康,人身、财产安全的标准和法律、行政法规规定强制执行的标准是强制性标准,其他标准是推荐性标准。省、自治区、直辖市标准化行政主管部门制定的工业产品的安全、卫生要求的地方标准,在本行政区域内是强制性标准。

(三)管理标准和规章制度的区别

标准在总体上更侧重于对某一项业务再细化,在具体内容上力求细致、详尽地描述到每一个操作步骤,并配以流程图等。规章制度是以法律的形式表现出管理者的管理思想和工作思路,更侧重于对某项业务或事务的管理政策、管理原则、发展方向、管理模式,在宏观上引导各项业务的发展,更倾向于对某项职责进行模块化描述。

制度是我国通用的一种说法。"制"是约束的意思;"度"是表示在一定的范围内,有明显的强制性。标准来源于西方,它是在一定范围内获得最佳程序,是对活动或其结果规定共同和重复使用的规定、指南或特性的文件,并非都有强制性。

二、组织机构和职责

(一)交通标准化主管部门和主要职责

交通标准化主管部门归口管理交通标准化工作,其主要职责是:(1)贯彻国家标准化工作的法律、法规、方针、政策;(2)制定交通标准化工作规则,编制交通标准化规划和年度计划;(3)负责交通国家标准年度计划项目的申报;(4)组织交通标准的制修订、审查,负责交通行业标准的审批、发布;(5)组织交通标准的复审工作;(6)会同部有关业务司局组织交通标准的宣贯、实施和监督;(7)归口管理交通行业各专业标准化技术委员会;(8)组织参与相关国际标准化工作;(9)交通标准化工作有关的其他事宜。

(二)交通标准审查组

交通标准化主管部门委托有关单位设立交通标准审查组,其主要职责是:(1)负责交通标准的形式审查;(2)负责交通标准的归档和备案;(3)协助组织交通标准的复审;(4)开展交通标准化培训和咨询;(5)负责交通标准信息查询系统的管理和维护;(6)承办其他交通标准化工作。

(三)专业标准化技术委员会

专业标准化技术委员会是在一定专业领域内,从事标准化工作的技术工作组织,归口管理本专业技术领域的标准化工作,其主要职责是:(1)组织编制标准体系表;(2)组织提出交通标准制修订年度计划项目建议,报交通标准化主管部门;(3)组织相关交通标准的制修订和复审;(4)受标准化主管部门委托组织本专业标准送审稿的审查,提出审查结论意见;(5)负责开展相关交通标准的宣贯、培训和咨询;(6)负责编制本专业标准化技术委员会年度工作计划和年终总结报告,报交通标准化主管部门。

三、标准化计划、标准的制修订和审查

(一)标准化计划

交通标准的制修订实行计划管理,采用常年受理制度。单位和个人申报项目一般应通过相关专业标准化技术委员会,但也可直接向交通标准化主管部门提出。

交通标准化主管部门确定计划项目后,下达交通标准化年度计划,并与标准起草单位签订项目协议书。

标准计划项目在执行过程中原则上不得调整,确需调整的应提交申请报告说明调整理由,经交通标准化主管部门批准方可调整。申请未获批准,应按原定计划执行。

申报国家标准制修订计划项目,报交通标准化主管部门同意后,按照国家标准化管理委员会相关规定执行。

(二)标准的制修订

1. 制修订的原则

标准的制修订原则有:(1)有利于合理利用国家资源,推广科学技术成果,提高经济效益;(2)符合使用要求;(3)有利于产品的通用互换,做到技术上先进,经济上合理;(4)有利于保障人民的身体健康和安全,保护消费者的利益,保护环境;(5)有利于促进对外经济技术合作和对外贸易。

2. 标准的起草单位

标准的制修订应调动社会各方面的积极性,充分发挥行业协会、科研机构、大专院校和企业的作用。标准的起草单位应保障标准制修订所需的人员、设备及相关条件,对所制修订标准的质量及其技术内容负责。

主持标准制修订的人员应具有较高的技术水平,熟悉本专业技术发展动向,有一定的组织协调能力,能解决标准中出现的技术问题,掌握标准编写的相关规定。

3. 征求意见

标准制修订过程中应广泛征求意见。标准起草单位应将标准征求意见稿发送相关的管理、生产、经销、使用、科研、检验等单位及专业标准化技术委员会征求意见,也可通过网络向社会公开征求意见。征求意见的期限不超过两个月。

被征求意见的单位应在规定期限内回复意见,如没有意见也应复函说明。逾期不复函,按无异议处理。对比较重大的意见,应说明论据或提出技术经济论证。

4. 送审稿形成、报送、申请审查

标准起草单位对征集的意见进行归纳整理、分析研究,形成意见汇总处理表,并据此对标准进行修改,形成送审稿后报交通标准化主管部门申请审查。

5. 审查及修改

标准的审查由交通标准化主管部门或专业标准化技术委员会组织进行,标准审查可采用会议审查或函审,并应形成审查会会议纪要或函审结论。

标准起草单位应按审查会会议纪要或函审结论对标准进行修改,形成标准报批稿,连同其他报批材料报交通标准化主管部门。

修订标准、等同采用或修改采用国际标准和国外先进标准的标准,经交通标准化主管部门批准可采用快速程序。

四、标准的审批、发布、出版及复审

(一)审批和发布

行业标准由交通标准化主管部门审批、编号和发布,并向国务院标准化主管部门进行备案。国家标准由交通标准化主管部门审查后报国务院标准化主管部门审批、编号和发布。

(二)出版

行业标准由交通标准化主管部门指定的出版社出版,国家标准的出版按国家标准化主管部门的规定执行。

已发布的标准需做少量修改或补充时,由标准起草单位提出修改内容,报交通标准化主管部门审查批准后,发布"标准修改通知单"。

(三)复审

标准实施后,应适时进行复审,复审周期一般不超过五年。标准的复审可采用会议审查或函审,并形成复审结论。复审结论分为继续有效、修订和废止。确定修订的标准应列入年度标准化计划;确定废止的标准进行公告。

五、现行主要的与道路运输行政管理有关的国家标准及行业标准

(一)道路客货运车辆技术管理类

道路客货运车辆技术管理类标准有《道路车辆外廓尺寸、轴荷及质量限值》(GB 1589—2016)、《道路运输车辆综合性能要求和检验方法》(GB 18565—2016)、《营运客车燃料消耗量限值及测量方法》(JT 711—2008)、《营运货车燃料消耗量限值及测量方法》(JT 719—2008)、《营运车辆技术等级划分和评定要求》(JT/T 198—2016)、《营运客车类型划分及等级评定》(JT/T 325—2013)、《机动车运行安全技术条件》(GB 7258—2016)、《乡村公路营运客车结构和性能通用要求》(JT/T 616—2016)和《机动车强制报废标准规定》。

(二)维修类

维修类标准有《汽车维修业开业条件》(GB/T 16739—2014)和《摩托车维修业开业条件》(GB/T 18189—2008)。

(三)驾培类

驾培类标准有《机动车驾驶培训机构资格条件》(GB/T 30340—2013)和《机动车教练场技术要求》(GB/T 30341—2013)。

(四)危货运输类

危货运输类标准有《危险货物分类与品名编号》(GB 6944—2012)、《危险货物品名表》(GB 12268—2015)、《危险货物运输包装通用技术条件》(GB 12463—2009)、《道路运输液体危险货物罐式车辆第1部分:金属常压罐体技术要求》(GB 18564.1—2006)、《道路运输液体危险货物罐式车辆第2部分:非金属常压罐体技术要求》(GB 18564.2—2008)、《移动式压力容器安全技术监察规程》(TSG R0005—2011)、《汽车运输危险货物规则》(JT 617—2004)、《汽车运输、装卸危险货物作业规程》(JT 618—2004)、《道路运输危险货物车辆标志》(GB 13392—2005)、《农药贮运、销售和使用的防毒规程》(GB 12475—2006)、《放射性物质安全运输规程》(GB 11806—2004)、《放射性物质运输包装质量保证》(GB/T 15219—2009)、《民用爆炸物品品名表》(2006版)、《危险化学品目录》(2015版)和《剧毒化学品目录》(2015版)。

(五)站场类

站场类标准有《汽车客运站级别划分和建设要求》(JT/T 200—2004)、《交通客运站建筑设计规范》(JGJ/T 60—2012)、《汽车货运站(场)级别划分和建设要求》(JT/T 402—1999)和《集装箱公路中转站站级划分及设备配备》(GB/T 12419—2005)。

(六)其他

此外,现行主要的与道路运输行政管理有关的标准还有《出租汽车运营服务规范》(GB/T 22485—2013)。

复 习 题

1. 简述决策体制。
2. 简述决策的具体程序。
3. 简述交通法规的制定程序。
4. 简述行政处罚、行政许可、行政强制设定权限的区别。

第四章　道路运输行政执行总论

第一节　道路运输行政执行

执行,即贯彻、落实、推行、实施。行政执行是行政主体最基本的活动,各种与道路运输相关的行政管理法律、法规、规章、行业规划、非法源性规范性文件甚至行业技术标准等都离不开行政执行活动。行政执行有广义和狭义之分。从广义上讲,所有的行政机关都是执行机关,它们执行权力机关制定的法律、地方性法规等,并依法对国家各项事务进行管理。从这个角度看,行政管理就是一系列的行政执行。从狭义上讲,行政执行就是具有行政权的行政主体及其工作人员,根据决策机关制定的行政法规、行政规章、行政规划以及有关部门的指示、命令而采取的具体管理活动。

一、道路运输行政执行的概念和特征

(一) 道路运输行政执行的概念

道路运输行政执行是指县级以上交通运输主管部门及其所属的道路运输管理机构为了维护道路运输市场秩序、保障道路运输安全、保护道路运输有关各方当事人的合法权益、促进道路运输业的健康发展,执行相关法律、法规、规章和其他道路运输重大决策而采取的一系列具体行政管理活动。

理解道路运输行政执行的概念,要把握如下几点。

(1)道路运输行政执行的主体是县级以上交通运输主管部门及其所属的道路运输管理机构。执行主体主要表现为基层,但更高层次的道路运输行政主体也有执行职责。道路运输行政执行活动只能由道路运输行政主体来实施,其他任何组织及个人不能作为行政执行的主体,实施行政执行活动。

(2)国家相关道路运输的法律、法规、规章及其有关政策性文件是道路运输行政执行的主要依据。行政执行的任何一个环节都必须符合法律、法规的要求。超出法律、法规和相关政策的行政执行活动不具有法律效力,因此,运政人员在行政执法过程中要杜绝以权代法、以言代法和随意执法的恶劣现象。行政执行的过程就是依法行政的过程。

(3)道路运输行政执行的目标是实现道路运输行政管理目标。交通运输主管机关通过行政管理活动实现维护道路运输市场秩序、保障道路运输安全、保护道路运输有关各方当事人的合法权益、促进道路运输业的健康发展的具体目标,其具体手段包括许可、处罚、强制、指导等。

(4)道路运输行政执行的内容是全部行政活动过程。这种过程包括调动各种管理资源，比如人力、物力、财力、政策资源等内容。如果从整个执行过程来看，道路运输行政执行包括指挥、控制、沟通和协调等环节。

（二）道路运输行政执行的特征

(1)道路运输行政执行具有目标性。行政执行是具有很强目标性的行政管理活动。无论是何种行政执行，都要在决策目标的基础上实施，以保证执行方向沿着决策目标发展。道路运输行政执行的一切活动都必须服从达成行政目标的目的。每一个环节以及人、财、物、时间等管理要素都要围绕实现决策目标进行安排。管理要达到的目标越清晰，就越容易实现决策目标，行政效率也就越高。可见，道路运输行政执行是一种目的性很强的活动。

(2)道路运输行政执行行为多具有强制性和单方面性。道路运输行政是专业性的行政管理，是国家行政管理的一个分支，与所有行政管理一样，也具有强制性和单方面性的特点。道路运输行政执行的强制性是指：管理相对人必须履行道路运输行政主体做出的行政决定，否则，行政机关就可以采取行政强制执行手段（包括申请人民法院强制执行）。道路运输行政执行的单方面性是指：道路运输行政主体做出的行政行为具有下行执行的特点，即对道路运输行政管理相对人实施的管理，无需征得相对人的同意，权力单向下行。

(3)道路运输行政执行具有经常性。随着我国道路运输事业的迅速发展，道路运输活动涉及社会生产和人民生活的各个方面。行政管理活动日益繁重，行政执行成为一项经常性的工作。行政执行主体不仅要贯彻必要的决策，还要执行大量的例行决定。行政执行的主要内容是例行和经常性的。执行主体大部分时间和精力都在执行决策，这些经常性的行政执行行为得以保证国家道路运输活动有序进行。

(4)道路运输行政执行具有合法性。道路运输行政执行必须依法进行，其合法性表现在：首先，根据《中华人民共和国道路运输条例》的规定，实施道路运输行政管理的主体必须是县级以上的交通运输主管部门及其所属的道路运输管理机构，其他组织和个人无权进行道路运输行政管理；其次，各级道路运输行政管理机构必须在法定范围内进行行政管理，超越职权和滥用职权都是无效的不合法行为；再次，道路运输行政执行方式和内容都必须符合法律、法规和规章规定。

(5)道路运输行政执行具有灵活性。道路运输行政执行通常会面临复杂多变的具体环境，这就要求行政人员必须在坚持决策目标标准的前提下，根据具体多变的情况，审时度势，因地制宜、因时制宜，灵活处理，绝对不能主观教条。只有这样才能完成复杂的道路运输行政执行活动，实现道路运输行政决策目标。

二、道路运输行政执行的一般过程

一旦做出道路运输行政决策，并交由执行主体付诸实施，就开始进入了行政执行过程。做好一项行政执行工作，必须要严格按照既定程序，逐步实施。具体来说需要经过以下步骤。

（一）道路运输行政执行准备

准备工作做得是否到位，对整个行政执行过程影响甚远。根据道路运输活动庞杂和与社会各个方面紧密相关的特点,行政执行准备对整个执行过程关系重大。准备工作做不好,可能造成实际上的决策目标偏离和资源的浪费。

(1)制定道路运输行政执行工作计划。执行工作是为了实现目标的工作,必须要根据决策目标、执行主体、要求和所面临的主客观条件,对人力、物力、财力、时间,所采取的措施、办法、步骤等做出具体的执行计划。首先,要明确什么时间完成、通过什么方法、采用多少经费、运用多少人力、物力来达成决策目标。其次,行政执行计划主要内容有:对决策正确目标进行分解;计算并筹划人力、物力、财力;决定实施的步骤、方法及有关的制度、规定等。再次,制定行政执行计划要做到切合实际、合理可行。对动用资源的计算要具体精确,各项安排要具有很强的操作性;要有灵活性,要留有一定的变化调整余地;要顾及全面,统筹安排,能够前后衔接、左右平衡,切忌顾此失彼。

制定道路运输行政执行工作计划具有重要的作用。第一,可以使各种必需资源得到合理配置和使用,以降低执行成本和提高行政执行效率。第二,有利于工作人员增强工作的预见性,抓住执行时机,排除工作组可能遇到的障碍,确保行政执行工作顺利进行。第三,合理的工作计划有利于把执行过程处于一定的调控之中,保证执行工作符合法律、法规和相关政策。

(2)动员工作人员做好工作准备。在执行准备阶段,除了制定行政执行工作计划,还必须从组织上、思想上和物资上做好充分的准备。

要把执行工作落实到具体的机构和人员身上,并建立必要的监督管理制度。具体内容主要包括确定执行单位、配备人员、明确职权、确立制度环节。确定执行单位主要包括由本单位承担、下级执行单位或者新建执行机构等情况,并指明协作单位。配备领导人员要注意选择具有专业管理知识和技能,有一定组织协调能力,有扎实勤奋工作作风的合格人才。配备一般工作人员要注意选择那些正确领会决策意图、任劳任怨、埋头苦干的人员。在权力分配的时候,要通过适当的手段,授予必要的权力,做到职责明确,事权统一。此外,还要注意建立必要的监督管理制度,例如,检查制度、监督制度、考核制度、奖惩制度等。

在思想上,要求与行政执行相关的人员(包括领导、一般工作人员及管理相对人)对具体执行任务的目的、意义、内容、做法等都有充分的了解,形成必要的共识。只有这样,才能同心同德、协作共进,为实现决策目标而努力奋斗。

最后,相关部门要做好相关材料(包括办公用品、通信设备、文书档案、交通工具)和必要经费等物质准备工作。

(二)道路运输行政执行的实施

各项准备工作就绪以后,就可以进入实质性的工作阶段,即行政执行的实施阶段。这是整个行政执行过程的关键,它直接关系到行政执行能否获得理想的成果,行政决策目标能否实现。在行政执行的阶段,主要任务是要做好领导、沟通、协调和控制方面的工作。

(1)做好整个执行工作的领导工作。道路运输行政执行活动的参与人较多,分工较细,协作复杂,连续性强,各项工作环环相扣,相互制约,必须有高度统一和强有力的行政领导。行政领导的方式主要有口头领导、书面批示、会议部署、现场指挥等。不同的指挥方式具有不同的功效,适用于不同的场合,运用时要根据任务要求、时间条件、对象的不同而决定。但是不论采用何种方式,都要注意明确、坚定、果断、灵活,同时善于鼓励下属发挥自主创新精神,大胆开展工作。

行政执行过程的领导既要善于正确运用法定指挥权,敢于、善于、精于领导,积极主动地开展工作,也要特别注意加强自身思想作风的修养,发挥模范表率作用。

(2)做好整个执行过程中的沟通工作。这里所谓的沟通是指具体执行人员、领导人员、组织及管理相对人之间相互交流信息,谋求共识与合作的行为。在道路运输行政执行过程中,沟通是互通情报、掌握信息、鼓舞士气、加强团结、改善人际关系的重要手段,更是进行监督和控制的重要方式。

在沟通的过程中,需要注意的是:善于运用正确的语言,正确全面的传递相关执行信息;要针对信息接受者不同情况,注意沟通方式,力争收到良好效果;还要注意扫除沟通障碍,保证沟通畅通;注意沟通信息的时效性,保证沟通的信息有价值;要实现沟通技术和手段的现代化,加快信息传递速度,保证信息交流的及时性和准确性。

(3)做好协调工作。从整体方面来看,一项道路运输行政政策的执行过程中,必然会涉及社会各个方面和各个行政部门。从政策执行本身来看,也牵扯到个协作部门、专业职能部门和不同工作的人员。由于参与执行活动的各个部门的工作职责、目标、地位不同,各类人员的知识、经验、性格、智能水平、观察角度不同;再加上各方面的利益关系,易引起矛盾和摩擦。他们之间要建立良好的协作关系、配合关系,实现行政目标,富有效率的协调工作是必不可少的。

在协调工作中,领导者必须要做到:从公共利益出发、顾全大局,坚持原则;对可能出现的问题要及早预见,及早采取措施,避免慌乱应付;注意政策相对稳定性,切忌朝令夕改、变化无常,还要避免领导内部的权力和职责不清,滥用权力。

(4)充分重视监督和控制。在行政执行过程中,对执行工作的监督和控制是保证决策目标顺利实现的前提。由于利益的差别和权力寻租的广泛存在,任何一项行政工作都有可能因为利益矛盾和腐败行为而偏离预定的轨道,一旦出现偏离,极有可能造成政策执行半途而废或达不到预定目标,势必会浪费大量资源。因此,主动采取必要的监督和控制,可以防止和纠正偏差行为,对稳定道路运输行政秩序、调控管理过程、控制成本等方面,都具有重要的作用。

实现有效的监督控制要做到:建立符合实际、具体明确、可供考核和检查的完整的控制目标体系;把行政执行的过程置于有效的监督控制之中,保证信息反馈的畅通,要特别注意监测外来的不确定因素和内在的不一致因素;一般要按照层级进行监督控制,把握好控制重点,保证纠偏准确。

(三)道路运输行政执行的总结

总结工作是行政执行活动的最后一环,但却又是一系列新的执行活动的开始。对于道路运输行政执行来说,执行工作纷繁复杂,但基本上是程序性的工作,需要及时总结,以便接下来的工作能参照经验,顺利执行。因此,一项行政执行任务基本完成后,要对整个执行情况进行全面的衡量评价,肯定成绩,总结经验,找出不足,提出下一步工作的设想,以利于发扬成绩,修正错误,不断前进。

(1)工作总结的基本内容。工作总结一般都是在决策目标实现之后进行。有些涉及面较广的道路运输行政决策项目的完成需要较长时间,可划分为若干阶段,需分别做出阶段性的工作总结。一般来说,工作总结应包括以下三个方面内容。第一,对行政执行任务的完成情况进行全面对照检查:是否达成了目标,是否完成了任务,以及执行进度、经费支出、人员使用、机构效能等方面:是否达到预期要求。第二,对行政执行的单位和人员进行实事求是的考核和奖惩。第三,就行政执行的情况提出经验教训,使之上升为理论的认识,以提高今后工作的科学性。

(2)工作总结的基本方法。基于道路运输行政管理相对人较多、事务繁杂,常用的总结方法有以下两种。第一,执行者管理相对人共同参与总结。充分发动参与执行的全体人员和管理相对人参加总结,广开言路,博纳见闻,集思广益。这样做,既有利于对行政执行工作做出全面的、实事求是的评价和分析;也有利于管理相对人真正参与行政,从中受到激励和教育,从而自愿参与行政管理,服从管理。第二,上下互动式总结。一般情况下,行政执行总结应自下而上地进行,即由基层执行单位先总结,上级部门再集中。但有时也需要自行上而下地总结,给下面的总结做出指导。自下而上和自上而下相结合地进行总结,既有利于下级单位扩充视野,增强全局观念;也有利于克服官僚主义,全面了解实情。

根据以上行政许可体质论述,结合道路运输行政许可工作实践,现代道路运输行政许可体制可以总结为:班线客运许可体制实行省市县三级许可体制;危货运输许可权归属市级道路运输管理机构,其他货物运输经营许可权归属县级道路运输管理机构;危货从业资格许可权归属地级市交通运输主管部门,其他从业资格许可权归属地级市道路运输管理机构;城市公共汽电车客运和出租汽车运营许可权归属城市人民政府确定的有关政府部门;国际道路运输许可权归属省级道路运输管理机构;其他许可权按照属地原则集中在县级道路运输管理机构,主要包括县级区域内的客运、普通货运、站(场)经营、机动车维护、驾驶员培训。

第二节 道路运输行政许可实施

道路运输行政许可实施,是指交通运输行政主管部门及其所属的道路运输管理机构为公民、法人或者其他组织具体办理行政许可的行为,是重要的行政执行行为。

一、实施行政许可的主体

(一)交通运输行政主管部门

行政许可作为一项重要的行政权力,原则上只能由行政机关实施。因此,行政许可法规定,行政许可由具有行政许可权的行政机关在其法定职权范围内实施。

(二)法律、法规授权的道路运输管理机构

法律、法规授权的具有管理公共事务职能的组织,在法定授权范围内,可以自己的名义实施行政许可。目前,全国大部分道路运输管理机构根据《中华人民共和国道路运输条例》的授权,已成为法律、法规授权的组织。

需要指出的是,行政许可法规定,受委托进行行政许可的主体必须是行政机关,法律、法规授权的组织不能被委托进行行政许可。因此,在道路运输行政许可领域,不存在交通运输行政主管部门委托法律、法规授权的道路运输管理机构进行行政许可的法律依据。道路运输管理机构既不能是委托行政许可的委托人,也不能是受托人。但交通运输主管部门可以依法成为委托者或受托者。

(三)实施体制

行政许可实施体制改革的核心是许可权的集约化行使。从许可程序看,许可权可以划分为受理、审核、决定等步骤。决定权是许可权的核心和关键,但是受理、审核等也是许可权的组成部分,其与最终的决定权之间具有紧密的联系。改革实践中,既有受理权、送达权等程序的集中(如集中受理、集中送达),也有审核权、决定权等行政许可实质权限的集中。

为了方便群众,提高行政效率,根据行政管理体制改革的精神,行政许可的实施体制主要包括以下几方面。

1)实质集中行政许可权

经国务院批准,省、自治区、直辖市人民政府根据精简、统一、效能的原则,可以决定一个行政机关行使有关行政机关的行政许可权。实际集中分为横向集中和纵向集中。

横向集中是将相同行政层级的不同行政机关的行政许可事项进行集中。横向集中不改变层级管理体制,可以有效减少行政许可,缺陷是可能导致计划、许可、检查、监督、处罚等权力分离,不利于统筹管理和协调运行。按照横向集中的程度还可以进一步分为:分口集中和全面集中。某地区县政府设立行政审批局,属于横向集中。

纵向集中是指不同层级的行政机关之间许可权限的集中。纵向集中模式的优点是在同一系统中,专业性差异不大,也不涉及计划、许可、监督、处罚等权力的分离,利于行政机关综合运用多种权力进行综合管理,缺陷打破了对层级管理体制。

2)程序性集中行政许可权

(1)"一个窗口"对外。

行政许可需要行政机关内设的多个机构办理的,该行政机关应当确定一个机构统一受理行政许可申请,统一送达行政许可决定。

(2)统一办理、联合办理或者集中办理。

行政许可依法由地方人民政府两个以上部门分别实施的,本级人民政府可以确定一个部门受理行政许可申请并转告有关部门分别提出意见后统一办理,或者组织关部门联合办理、集中办理。实践中广泛存在的行政服务中心模式是"集中办理、联合办理"的载体,并未改变传统的条块分割的行政许可模式。

二、实施道路运输行政许可的通用程序

行政程序是保证行政权力正确行使的关键。按照公开、效能与便民的原则,行政许可法对行政许可的申请、受理、审查、决定和时限做了明确规定。

(一)申请与受理

1. 申请

1)申请书及方式

公民、法人或者其他组织从事特定道路运输及相关业务活动,依法需要取得行政许可的,应当向有关的道路运输行政主体提出申请。申请人可以委托代理人提出行政许可申请。但是,依法应当由申请人到道路运输行政主体办公场所提出行政许可申请的除外。行政许可申请可以通过信函、电报、电传、传真、电子数据交换和电子邮件等方式提出。

申请人申请行政许可,应当如实向关道路运输行政主体提交有关材料和反映真实情况,并对其申请材料实质内容的真实性负责。

2)有关道路运输行政主体的职责

申请书需要采用格式文本的,道路运输行政主体应当向申请人提供行政许可申请书格式文本。申请书格式文本中不得包含与申请行政许可事项没有直接关系的内容。

道路运输行政主体应当将法律、法规、规章规定的有关行政许可的事项、依据、条件、数量、程序、期限以及需要提交的全部材料的目录和申请书示范文本等在办公场所公示。道路运输行政主体不得要求申请人提交与其申请的行政许可事项无关的技术资料和其他材料。

申请人要求行政机关对公示内容予以说明、解释的,行政机关应当说明、解释,提供准确、可靠的信息。

道路运输行政主体应当建立和完善有关制度,推行电子政务,在其网站上公布行政许可事项,方便申请人采取数据电文等方式提出行政许可申请;应当与其他行政主体共享有关行政许可信息,提高办事效率。

2. 处理

道路运输行政主体对申请人提出的行政许可申请,应当根据下列情况分别做出处理。

(1)不受理。申请事项依法不需要取得行政许可的,应当即时告知申请人不受理。

(2)不予受理并告知向有关行政机关申请。申请事项依法不属于本道路运输行政主体职权范围的,应当即时做出不予受理的决定,并告知申请人向有关行政机关申请。

(3)当场更正。申请材料存在可以当场更正的错误的,应当允许申请人当场更正。

(4)一次告知。申请材料不齐全或者不符合法定形式的,应当当场或者在5日内一次告知申请人需要补正的全部内容,逾期不告知的,自收到申请材料之日起即为受理。

(5)受理。申请事项属于本行政机关职权范围,申请材料齐全、符合法定形式,或者申请人按照本行政机关的要求提交全部补正申请材料的,应当受理行政许可申请。

道路运输行政主体受理或者不予受理行政许可申请,应当出具加盖本行政机关专用印章和注明日期的书面凭证。

(二)审查与决定

1. **形式审查和当场许可**

道路运输行政主体应当对申请人提交的申请材料进行审查。

申请人提交的申请材料齐全、符合法定形式,道路运输行政主体能够当场做出决定的,应当场做出书面的行政许可决定。

2. 实质审查

1) 两人核查

根据法定条件和程序,需要对申请材料的实质内容进行核实的,道路运输行政主体应当指派两名以上工作人员核查申请材料反映的情况是否与法定的行政许可条件相一致。

2) 实质审查方式

可以采用以下方式进行实质审查:当面询问与申请人及申请材料内容有关的相关人员;根据申请人提交的材料之间的内容相互进行印证;根据(道路运输行政主体)掌握的有关信息与申请材料进行印证;请求其他行政机关协助审查申请材料的真实性;调取查阅有关材料,核实申请材料的真实性;对有关设备、设施、工具、场地进行实地核查,依法进行检验、勘验、监测;听取利害关系人意见;举行听证;召开专家评审会议审查申请材料的真实性。

3) 告知利害关系人并听取意见

有关道路运输行政主体对道路运输行政许可申请进行审查时,发现行政许可事项直接关系他人重大利益的,应当告知利害关系人,向该利害关系人送达《道路运输行政许可征求意见通知书》及相关材料(不包括涉及申请人商业秘密的材料)。利害关系人有权在接到上述通知之日起5日内提出意见,逾期未提出意见的视为放弃上述权利。有关道路运输行政主体应当将利害关系人的意见及时反馈给申请人。申请人、利害关系人有权进行陈述和申辩。道路运输行政主体应当听取申请人、利害关系人的意见。

4) 做出许可或不许可的决定

道路运输行政主体对行政许可申请进行审查后,除当场做出行政许可决定的外,应当在法定期限内按照规定程序做出行政许可决定。

申请人的申请符合法定条件、标准的,道路运输行政主体应当依法作出准予行政许可的书面决定。

道路运输行政主体依法作出不予行政许可的书面决定的,应当说明理由,并告知申请人享有依法申请行政复议或者提起行政诉讼的权利。

5) 颁发许可证等

道路运输行政主体做出准予行政许可的决定,需要颁发行政许可证件的,应当向申请人颁发加盖本行政机关印章的下列行政许可证件:许可证执照或者其他许可证书;资格证资质证或者其他合格证书;法律、法规规定的其他行政许可证件。

6) 公开及地域效力

道路运输行政主体做出的准予行政许可决定,应当予以公开,公众有权查阅。

法律、行政法规设定的行政许可,其适用范围没有地域限制的,申请人取得的行政许可在全国范围内有效。

(三) 期限

1. 普通期限

除可以当场作出行政许可决定的外,道路运输行政主体应当自受理行政许可申请之日起 20 日内作出行政许可决定。20 日内不能做出决定的,经本道路运输主体负责人批准,可以延长 10 日,并应当将延长期限的理由告知申请人。但是,法律、法规另有规定的,依照其规定。

2. 特殊期限

行政许可采取统一办理或者联合办理、集中办理的,办理的时间不得超过 45 日;45 日内不能办结的,经本级人民政府负责人批准,可以延长 15 日,并应当将延长期限的理由告知申请人。

3. 颁发、送达证件期限

道路运输行政主体做出的准予行政许可决定,应当自做出决定之日起 10 日内向申请人颁发、送达行政许可证件,或者加贴标签,加盖检验、检测、检疫印章。

4. 不计入期限的时间

道路运输行政主体做出行政许可决定,依法需要听证、招标、拍卖、检验、检测、检疫、鉴定和专家评审的,所需时间不计算在本节规定的期限内。道路运输行政主体应当将所需时间书面告知申请人。

(四) 符合条件下的听证程序

1. 听证种类

(1) 主动听证。法律、法规、规章规定实施道路运输行政许可应当听证的事项,或者道路运输行政许可实施机关认为需要听证的其他涉及公共利益的行政许可事项,实施机关应当在做出道路运输行政许可决定之前,向社会发布《交通行政许可听证公告》,公告期限不少于 10 日。

(2) 被动听证。行政许可直接涉及申请人与他人之间重大利益关系的,道路运输行政主体在作出行政许可决定前,应当告知申请人、利害关系人享有要求听证的权利;申请人、利害关系人在被告知听证权利之日起 5 日内提出听证申请的,道路运输行政主体应当在 20 日内组织听证。

申请人、利害关系人不承担道路运输行政主体组织听证的费用。

2. 听证程序

(1) 道路运输行政主体应当于举行听证的 7 日前将举行听证的时间、地点通知申请人和利害关系人,必要时予以公告。

(2) 听证应当公开举行。

(3) 道路运输行政主体应当指定审查该行政许可申请的工作人员以外的人员为听证主持人,申请人、利害关系人认为主持人与该行政许可事项有直接利害关系的,有权申请让其回避。

(4) 举行听证时,审查该行政许可申请的工作人员应当提供审查意见的证据、理由,申请人、利害关系人可以提出证据,并进行申辩和质证。

(5) 听证应当制作笔录,听证笔录应当交听证参加人确认无误后签字或者盖章。

道路运输行政主体应当根据听证笔录,做出行政许可决定。听证笔录应当包括下列事项;事由;举行听证的时间、地点和方式;听证主持人、记录人等;申请人姓名或者名称、法定代理人及其委托代理人;利害关系人姓名或者名称、法定代理人及其委托代理人;审查该行政许可申请的工作人员;审查该行政许可申请的工作人员的审查意见及证据、依据、理由;申请人、利害关系人的陈述、申辩、质证的内容及提出的证据;其他需要载明的事项。

道路运输行政主体应当建立健全道路运输行政许可档案制度,及时归档,妥善保管道路运输行政许可档案材料。

(五)变更与延续

1. 变更

被许可人要求变更行政许可事项的,应当向作出行政许可决定的道路运输行政主体提出申请;符合法定条件、标准的,道路运输行政主体应当依法办理变更手续。

2. 延续

被许可人需要延续依法取得的行政许可的有效期的,应当在该行政许可有效期届满30日前向作出行政许可决定的道路运输行政主体提出申请。但是,法律、法规、规章另有规定的,依照其规定。

道路运输行政主体应当根据被许可人的申请,在该行政许可有效期届满前做出是否准予延续的决定;逾期未作决定的,视为准予延续。

(六)特别程序说明

实施行政许可的程序,特别程序优于一般程序。特别程序主要包括以下内容。

1. 招标拍卖程序

(1)方式的确定。实施特别行政许可的,道路运输行政主体应当通过招标、拍卖等公平竞争的方式做出决定。但是,法律、行政法规另有规定的,依照其规定。根据国办发[2000]74号《国务院办公厅转发交通部等部门关于清理整顿道路客货运输秩序意见的通知》中"停止道路客货运输经营权有偿出让,减轻经营业主的负担"的规定,实际上叫停了以拍卖方式做出道路客货运经营权许可决定。根据国办发[2016]58号《国务院办公厅关于深化改革推进出租汽车行业健康发展的指导意见》,"新增出租汽车经营权全部实行无偿使用,并不得变更经营主体"。由此可以看出,拍卖方式实际上已被禁止。就竞争性方式而言,道路运输班线经营权配置管理和巡游车的车辆经营权配置只能通过服务质量招投标方式做出许可决定。

(2)具体程序的确定。道路运输行政主体通过拍卖等方式做出行政许可决定的具体程序依照有关法律、行政法规的规定(具体包括《中华人民共和国招标投标法》《中华人民共和国招标投标法实施条例》等)。

(3)道路运输行政许可决定。道路运输行政主体按照招标、拍卖程序确定中标人、买受人后,应当做出准予行政许可的决定,并依法向中标人、买受人颁发行政许可证件。

(4)救济途径。道路运输行政主体违法不采取招标方式,或者违反招标程序,损害申请人合法权益的,申请人可以依法申请行政复议或者提起行政诉讼。

2.认可程序

(1)赋予公民特定资格。赋予公民特定资格,在道路运输行政许可领域,主要表现为道路运输从业资格和出租车从业资格两大类,行政许可的实施部门既有交通运输主管部门,也有道路运输管理机构。赋予公民特定资格,依法应当举行国家考试的,道路运输行政主体根据考试成绩和其他法定条件做出行政许可决定。

公民特定资格的考试依法由道路运输行政主体组织实施,公开举行。道路运输行政主体应当事先公布资格考试的报名条件、报考办法、考试科目以及考试大纲。但是,不得组织强制性的资格考试的考前培训,不得指定教材或者其他助考材料。

(2)赋予组织特定的资格、资质。根据国务院有关决定,道路运输主体赋予道路运输企业特定的资格、资质行政许可权被取消,改由道路运输企业协会根据企业资源进行民间评审。

3.核准程序

道路运输行政许可的工作实务中,实际上没有仅仅通过核准结果(如检测结果)就能做出道路运输行政许可决定的现象。车辆通过检测达到车辆技术要求,仅是道路运输行政许可条件之一。许可后的市场监管手段,也涉及检测问题。核准应当按照技术标准、技术规范依法进行检测,行政机关根据检测的结果做出行政许可决定。

4.有数量限制的行政许可

有数量限制的行政许可,两个或者两个以上申请人的申请均符合法定条件、标准的,道路运输行政主体应当根据受理行政许可申请的先后顺序做出准予行政许可的决定。但是,法律、行政法规另有规定的,依照其规定。

三、实施道路运输行政许可的费用

(一)不收费为原则,收费为例外

道路运输行政主体实施行政许可和对行政许可事项进行监督检查,不得收取任何费用。但是,法律、行政法规另有规定的,依照其规定。《中华人民共和国道路运输条例》第八十一条规定"道路运输管理机构依照本条例发放经营许可证件和车辆营运证,可以收取工本费。工本费的具体收费标准由省、自治区、直辖市人民政府财政部门、价格主管部门会同同级交通主管部门核定。"

道路运输行政主体提供行政许可申请书格式文本,不得收费。道路运输行政主体实施行政许可所需经费应列入本行政机关的预算,由本级财政予以保障,按批准的预算予以核拨。

(二)收取费用的管理

道路运输行政主体实施行政许可,依照法律、行政法规收取费用的,应当按照公布的法定项目和标准收费;所收取的费用必须全部上缴国库,任何机关或者个人不得以任何形式截留、挪用、私分或者变相私分。财政部门不得以任何形式向道路运输行政主体返还或者变相返还实施行政许可所收取的费用。

第三节 道路运输行政处罚实施

一、道路运输行政处罚主体

(一)交通运输主管部门等行政机关

道路运输行政处罚由具有行政处罚权的交通运输主管部门在法定职权范围内实施。例如,在实行交通运输综合执法改革的广东省交通运输执法系统,道路运输行政处罚的实施机关就是各级交通运输主管部门,各级交通运输综合执法局仅是内设机构,没有独立执法的名义。与出租汽车运营服务有关的行政处罚,一般由直辖市、设区的市级或者县级交通运输主管部门实施。特殊情况下,由城市人民政府指定的其他出租汽车行政主管部门实施。

(二)法律、法规授权的道路运输管理机构等组织

1.交通运输综合执法组织

道路运输行政处罚由具有行政处罚权的综合交通运输执法组织在法律、法规授权范围内实施。例如,在实行交通运输综合执法改革的重庆市交通运输执法系统,道路运输行政处罚的实施机关就是各级交通运输主管部门所属综合执法局组织,这些综合执法组织是各级交通运输主管部门外设独立的直属机构,有独立执法的主体资格。

2.各级道路运输管理机构

道路运输行政处罚法律、法规授权的各级道路运输管理机构在法定授权范围内实施行政处罚。这里所说的道路运输管理机构指各级交通运输主管部门依法设立并隶属其管理的履行道路运输管理职责的事业单位。

二、道路运输行政处罚的管辖和适用

(一)管辖

1.地域管辖

道路运输行政处罚由违法行为发生地的县级以上地方人民政府具有行政处罚权的道路运输行政主体管辖,法律、行政法规另有规定的除外。

2.指定管辖

对管辖发生争议的,依法报请共同的上一级道路运输行政主体指定管辖。

3.案件移送

违法行为构成犯罪的,道路运输行政主体必须将案件移送司法机关,依法追究刑事责任。

(二)适用

1.责令改正

道路运输行政主体实施行政处罚时,应当责令当事人改正或者限期改正违法行为。

2. 一事不二罚

对当事人的同一个违法行为,不得给予两次以上罚款的行政处罚。

3. 对未成年人处罚的适用要求

不满十四周岁的人有违法行为的,不予行政处罚,责令监护人加以管教;已满十四周岁不满十八周岁的人有违法行为的,从轻或者减轻行政处罚。

4. 对精神病人处罚的适用要求

精神病人在不能辨认或者不能控制自己行为时有违法行为的,不予行政处罚,但应当责令其监护人对其严加看管和治疗。间歇性精神病人在精神正常时有违法行为的,应当给予行政处罚。

5. 依法从轻或者减轻的情形

当事人有下列情形之一的,应当依法从轻或者减轻行政处罚:(1)主动消除或者减轻违法行为危害后果的;(2)受他人胁迫有违法行为的;(3)配合行政机关查处违法行为有立功表现的;(4)其他依法从轻或者减轻行政处罚的。

6. 不予处罚情形

违法行为轻微并及时纠正,没有造成危害后果的,不予行政处罚。

7. 处罚时效

违法行为在两年内未被发现的,不再给予行政处罚,法律另有规定的除外。期限计算,从违法行为发生之日起计算;违法行为有连续或者继续状态的,从行为终了之日起计算。

三、道路运输行政处罚程序

(一) 做出道路运输行政处罚决定的总体要求

1. 查明事实

公民、法人或者其他组织违反行政管理秩序的行为,依法应当给予行政处罚的,道路运输行政主体必须查明事实;违法事实不清的,不得给予行政处罚。

2. 履行告知义务

道路运输行政主体在做出行政处罚决定之前,应当告知当事人作出行政处罚决定的事实、理由及依据,并告知当事人依法享有的权利。

3. 听取当事人陈述和申辩

当事人有权进行陈述和申辩。道路运输行政主体必须充分听取当事人的意见,对当事人提出的事实、理由和证据,应当进行复核;当事人提出的事实、理由或者证据成立的,应当采纳。

道路运输行政主体不得因当事人申辩而加重处罚。

4. 做出处罚决定

道路运输行政主体做出行政处罚决定时,应当做到:

(1)事实清楚,证据确凿,适用法律准确;

(2)正确行使自由裁量权,不得做出显失公正的行政处罚;

(3)严格履行程序规定,不得违反法定程序;

(4) 适用并规范填制规定的文书;

(5) 坚持处罚与教育相结合的原则,注重执法效果,既要对违法行为人依法进行处罚,也要纠正违法行为,不得以罚代管;

(6) 依法维护当事人享有的合法权利,不得拒绝当事人行使合法权利的请求。

(二) 简易程序

1. 简易程序的适用条件

违法事实确凿并有法定依据,对公民处以五十元以下、对法人或者其他组织处以一千元以下罚款或者警告的行政处罚的,可以当场做出行政处罚决定。

2. 简易程序内容

道路运输行政执法人员适用简易程序当场做出行政处罚的,应当按照以下步骤实施。

(1) 出示执法证件。执法人员当场做出行政处罚决定的,应当向当事人出示执法身份证件并查明对方身份。

(2) 收集证据。制作检查、询问笔录,收集必要的证据。

(3) 履行告知义务。告知当事人违法事实、处罚理由和依据。告知当事人享有的权利与义务。

(4) 听取当事人陈述和申辩并进行复核。当事人提出的事实、理由和证据成立的,应当采纳。

(5) 做出处罚决定。制作统一编号的行政(当场)处罚决定书并当场交付当事人,并告知当事人可以依法申请行政复议或提起行政诉讼。行政处罚决定书应当载明当事人的违法行为、行政处罚依据、罚款数额、时间、地点以及行政机关名称,并由执法人员签名或者盖章。

(6) 当事人在行政(当场)处罚决定书上签字。

(7) 做出当场处罚决定之日起5日内,将行政(当场)处罚决定书副本提交所属道路运输行政主体备案。

(三) 一般程序

1. 立案

1) 应予立案的道路运输行政案件来源及立案期限

除依法可以当场做出的行政处罚外,道路运输行政主体应通过举报、其他机关移送、上级机关交办等途径,发现公民、法人或其他组织有依法应当处以行政处罚的行政违法行为,应当自发现之日起7日内决定是否立案。

道路运输行政主体主动实施监督检查过程中发现的违法案件,可不经过立案环节。

2) 立案审批

立案应当填写立案审批表,同时附上相关材料(现场笔录、举报记录、上级机关交办或者有关部门移送的材料、当事人提供的材料、监督检查报告等),由道路运输行政主体负责人批准。

对于决定立案的,道路运输行政主体负责人应当指定办案机构和两名以上办案人员负责调查处理。

3) 不予立案

对于不予立案的举报,经道路运输行政主体负责人批准后,将不予立案的理由告知具名的举报人。道路运输行政主体应当将不予立案的相关情况作书面记录留存。

2. 调查取证

1) 总体要求

按程序立案或者道路运输行政主体主动实施监督检查发现的案件,办案人员应当全面、客观、公正地进行调查,收集、调取证据,并可以依照法律、法规的规定进行检查。首次向案件当事人收集、调取证据的,应当告知其有申请办案人员回避的权利。

2) 办案人员人数和身份证明

办案人员调查案件,不得少于两人。办案人员调查取证时,应当出示行政执法身份证件。需委托其他单位或个人协助调查、取证的,应当制作并出具协助调查通知书。

3) 证据收集

(1) 证据的概念和种类。

证据是指能够证明行政处罚案件真实情况的材料。办案人员应当依法收集与案件有关的证据。证据包括以下几种:书证、物证、视听资料、证人证言、当事人的陈述、鉴定结论、勘验笔录、现场笔录。

(2) 收集证据的总体要求。

办案人员所收集的证据应当满足以下要求。第一,合法性。合法主体按照法定程序收集取得的事实,并且符合法律、法规、规章等关于证据的规定。第二,真实性。证据符合客观事实。第三,关联性。证据和所实施的具体行政行为有关联并对证明其违法行为具有实际意义的事实。

(3) 向当事人及证人的取证要求。

办案人员询问当事人及证人的,应当个别进行。询问应当制作询问笔录。询问笔录制作完成后应当交被询问人核对;对阅读有困难的,应当向其宣读。询问涉及国家秘密、商业秘密和个人隐私的,道路运输行政主体和办案人员应当保守秘密。

(4) 书证取证要求。

办案人员应当收集、调取与案件有关的原始凭证作为证据;调取原始证据有困难的,可以提取复制件、影印件或者抄录本,标明"经核对与原件无误",注明出证日期、证据出处,并签名或者盖章。

(5) 视听资料、计算机数据取证要求。

对于视听资料、计算机数据,办案人员应当收集有关资料的原始载体。收集原始载体有困难的,可以收集复制件,并注明制作方法、制作时间、制作人等情况。声像资料应当附有该声像内容的文字记录。

(6) 勘验笔录制作要求。

对有违法嫌疑的物品或者场所进行勘验(检查)时,应当有当事人或者第三人在场,并制作勘验(检查)笔录,载明时间、地点、事件等内容,由办案人员、当事人、第三人签名或者盖章。必要时,可以采取拍照、录像等方式记录现场情况。

(7) 物证抽样取证要求。

道路运输行政主体抽样取证时,应当有当事人在场,办案人员应当制作抽样取证凭证,对样品加贴封条,开具物品清单,由办案人员和当事人在封条和相关记录上签名或者盖章。

法律、法规、规章或者国家有关规定对抽样机构或者方式有规定的,道路运输行政主体应当委托相关机构或者按规定方式抽取样品。

（8）鉴定结论的有关要求。

为查明案情，需要对案件中专门事项进行鉴定的，道路运输行政主体应当出具载明委托鉴定事项及相关材料的委托鉴定书，委托具有法定鉴定资格的鉴定机构进行鉴定；没有法定鉴定机构的，可以委托其他具备鉴定条件的机构进行鉴定。鉴定机构应当出具载有鉴定结论的鉴定意见书。

（9）证据先行登记保存措施。

在证据以后难以取得或者可能灭失的情况下，道路运输行政主体可以对与涉嫌违法行为有关的证据采取先行登记保存措施。

采取先行登记保存措施或解除先行登记保存措施，应经道路运输行政主体负责人批准。

先行登记保存有关证据，应当当场清点，开具证据登记保存清单，由当事人和办案人员签名或者盖章，当场交当事人一份。

对于先行登记保存的证据，道路运输行政主体应当在7日内采取以下措施，并制作证据登记保存处理决定书：根据情况及时采取记录、复制、拍照、录像等证据保全措施；需要鉴定的，及时送交有关部门鉴定；违法事实成立，应当予以没收的，做出行政处罚决定，没收违法物品；违法事实不成立，或者违法事实成立但依法不应当予以查封、扣押或者没收的，决定解除先行登记保存措施。逾期未做出处理决定的，先行登记保存措施自动解除。

（10）人身或住所地检查。

必须对公民的人身或者住所进行检查的，应当依法提请公安机关执行，道路运输行政主体予以配合。

办案人员在调查取证过程中，要求当事人在笔录或者其他材料上签名、盖章或者以其他方式确认，当事人拒绝到场、拒绝签名、盖章或以其他方式确认，或者无法找到当事人的，办案人员应当在笔录或其他材料上注明原因，必要时可邀请有关人员作为见证人。

3. 回避问题的处理

当事人认为办案人员与案件有直接利害关系的，有权填写回避申请书，申请办案人员回避；办案人员认为自己与案件有直接利害关系的，应当申请回避。

道路运输行政主体应当在3日内决定办案人员是否回避。办案人员的回避，由道路运输行政主体负责人决定。回避决定做出之前，办案人员不得停止对案件的调查处理。

同意当事人的回避申请的，道路运输行政主体应当制作并向当事人送达《同意回避申请决定书》；不同意当事人的回避申请的，应当制作并向当事人送达《驳回回避申请决定书》。

4. 处理建议

案件调查结束后，办案人员应当按照以下方式处理。

（1）认为违法事实成立，应当予以行政处罚的，制作违法行为调查报告，连同立案审批表和证据材料，移送本道路运输行政主体负责法制工作的内设机构进行审核。违法行为调查报告应当包括当事人的基本情况、违法事实、相关证据及其证明事项、案件性质、自由裁量理由、处罚依据、处罚建议等。

（2）认为违法事实不成立，应当予以销案的；或者违法行为轻微，没有造成危害后果，不予行政处罚的；或者案件不属于本单位管辖应当移交其他单位管辖的；或者涉嫌犯罪应当移送司法机关的,应当制作违法行为调查报告,说明拟做处理的理由,移送本道路运输行政主体负责法制工作的内设机构进行审核,根据不同情况分别处理。

5. 责令当事人立即或在一定期限内纠正其违法行为

道路运输行政主体在调查过程中发现当事人的违法行为,可以制作责令改正通知书,责令当事人立即或在一定期限内纠正其违法行为。

6. 法制机构和执法机关负责人核审案件

1）法制机构审核的主要内容

道路运输行政主体负责法制工作的内设机构审核案件采取书面形式进行,主要内容包括:案件是否属于本道路运输行政主体管辖;当事人的基本情况是否清楚;案件事实是否清楚,证据是否确实、充分;定性是否准确;适用法律、法规、规章是否准确;行政处罚是否适当;办案程序是否合法。

2）提出书面审核意见

道路运输行政主体负责法制工作的内设机构应当根据下列规定提出书面审核意见：①违法事实清楚,证据确实、充分,行政处罚适当,办案程序合法的,同意办案机构的意见,建议报批后告知当事人;②违法事实清楚,证据确实、充分,但定性不准、适用法律不当、行政处罚不当的,建议办案机构修改;③违法事实不清,证据不足的,建议办案机构补正;④办案程序不合法的,建议办案机构纠正;⑤不属于道路运输行政主体管辖的,建议移送其他有管辖权的机关处理。

3）退卷后,办案人员报送负责人审查批准

道路运输行政主体负责法制工作的内设机构审核完毕后,应当及时退卷。办案人员应将违法行为调查报告、案卷及审核意见及时报道路运输行政主体负责人审查批准决定。

7. 告知当事人拟作出行政处罚的内容和救济权利

道路运输行政主体负责人对违法行为调查报告批准后,拟对当事人予以行政处罚的,办案人员应当制作违法行为通知书,以道路运输行政主体的名义,告知当事人拟做出行政处罚的事实、理由、依据、处罚内容,并告知当事人依法享有陈述、申辩权或听证权。

办案人员可以将违法行为通知书直接送达当事人,也可以委托当事人所在地的道路运输行政主体代为送达,还可以采取邮寄送达的方式送达当事人。

采用上述方式无法送达的,道路运输行政主体可以采取留置、公告的方式送达当事人。

8. 当事人陈述申辩,依法要求听证

道路运输行政主体在告知当事人拟做出的行政处罚后,当事人要求陈述申辩的,应当制作陈述申辩书,如实记录当事人的陈述申辩意见。当事人要求组织听证的,道路运输行政主体应当按照下述规定组织听证。

9. 听取当事人意见并复核

道路运输行政主体应当充分听取当事人的意见,对当事人提出的事实、理由、证据认真进行复核,提出最终处罚决定的建议。当事人提出的事实、理由或者证据成立的,道路运输行政主体应当予以采纳。不得因当事人陈述、申辩、申请听证而加重行政处罚。

10. 处罚决定

1）处罚决定种类

道路运输行政主体经对违法行为调查报告、当事人的陈述申辩意见、听证会报告书、拟做出的行政处罚决定建议进行审查，根据不同情况分别做出给予行政处罚、不予行政处罚、销案、移送其他机关等处理决定。

2）重大案件集体讨论会议集体讨论决定制度

重大、复杂案件，或者重大违法行为给予较重处罚的案件，应当提交道路运输行政主体重大案件集体讨论会议集体讨论决定。

重大案件集体讨论会议应当由办案机构组织召开，道路运输行政主体负责人、法制工作机构负责人及相关工作人员参加会议，必要时可邀请相关专家参加会议。重大案件集体讨论会议应当制作重大案件集体讨论记录，并由全体出席会议人本人签名。

3）行政处罚决定书制作

道路运输行政主体做出行政处罚决定，应当制作行政处罚决定书。行政处罚决定书的内容包括：当事人的姓名或者名称、地址等基本情况；违反法律、法规或者规章的事实和证据；行政处罚的内容和依据；采纳当事人陈述、申辩的情况及理由；行政处罚的履行方式和期限；不服行政处罚决定，申请行政复议或者提起行政诉讼的途径和期限；做出行政处罚决定的道路运输行政主体的名称和做出决定的日期。

行政处罚决定书应当加盖做出行政处罚决定的道路运输行政主体的印章。

认为当事人的违法行为轻微，可以不予行政处罚的，道路运输行政主体应当制作不予行政处罚决定书，加盖做出不予行政处罚决定的道路运输行政主体的印章。

4）处罚决定书的送达

行政处罚决定书、不予行政处罚决定书应当在道路运输行政主体宣告后当场交付当事人，并由当事人签名或盖章；当事人不在场的，应当依法采取邮寄、转交、公告等其他方式送达当事人。

5）办案期限

适用一般程序处理的案件应当自立案之日起2个月内办理完毕。因特殊需要，经道路运输行政主体负责人批准可以延长办案期间，但最长不得超过3个月。如3个月内仍不能办理完毕，经上一级道路运输行政主体批准可再延长办案期间，但最长不得超过6个月。

案件处理过程中听证、公告和鉴定等时间不计入上述所指的案件办理期限。

6）结案告知制度

道路运输行政主体对举报所涉及的违法嫌疑人做出行政处罚、不予行政处罚、销案、移送其他机关等处理决定的，应当将处理结果告知被调查人和具名举报人。

（四）听证程序

听证程序实际上并非一个完整的行政处罚程序，实际上是对部分一般程序中的"听取当事人陈述和申辩并复核"环节的进一步程序化处理。听证程序结束后，该一般程序继续进行。

1. 申请和受理

在做出较大数额罚款、责令停产停业、吊销证照的行政处罚决定之前,道路运输行政主体应当告知当事人有要求举行听证的权利;当事人要求听证的,道路运输行政主体应当组织听证。

当事人要求听证的,可以在违法行为通知书的送达回证上签署意见,也可以自接到违法行为通知书之日起3日内以书面或者口头形式提出。当事人以口头形式提出的,道路运输行政主体应当将情况记入笔录,并由当事人在笔录上签名或者盖章。

2. 听证主持人、当事人和办案人员等

(1)听证主持人、听证员、书记员及回避和职责。听证主持人由道路运输行政主体负责人指定本单位负责法制工作的机构的非本案办案人员担任。听证员由听证主持人指定一到两名本道路运输行政主体的非本案办案人员担任,协助听证主持人组织听证。书记员由听证主持人指定一名非本案办案人员担任,负责听证笔录的制作和其他事务。

听证主持人、听证员、书记员有下列情形之一时,应当回避:是案件的当事人或者当事人的近亲属;与案件有利害关系;与案件当事人有其他关系,可能影响对案件的公正听证的。当事人有权以口头或者书面形式申请其回避。当事人申请书记员、翻译人员回避的,由听证主持人决定是否回避;当事人申请听证主持人回避的,听证主持人应当及时报告本道路运输行政主体负责人,由道路运输行政主体负责人决定是否回避。

听证主持人在听证活动中行使下列职责:决定举行听证的时间、地点;审查听证参加人的资格;主持听证,并就案件的事实、证据、处罚依据等相关内容进行询问;维持听证秩序,对违反听证纪律的行为进行警告或者采取必要的措施予以制止;决定听证的延期、中止或者终止,宣布结束听证;其他职责。

(2)听证当事人、第三人及代理人。要求举行听证的公民、法人或者其他组织是听证当事人。与听证案件有利害关系的其他公民、法人或者其他组织,可以作为第三人向听证主持人申请参加听证,或者由听证主持人通知其参加听证。

当事人、第三人可以委托一至两人代为参加听证。委托他人代为参加听证的,应当向道路运输行政主体提交由委托人签名或者盖章的听证委托书以及委托代理人的身份证明文件。

(3)办案人员和听证参加人。办案人员应当参加听证。听证主持人有权决定与听证案件有关的证人、鉴定人、勘验人等听证参加人到场参加听证。

3. 听证准备

(1)确定听证主持人。道路运输行政主体应自接到当事人要求举行听证的申请之日起3日内,确定听证主持人。

(2)准备听证提纲。办案人员应当自确定听证主持人之日起3日内,将案卷移送听证主持人,由听证主持人阅卷,准备听证提纲。

(3)送达听证通知书。听证主持人应当自接到案件调查人员移送的案卷之日起5日内确定听证的时间、地点,并于举行听证会7日前向当事人送达听证通知书,告知当事人组织听证的时间、地点、听证会主持人名单及申请回避和委托代理人的权利。

(4)公开听证的案由公告。听证应当公开举行。涉及国家秘密、商业秘密或者个人隐私的,听证不公开举行。公开举行听证的,应当制作听证公告,载明公告案由以及举行听证的时间、地点等。

4. 听证程序

(1)宣布案由和听证纪律。

(2)核对当事人或其代理人、办案人员、证人及其他有关人员是否到场,并核实听证参加人的身份。

(3)宣布听证人员名单,告知当事人有申辩、质证以及申请主持人、听证员、书记员回避的权利。

(4)宣布听证开始。

(5)办案人员提出当事人违法的事实、证据,说明拟做出行政处罚的建议和法律依据。

(6)当事人或其代理人对案件的事实、证据、适用法律和行政处罚裁量等进行申辩和质证。

(7)主持人就案件的有关问题向当事人或其委托代理人、办案人员、证人询问。

(8)经主持人允许,当事人、办案人员就案件的有关问题可以向到场的证人发问。

(9)办案人员、当事人或其委托代理人按顺序就案件所涉及的事实、各自出示的证据的合法性、真实性及有关的问题进行辩论。

(10)辩论终结,听证主持人可以再就本案的事实、证据及有关问题向当事人或其代理人、办案人员征求意见。

(11)中止听证的,主持人应当时宣布再次进行听证的有关事宜。

(12)当事人或其委托代理人做最后陈述。

(13)主持人宣布听证结束,听证笔录交当事人或其委托代理人核对无误后签字或盖章。认为有错误的,有权要求补充或改正。当事人拒绝的,由听证主持人在听证笔录上说明情况。

5. 听证延期、中止

有下列情形之一的,主持人可以决定延期举行听证:(1)当事人因不可抗拒的事由无法到场;(2)当事人临时申请回避;(3)其他应当延期的情形。延期听证,应当在听证笔录中写明情况,由主持人签名。

有下列情形之一的,主持人可以宣布中止听证:(1)证据需要重新鉴定、勘验;(2)当事人或其代理人提出新的事实、理由和证据,需要由本案调查人员调查核实;(3)作为听证申请人的法人或其他组织突然解散,尚未确定权利、义务承受人;(4)当事人因不可抗拒的事由,不能继续参加听证;(5)听证过程中,当事人或其代理人违反听证纪律致使听证无法进行;(6)其他应当中止听证的情形。中止听证,应当在听证笔录中写明情况,由主持人签名。

延期、中止听证的情形消失后,由主持人决定恢复听证并将听证的时间、地点通知听证参加人。

6. 终止听证

有下列情形之一的,应当终止听证:(1)当事人或其代理人撤回听证要求;(2)当事人或其代理人接到参加听证的通知,无正当理由不参加听证;(3)当事人或其代理人未经听证主持人允许,中途退出听证;(4)其他应当终止听证的情形。听证终止,应当在听证笔录中写明情况,由主持人签名。

7.其他注意事项

书记员应当将听证的全部活动记入听证笔录。听证笔录应当经听证参加人审核无误或者补正后,由听证参加人当场签名或者盖章。拒绝签名或者盖章的,由听证主持人记明情况,在听证笔录中予以载明。

听证主持人应当在听证结束后5日内写出听证报告书并签名,连同听证笔录一并上报本道路运输行政主体负责人。

第四节 道路运输行政强制措施实施

一、总体要求、实施主体和通用程序

(一)总体要求

道路运输行政主体履行行政管理职责,依照法律、法规的规定,实施行政强制措施。违法行为情节显著轻微或者没有明显社会危害的,可以不采取行政强制措施。

(二)实施主体

道路运输行政强制措施由法律、法规规定的道路运输行政主体在法定职权范围内实施。行政强制措施权不得委托。依据《中华人民共和国行政处罚法》的规定行使相对集中行政处罚权的道路运输综合行政执法机构,可以实施法律、法规规定的与行政处罚权有关的行政强制措施。

道路运输行政强制措施应当由道路运输行政主体具备资格的行政执法人员实施,其他人员不得实施。

(三)通用程序

(1)实施前须向道路运输行政主体负责人报告并经批准。
(2)由两名以上行政执法人员实施。
(3)出示执法身份证件。
(4)通知当事人到场。
(5)当场告知当事人采取行政强制措施的理由、依据以及当事人依法享有的权利、救济途径。
(6)听取当事人的陈述和申辩。
(7)制作现场笔录。
(8)现场笔录由当事人和行政执法人员签名或者盖章,当事人拒绝的,在笔录中予以注明。

（9）当事人不到场的，邀请见证人到场，由见证人和行政执法人员在现场笔录上签名或者盖章。

（10）法律、法规规定的其他程序。

情况紧急，需要当场实施行政强制措施的，行政执法人员应当在24小时内向道路运输行政主体负责人报告，并补办批准手续。道路运输行政主体负责人认为不应当采取行政强制措施的，应当立即解除。

二、扣押的特殊规定

扣押应当由法律、法规规定的道路运输行政主体实施。

（一）扣押设财物的特殊规定

扣押限于涉案的财物，不得扣押与违法行为无关的财物；不得扣押公民个人及其所扶养家属的生活必需品。

（二）扣押决定书和清单

道路运输行政主体决定实施扣押的，应当履行通用程序，制作并当场交付扣押决定书和清单。

扣押决定书应当载明下列事项：当事人的姓名或者名称、地址；扣押的理由、依据和期限；扣押财物的名称、数量等；申请行政复议或者提起行政诉讼的途径和期限；道路运输行政主体的名称、印章和日期。

扣押清单一式二份，由当事人和道路运输行政主体分别保存。

（三）扣押期限及延长

扣押的期限不得超过30日；情况复杂的，经道路运输行政主体负责人批准，可以延长，但是延长期限不得超过30日。法律、行政法规另有规定的除外。

延长扣押的决定应当及时书面告知当事人，并说明理由。

对物品需要进行检测、检验、检疫或者技术鉴定的，扣押的期间不包括检测、检验、检疫或者技术鉴定的期间。检测、检验、检疫或者技术鉴定的期间应当明确，并书面告知当事人。检测、检验、检疫或者技术鉴定的费用由道路运输行政主体承担。

（四）扣押财物的保管

对扣押的财物，道路运输行政主体应当妥善保管，不得使用或者损毁；造成损失的，应当承担赔偿责任。对扣押的财物，道路运输行政主体可以委托第三人保管，第三人不得损毁或者擅自转移、处置。因第三人的原因造成的损失，道路运输行政主体先行赔付后，有权向第三人追偿。因扣押发生的保管费用由道路运输行政主体承担。

（五）扣押后的行政处理

道路运输行政主体采取扣押措施后，应当及时查清事实，在规定的期限内做出处理决定。对违法事实清楚,依法应当没收的非法财物予以没收;法律、行政法规规定应当销毁的,依法销毁;应当解除扣押的,做出解除扣押的决定。

有下列情形之一的,道路运输行政主体应当及时做出解除扣押决定:当事人没有违法行为;扣押的财物与违法行为无关;行政机关对违法行为已经做出处理决定,不再需要扣押;扣押期限已经届满;其他不再需要采取扣押措施的情形。

解除扣押应当立即退还财物;已将鲜活物品或者其他不易保管的财物拍卖或者变卖的,退还拍卖或者变卖所得款项。变卖价格明显低于市场价格,给当事人造成损失的,应当给予补偿。

第五节 道路运输行政强制执行实施

道路运输行政主体总体属于无行政强制执行权的行政机关,道路运输行政主体依法做出行政决定后,当事人在决定的期限内不履行义务的,基本上只能申请人民法院强制执行。但是,道路运输行政主体仍然可以依法采取一些特殊的执行措施。

一、金钱给付义务的执行

(一)加处罚款的条件和告知义务及限额

道路运输行政主体依法做出行政处罚等金钱给付义务的行政决定,当事人逾期不履行的,道路运输行政主体可以依法加处罚款。加处罚款的标准应当告知当事人。加处罚款或者滞纳金的数额不得超出金钱给付义务的数额。

(二)特殊条件下的强制执行

道路运输行政主体依法实施加处罚款超过 30 日,经催告当事人仍不履行的,应当申请人民法院强制执行。但是,当事人在法定期限内不申请行政复议或者提起行政诉讼,经催告仍不履行的,在实施行政管理过程中已经采取扣押措施的道路运输行政主体,可以将扣押的财物依法拍卖抵缴罚款。

依法拍卖财物,由道路运输行政主体委托拍卖机构依照《中华人民共和国拍卖法》的规定办理。拍卖和依法处理所得的款项应当上缴国库或者划入财政专户。任何行政机关或者个人不得以任何形式截留、私分或者变相私分。

二、申请人民法院强制执行

(一)申请人民法院强制执行的前提条件

1. 期限条件

当事人在法定期限内既不申请行政复议或者提起行政诉讼,又不履行行政决定的,没有行政强制执行权的道路运输行政主体可以自期限届满之日起 3 个月内,申请人民法院强制执行。

2. 催告条件

道路运输行政主体申请人民法院强制执行前,应当催告当事人履行义务。催告书送达10日后当事人仍未履行义务的,道路运输行政主体可以向人民法院申请强制执行。

(二)管辖法院

道路运输行政主体可以向所在地有管辖权的人民法院申请强制执行;执行对象是不动产的,向不动产所在地有管辖权的人民法院申请强制执行。

(三)程序

1. 申请

道路运输行政主体向人民法院申请强制执行,应当提供以下材料:强制执行申请书;行政决定书及做出决定的事实、理由和依据;当事人的意见及行政机关催告情况;申请强制执行标的情况;法律、行政法规规定的其他材料。

强制执行申请书应当由道路运输行政机关负责人签名,加盖行政机关的印章,并注明日期。

2. 受理

人民法院接到道路运输行政主体强制执行的申请,应当在5日内受理。

道路运输行政主体对人民法院不予受理的裁定有异议的,可以在15日内向上一级人民法院申请复议,上一级人民法院应当自收到复议申请之日起15日内做出是否受理的裁定。

3. 做出执行裁定

人民法院对道路运输行政主体强制执行的申请进行书面审查,对符合规定,且行政决定具备法定执行效力的,除另有规定的情形外,人民法院应当自受理之日起7日内做出执行裁定。

人民法院发现有下列情形之一的,在做出裁定前可以听取被执行人和道路运输行政主体的意见:明显缺乏事实根据的;明显缺乏法律、法规依据的;其他明显违法并损害被执行人合法权益的。

人民法院应当自受理之日起30日内做出是否执行的裁定。裁定不予执行的,应当说明理由,并在5日内将不予执行的裁定送达道路运输行政主体。

道路运输行政主体对人民法院不予执行的裁定有异议的,可以自收到裁定之日起15日内向上一级人民法院申请复议,上一级人民法院应当自收到复议申请之日起30日内做出是否执行的裁定。

4. 执行

人民法院做出执行裁定后,案件彻底进入司法程序,不再属于申请强制执行的阶段内容。但是,因情况紧急,为保障公共安全,道路运输行政主体可以申请人民法院立即执行。经人民法院院长批准,人民法院应当自做出执行裁定之日起5日内执行。

(四)申请法院强制执行的费用问题

1. 申请费问题

道路运输行政主体申请人民法院强制执行,不缴纳申请费。

2.执行费问题

(1)执行费用承担问题。强制执行的费用由被执行人承担。

(2)费用扣除问题及执行所得款项的处理。人民法院以划拨、拍卖方式强制执行的,可以在划拨、拍卖后将强制执行的费用扣除。依法拍卖财物,由人民法院委托拍卖机构依照《中华人民共和国拍卖法》的规定办理。划拨的存款、汇款以及拍卖和依法处理所得的款项应当上缴国库或者划入财政专户,不得以任何形式截留、私分或者变相私分。

第六节 道路运输监督检查

一、道路运输行政监督检查概述

(一)道路运输行政监督检查的概念、特征

道路运输行政监督检查,是指道路运输行政主体依法对管理相对人遵守法律、法规和规章的情况进行督促检查。检查的具体内容主要是公民、法人或其他组织是否依法正当行使权利和履行义务。道路运输行政监督检查的特征包括以下几点。

(1)道路运输行政监督检查的主体是享有道路运输行政监督检查权的道路运输行政主体。

(2)道路运输行政监督检查的对象是作为行政相对方的公民、法人或其他组织。

(3)道路运输行政监督检查的性质是一种依职权的单方具体行政行为,是一种独立的法律行为。

(二)道路运输行政监督检查的方法

道路运输行政监督检查的方法有:检查、调阅审查、调查、检验、鉴定、勘验、备案登记和统计等。

(1)检查。检查有很多形式,综合检查、专题检查;全面检查、抽样检查;定期检查、临时检查;现场检查等。

(2)调阅审查。例如,对有关文件、证件等进行审查。

(3)调查。就调查种类而言,有一般调查、立案调查、联合调查、专题调查、现场调查等。

(4)查验。查验是道路运输行政主体对相对方某种证件或物品进行检查、核对,以确认相应证件、物品的真伪和从中发现相关的问题,以实现行政监督(检查)的目的。

(5)检验。检验是道路运输行政主体委托其他技术性机构对相对方的某种物品进行检查、鉴别或化验,以确定相应物品的成分、构成要素是否符合标准等。

(6)鉴定。鉴定是指道路行政主体委托技术性机构对相对方的某种物品或材料、证件等进行鉴别、评定,以确定真伪、优劣,或确定其性质成分等。

(7)勘验。勘验是指道路运输行政主体委托其他组织对行政相对方实施某种行为的场地进行实地查看,了解相应行为的现场情况,以确定有关个人、组织是否参与了相应行为以及参与者的责任情况。

(8)备案登记。登记是指道路运输行政主体要求相对方就某特定事项向其申报、说明,由行政主体记录在册的行为。

(9)统计。这是道路运输行政主体通过统计数据了解相对方情况的一种监督方法。

二、道路运输监督检查准备工作

道路运输监督检查准备工作主要包括以下几点。

(1)制定执法工作方案,重大执法活动前应召开准备工作会议,做好部署、协调、落实工作,注意做好保密工作。

(2)明确检查重点、执法区域及人员职责分工。

(3)执法人员按照有关规定着装整齐,佩带执法证件。

(4)备齐、检查执法用摄像机、录音笔、执法车辆、示警牌、通信器材等设备。

(5)备齐执法文书、法律法规原文。

(6)保持联系畅通,行动服从统一指挥和调度。

三、公路路口车辆检查

道路运输管理机构在实施监督检查过程中,应当在道路运输企业、客货运输站场、客货集散地等加强源头管理,同时可以在公路路口检查运输车辆,查处道路运输违法行为。道路运输管理机构在公路路口实施监督检查时,应当符合以下要求。

(1)在公路路口现场检查的执法人员不得少于两名。

(2)根据道路条件和交通状况,选择安全和不妨碍通行的地点进行检查,避免引发交通堵塞。

(3)在距离检查现场安全范围内连续摆放发光或者反光的警告标志、示警灯、减速提示标牌、反光锥筒。

(4)采用徒手指挥和使用停车示意牌(灯)两种方式指挥停车,夜间一律使用停车示意灯进行指挥。

(5)执法人员指挥停车,应站在道路中线的左端,面向来车,在与来车相距150m时,连续发出停车检查信号,指挥车辆到达指定的停靠位置。

(6)被检车辆停稳后,执法人员应表明身份,出示执法证件。

(7)在公路路口检查车辆,应当全面收集证据。经查未发现违法行为的,应交还有关证件,立即放行,并作好检查登记;发现有违法行为的,按立案和调查取证程序处理。

四、对道路运输相关业务经营场所的监督检查

(1)各级道路运输管理机构应当定期或不定期对道路运输站(场)、机动车维修经营场所、机动车驾驶员培训机构等经营场所进行监督检查。

(2)监督检查必须有两名以上执法人员参与并经执法单位负责人批准方可进行。

(3)在监督检查前,应出示执法证件,告知检查项目,并作好记录。

五、道路运输检查站

(1)设立道路运输检查站,应由省级交通运输主管部门统一规划,报省级人民政府审批。省级道路运输管理机构应当制定统一的检查站工作职责、工作制度和管理措施。

(2)道路运输检查站应悬挂省级人民政府批准设站的公告。

(3)道路运输检查站应配置必要的交通、通讯设备和视听器材。

(4)道路运输检查站的调整、撤并、变更由省级道路运输管理机构提出意见并报省级交通运输主管部门后,由省级交通运输主管部门报省级人民政府审批。

(5)道路运输检查站设立所需经费由设立地县级交通运输主管部门解决。

复 习 题

1. 简述行政处罚的一般程序。
2. 简述申请人民法院执行的程序。

第五章　道路运输车辆技术管理和从业人员管理

第一节　道路运输车辆技术管理

一、道路运输车辆技术管理概述

(一)道路运输车辆技术管理概念

道路运输车辆技术管理,是指对道路运输车辆在保证符合规定的技术条件和按要求进行维护、修理、综合性能检测方面所做的技术性管理。

(二)道路运输车辆技术管理原则

1. 分类管理

道路运输车辆包括道路旅客运输车辆、道路普通货物运输车辆、道路危险货物运输车辆。从事旅游的包车、三类以上班线客车和运输危险化学品、烟花爆竹、民用爆炸物品的道路专用车辆。被称为"两客一危","两客一危"车辆已经成为道路运输安全管理的重中之重。现有管理规定改变了原有的车辆分类原则,将"两客一危"车辆列为管理重点。

2. 预防为主

道路运输车辆技术管理的预防工作,主要从设置车辆基本技术条件、道路运输车辆维护制度、车辆技术管理监管方式等方面进行管理。

3. 安全高效、节能环保的原则

鼓励道路运输经营者使用安全、节能、环保型车辆,促进标准化车型推广运用,加强科技应用,不断提高车辆的管理水平和技术水平。

二、车辆技术管理组织体系及职责划分

交通运输主管部门及其所属的道路运输管理机构与道路运输经营者、机动车维修经营者以及汽车综合性能检测机构构成的车辆技术管理组织体系,关于道路运输车辆技术的管理权限是有边界的。

(1)道路运输经营者是车辆技术管理的责任主体。道路运输经营者要根据车辆数量和经营类别合理地设置部门,配备人员,有效地实施车辆从择优选配、正确使用、周期维护、视情修理、定期检测和适时更新的全过程管理。

(2) 机动车维修经营者是车辆维护、修理的实施主体,为道路运输车辆的维护和修理提供服务保障。

(3) 汽车综合性能检测机构是评价道路运输车辆技术状况的技术支撑单位,对检测评定的结果应当承担相应的法律责任。

(4) 各级交通运输主管部门及其道路运输管理机构是车辆技术管理的行政监管主体,应当依法履行道路运输车辆技术管理监督职责,不能干涉经营者的合法经营活动。

交通运输部主管全国道路运输车辆技术管理监督。县级以上地方人民政府交通运输主管部门负责本行政区域内道路运输车辆技术管理监督。县级以上道路运输管理机构具体实施道路运输车辆技术管理监督工作。

三、道路运输经营市场准入的车辆基本技术条件

(一) 道路运输经营市场准入条件中的车辆技术条件

(1) 车辆的外廓尺寸、轴荷和最大允许总质量应当符合《道路车辆外廓尺寸、轴荷及质量限值》(GB 1589—2016)的要求。

(2) 车辆的技术性能应当符合《道路运输车辆综合性能要求和检验方法》(GB 18565—2008)的要求。

(3) 车型的燃料消耗量限值应当符合《营运客车燃料消耗量限值及测量方法》(JT 711—2008)、《营运货车燃料消耗量限值及测量方法》(JT 719—2008)的要求。

(4) 车辆技术等级应当达到二级以上。危险货物运输车、国际道路运输车辆、从事高速公路客运以及营运线路长度在800km以上的客车,技术等级应当达到一级。技术等级评定方法应当符合国家有关道路运输车辆技术等级划分和评定的要求,见《道路运输车辆技术等级划分和评定要求》(JT/T 198—2016)。

(5) 从事高速公路客运、包车客运、国际道路旅客运输,以及营运线路长度在800km以上客车的类型等级应当达到中级以上。其类型划分和等级评定应当符合国家有关营运客车类型划分及等级评定的要求,见《营运客车类型划分及等级评定》(JT/T 325—2013)

(6) 危险货物运输车应当符合《汽车运输危险货物规则》(JT 617—2004)的要求。

(二) 道路运输证配发和挂车查验

道路运输管理机构应当加强从事道路运输经营车辆的管理,对不符合《道路运输车辆技术管理规定》的车辆不得配发道路运输证。在对挂车配发道路运输证和年度审验时,应当查验挂车是否具有有效行驶证件。

(三) 禁止性准入条件

禁止使用报废、擅自改装、拼装、检测不合格以及其他不符合国家规定的车辆从事道路运输经营活动。

四、经营者车辆技术管理的一般要求

(一)经营者遵守有关法律、法规、标准和规范的义务要求

道路运输经营者应当遵守有关法律、法规、标准和规范,认真履行车辆技术管理的主体责任,建立健全管理制度,加强车辆技术管理。相关规范性法律文件主要包括:

(1)法律,主要指《中华人民共和国安全生产法》《中华人民共和国节约能源法》等;

(2)行政法规,主要指《中华人民共和国道路运输条例》等;

(3)部委规章,只要指交通运输部规章《道路运输车辆技术管理规定》等;

(4)标准和规范,主要包括《道路运输企业车辆技术管理规范》(JT/T 1045—2016)和《道路运输车辆技术等级划分和评定要求》(JT/T 198—2016)等。

(二)部门设置和管理人员配备的非强制性要求

鼓励道路运输经营者设置相应的部门负责车辆技术管理工作,并根据车辆数量和经营类别配备车辆技术管理人员,对车辆实施有效的技术管理。

(三)业务培训的硬性要求

道路运输经营者应当加强车辆维护、使用、安全和节能等方面的业务培训,提升从业人员的业务素质和技能,确保车辆处于良好的技术状况。

(四)根据车辆使用管理标准正确使用车辆

道路运输经营者应当根据有关道路运输企业车辆技术管理标准,结合车辆技术状况和运行条件,正确使用车辆。

鼓励道路运输经营者依据相关标准要求,制定车辆使用技术管理规范,科学设置车辆经济、技术定额指标并定期考核,提升车辆技术管理水平。

(五)建立车辆技术档案制度

1. 车辆技术档案内容

道路运输经营者应当建立车辆技术档案制度,实行一车一档。档案内容应当主要包括:①车辆基本信息;②车辆技术等级评定、客车类型等级评定或者年度类型等级评定复核、车辆维护和修理(含《机动车维修竣工出厂合格证》)、车辆主要零部件更换、车辆变更、行驶里程、对车辆造成损伤的交通事故等记录。档案内容应当准确、翔实。

2. 车辆转移、转籍时的档案移交

车辆所有权转移、转籍时,车辆技术档案应当随车移交。

3. 道路运输车辆技术档案的信息化管理

道路运输经营者应当运用信息化技术做好道路运输车辆技术档案管理工作。

五、车辆维护与修理

自20世纪90年代以来,道路运输车辆维护周期基本是由省级道路运输管理机构统一确定,经营者的自主管理权力受到限制。根据中央依法行政、简政放权、优化服务的精神,车辆维护制度目前已实行重大调整,进行了重点改革。

（一）车辆维护

车辆维护制度改革,遵循技术与经济相结合的原则,最大限度地提高经营者责任意识,发挥经营者作为车辆技术管理的责任主体的主观能动性。

（1）经营者建立车辆维护制度的法定义务。

道路运输经营者应当建立车辆维护制度。车辆维护分为日常维护、一级维护和二级维护。

（2）车辆维护的组织实施。

日常维护由驾驶员实施,一级维护和二级维护由道路运输经营者组织实施,并作好记录。

道路运输经营者自觉组织实施维护制度,最大限度地调动经营者的积极性和创造性,激发市场活力,将车辆技术状况保持的责任落到实处。

（3）车辆维护周期的确定。

车辆维护周期以前由省级道路运输管理机构统一硬性规定,现在改由经营者自行确定。

道路运输经营者应当依据国家有关标准和车辆维修手册、使用说明书等,结合车辆类别、车辆运行状况、行驶里程、道路条件、使用年限等因素,自行确定车辆维护周期,确保车辆正常维护。

（4）维护作业项目。

车辆维护作业项目应当按照国家关于汽车维护的技术规范要求确定。

（5）二级维护制度。

道路运输经营者可以对自有车辆进行二级维护作业,保证投入运营的车辆符合技术管理要求,无需进行二级维护竣工质量检验。

道路运输经营者不具备二级维护作业能力的,可以委托二类以上机动车维修经营者进行二级维护作业。机动车维修经营者完成二级维护作业后,应当向委托方出具二级维护出厂合格证。

（6）废除到道路运输管理机构进行审核备案制度。

（二）车辆修理

（1）视情修理原则。

道路运输经营者应当遵循视情修理的原则,根据实际情况对车辆进行及时修理。

（2）特种车辆维修的特殊要求。

道路运输经营者用于运输剧毒化学品、爆炸品的专用车辆及罐式专用车辆(含罐式挂车),应当到具备道路危险货物运输车辆维修资质的企业进行维修。

专用车辆的牵引车和其他运输危险货物的车辆由道路运输经营者消除危险货物的危害后,可以到具备一般车辆维修资质的企业进行维修。

六、车辆检测管理

(一)综合性能检测

道路运输经营者应当定期到机动车综合性能检测机构,对道路运输车辆进行综合性能检测。

(二)综合性能检测和技术等级评定的周期和频次

道路运输经营者应当自道路运输车辆首次取得《道路运输证》当月起,按照下列周期和频次,委托汽车综合性能检测机构进行综合性能检测和技术等级评定。

(1)客车、危险货物运输车自首次经国家机动车辆注册登记主管部门登记注册不满60个月的,每12个月进行1次检测和评定;超过60个月的,每6个月进行1次检测和评定。

(2)其他运输车辆自首次经国家机动车辆注册登记主管部门登记注册的,每12个月进行1次检测和评定。

(三)综合性能检测机构的选择和确定

客车、危险货物运输车的综合性能检测应当委托车籍所在地汽车综合性能检测机构进行;货车的综合性能检测可以委托运输驻在地汽车综合性能检测机构进行。

道路运输经营者应当选择通过质量技术监督部门的计量认证、取得计量认证证书并符合《汽车综合性能检测站能力的通用要求》(GB/T 17993—2005)等国家相关标准的检测机构进行车辆的综合性能检测。

(四)检测和评定程序

(1)燃料消耗量达标比对。

汽车综合性能检测机构对新进入道路运输市场车辆应当按照《道路运输车辆燃料消耗量达标车型表》进行比对。

(2)综合性能检测和技术等级评定。

对达标的新车和在用车辆,应当按照《道路运输车辆综合性能要求和检验方法》(GB 18565—2016)、《道路运输车辆技术等级划分和评定要求》(JT/T 198—2004)实施检测和评定,出具全国统一式样的道路运输车辆综合性能检测报告,评定车辆技术等级,并在报告单上标注。车籍所在地县级以上道路运输管理机构应当将车辆技术等级在《道路运输证》上标明。

汽车综合性能检测机构应当确保检测和评定结果客观、公正、准确,对检测和评定结果承担法律责任。

(五)客车类型等级评定的特殊规定

道路运输管理机构和受其委托承担客车类型等级评定工作的汽车综合性能检测机构,应当按照《营运客车类型划分及等级评定》(JT/T 325—2013)进行营运客车类型等级评定或者年度类型等级评定复核,出具统一式样的客车类型等级评定报告。

第五章 道路运输车辆技术管理和从业人员管理

(六) 车辆检测档案及保存

汽车综合性能检测机构应当建立车辆检测档案,档案内容主要包括:车辆综合性能检测报告(含车辆基本信息、车辆技术等级)和客车类型等级评定记录。车辆检测档案保存期不少于两年。

(七) 其他

道路运输车辆的技术等级评定与年度审验同步进行,应在《道路运输证》上记录车辆技术等级评定结果和车辆年度审验有效期,按规定填写至月,并加盖镌刻车辆技术等级的车辆审验专用章。

对因检测评定周期和频次调整,车辆技术等级评定与年度审验无法同步进行的,应将车辆技术等级评定结果连续记录在《道路运输证》的"车辆年审及技术等级记录"栏中,并按规定填写有效期至月,加盖车辆技术等级专用章(不加盖车辆审验专用章)。挂车年度审验合格的,在其《道路运输证》的"车辆审验及技术等级记录"栏中标注车辆年度审验有效期,按规定填写至月,并加盖不镌刻车辆技术等级的车辆审验专用章。车辆技术等级专用章式样、车辆审验专用章式样参考交通运输部《关于启用新版道路运输证件的通知》(交公路发〔2005〕524号)。道路运输管理机构要积极推广应用道路运输电子证件,用信息化手段记录车辆技术等级评定和车辆年度审验信息。

挂车不进行综合性能检测和技术等级评定,道路运输管理机构对挂车配发和审验《道路运输证》时,应当查验挂车行驶证件是否有效,记载的审验日期是否在安全技术检验有效期内。

七、行政监督检查

(一) 行政主体和行政相对人的职责和义务

道路运输管理机构应当按照职责权限对道路运输车辆的技术管理进行监督检查。
道路运输经营者应当对道路运输管理机构的监督检查予以配合,如实反映情况,提供有关资料。

(二) 年度审验中的车辆技术状况查验

道路运输管理机构应当将车辆技术状况纳入道路运输车辆年度审验内容,查验车辆技术等级评定结论和客车类型等级评定证明两项证明材料。

(三) 车辆管理档案制度

道路运输管理机构应当建立车辆管理档案制度。档案内容主要包括:①车辆基本情况;②车辆技术等级评定、客车类型等级评定或年度类型等级评定复核、车辆变更等记录。

(四) 纳入道路运输企业质量信誉考核和诚信管理体系

道路运输管理机构应当将运输车辆的技术管理情况纳入道路运输企业质量信誉考核和诚信管理体系。

（五）车辆技术管理信息资源共享

道路运输管理机构应当积极推广使用现代信息技术，逐步实现道路运输车辆技术管理信息资源共享。

八、法律责任体系

（一）道路运输经营者的责任

道路运输经营者有下列行为之一的，县级以上道路运输管理机构应当责令改正，给予警告；情节严重的，处以1000元以上5000元以下罚款：

（1）道路运输车辆技术状况未达到《道路运输车辆综合性能要求和检验方法》（GB 18565—2016）；

（2）使用报废、擅自改装、拼装、检测不合格以及其他不符合国家规定的车辆从事道路运输经营活动；

（3）未按照规定的周期和频次进行车辆综合性能检测和技术等级评定；

（4）未建立道路运输车辆技术档案或者档案不符合规定；

（5）未作好车辆维护记录。

（二）综合性能检测机构的责任

道路运输车辆综合性能检测机构有下列行为之一的，县级以上道路运输管理机构不予采信其检测报告，并抄报同级质量技术监督主管部门处理：

（1）不按技术规范对道路运输车辆进行检测；

（2）未经检测出具道路运输车辆检测结果；

（3）不如实出具检测结果。

（三）道路运输管理机构工作人员的责任

道路运输管理机构工作人员在监督管理工作中滥用职权、玩忽职守、徇私舞弊的，依法给予行政处分；构成犯罪的，由司法机关依法处理。

第二节　道路运输从业人员管理

一、从业资格管理

（一）从业资格考试制度和职业资格制度

国家对各行各业的从业人员的管理主要实行从业资格考试和国家职业资格两大类制度。前者顾名思义就是必须考试通过获得资格证书才能从业，属于从业基本评价；后者不是从业资格要求，属于从业水平评价。减少职业资格许可和认定工作是简政放权、转变政府职能的重要任务之一。截至2016年,在道路运输领域,国务院决定取消的职业资格许可和认定事项包括:机动车驾驶员培训机构教学负责人(准入类)、机动车驾驶员培训机构结业考核人员(准入类)、道路运输经理人资格(水平评价类)、中小型机械操作员(水平评价类)、汽车客运行包装卸工(水平评价类)、公路货运装卸工(水平评价类)等。初步实现了国务院部门设置的没有法律法规和国务院决定作为依据的准入类职业资格基本取消,国务院部门和全国性行业协会、学会未经批准自行设置的水平评价类职业资格基本取消。

1. 从业资格考试制度

从业资格是对道路运输从业人员所从事的特定岗位职业素质的基本评价。国家对经营性道路客货运输驾驶员、道路危险货物运输从业人员实行从业资格考试制度。经营性道路客货运输驾驶员和道路危险货物运输从业人员必须取得相应从业资格,方可从事相应的道路运输活动。

从业资格制度是国家对某些承担较大责任,关系国家、社会和公众利益的重要专业岗位实行的一项管理制度。这项制度在发达国家已实行了近百年,对保证执业人员素质、促进市场经济有序发展具有重要作用。

2. 职业资格考试制度

国家职业资格证书制度是劳动就业制度的一项重要内容,也是一种特殊形式的国家考试制度。它是指按照国家制定的职业技能标准或任职资格条件,通过政府认定的考核鉴定机构,对劳动者的技能水平或职业资格进行客观公正、科学规范的评价和鉴定,对合格者授予相应的国家职业资格证书。职业资格证书制度作为科学评价人才的一项制度,其设置目的是在市场经济条件下,提高劳动者素质,同时作为一种社会化评价人才的具体办法。已实施国家职业资格制度的道路运输从业人员,按照国家职业资格的有关规定执行。国家鼓励机动车维修企业、机动车驾驶员培训机构优先聘用取得国家职业资格的从业人员从事机动车维修和机动车驾驶员培训工作。

职业资格考试制度未来重点改革工作有四个方面:一是建立职业资格目录清单管理制度;二是建立职业资格清理常态化机制,运用群众"点菜"的方式,人社部门会同行业主管部门进行清理;三是要研究建立职业资格框架制度;四是进一步加强职业资格设置实施监管,既要斩断利益链,规范职业资格管理,也要解决考培不分问题,实行考试和培训分离。

(二)道路运输从业人员资格获得(从业资格考试)和证件管理

1. 道路运输从业人员从业资格考试总体要求

道路运输从业人员从业资格考试应当按照交通运输部编制的考试大纲、考试题库、考核标准、考试工作规范和程序组织实施。从业资格考试收费标准和从业资格证件工本费由省级以上交通运输主管部门会同同级财政部门、物价部门核定。

2. 道路运输从业人员考试组织

经营性道路客货运输驾驶员从业资格考试由设区的市级道路运输管理机构组织实施,每月组织一次考试。道路危险货物运输从业人员从业资格考试由设区的市级人民政府交通运输主管部门组织实施,每季度组织一次考试。

3. 道路运输从业资格条件(报名条件)

经营性道路旅客运输驾驶员从业资格条件为:①取得相应的机动车驾驶证1年以上;②年龄不超过60周岁;③3年内无重大以上交通责任事故;④掌握相关道路旅客运输法规、机动车维修和旅客急救基本知识;⑤经考试合格,取得相应的从业资格证件。

经营性道路货物运输驾驶员从业资格条件为:①取得相应的机动车驾驶证;②年龄不超过60周岁;③掌握相关道路货物运输法规、机动车维修和货物装载保管基本知识;④经考试合格,取得相应的从业资格证件。

道路危险货物运输驾驶员从业资格条件为:①取得相应的机动车驾驶证;②年龄不超过60周岁;③3年内无重大以上交通责任事故;④取得经营性道路旅客运输或者货物运输驾驶员从业资格2年以上或者接受全日制驾驶职业教育;⑤接受相关法规、安全知识、专业技术、职业卫生防护和应急救援知识的培训,了解危险货物性质、危害特征、包装容器的使用特性和发生意外时的应急措施;⑥经考试合格,取得相应的从业资格证件。

道路危险货物运输装卸管理人员和押运人员从业资格条件为:①年龄不超过60周岁;②初中以上学历;③接受相关法规、安全知识、专业技术、职业卫生防护和应急救援知识的培训,了解危险货物性质、危害特征、包装容器的使用特性和发生意外时的应急措施;④经考试合格,取得相应的从业资格证件。

4. 获取资格程序(考试程序)

1)申请考试

申请参加经营性道路客货运输驾驶员从业资格考试的人员,应当向其户籍地或者暂住地设区的市级道路运输管理机构提出申请,填写《经营性道路客货运输驾驶员从业资格考试申请表》并提供身份证明及复印件和机动车驾驶证及复印件,申请参加道路旅客运输驾驶员从业资格考试的,还应当提供道路交通安全主管部门出具的3年内无重大以上交通责任事故记录证明。

申请参加道路危险货物运输驾驶员从业资格考试的,应当向其户籍地或者暂住地设区的市级交通运输主管部门提出申请,填写《道路危险货物运输从业人员从业资格考试申请表》,并提供下列材料:身份证明及复印件、机动车驾驶证及复印件、道路旅客运输驾驶员从业资格证件或者道路货物运输驾驶员从业资格证件及复印件或者全日制驾驶职业教育学籍证明、相关培训证明及复印件、道路交通安全主管部门出具的3年内无重大以上交通责任事故记录证明。

申请参加道路危险货物运输装卸管理人员和押运人员从业资格考试的,应当向其户籍地或者暂住地设区的市级交通运输主管部门提出申请,填写《道路危险货物运输从业人员从业资格考试申请表》,并提供下列材料:身份证明及复印件、学历证明及复印件、相关培训证明及复印件。

2)安排考试

交通运输主管部门和道路运输管理机构对符合申请条件的申请人应当安排考试。

3)公布成绩

交通运输主管部门和道路运输管理机构应当在考试结束10日内公布考试成绩。道路运输从业人员从业资格考试成绩有效期为1年,考试成绩逾期作废。申请人在从业资格考试中有舞弊行为的,取消当次考试资格,考试成绩无效。

4）颁发资格证书

对考试合格人员,应当自公布考试成绩之日起 10 日内颁发相应的道路运输从业人员从业资格证件。已获得从业资格证件的人员需要增加相应从业资格类别的,应当向原发证机关提出申请,并按照规定参加相应培训和考试。

5）建立从业资格管理档案

交通运输主管部门或者道路运输管理机构应当建立道路运输从业人员从业资格管理档案。道路运输从业人员从业资格管理档案包括:①从业资格考试申请材料;②从业资格考试及从业资格证件记录;③从业资格证件换发、补发、变更记录,违章、事故及诚信考核、继续教育记录等。交通运输主管部门和道路运输管理机构应当向社会提供道路运输从业人员相关从业信息的查询服务。

5. 从业证件管理

1）证件地域效力、印制编号、发放管理

道路运输从业人员从业资格证件全国通用。道路运输从业人员从业资格证件由交通运输部统一印制并编号。

道路危险货物运输从业人员从业资格证件由设区的市级交通运输主管部门发放和管理。经营性道路客货运输驾驶员从业资格证件由设区的市级道路运输管理机构发放和管理。

交通运输主管部门和道路运输管理机构应当建立道路运输从业人员从业资格证件管理数据库,使用全国统一的管理软件核发从业资格证件,并逐步采用电子存取和防伪技术,确保有关信息实时输入、输出和存储。交通运输主管部门和道路运输管理机构应当结合道路运输从业人员从业资格证件的管理工作,建立道路运输从业人员管理信息系统,并逐步实现异地稽查信息共享和动态资格管理。

2）证件有效期、换证、补证、变更

道路运输从业人员从业资格证件有效期为 6 年。道路运输从业人员应当在从业资格证件有效期届满 30 日前到原发证机关办理换证手续。

道路运输从业人员从业资格证件遗失、毁损的,应当到原发证机关办理证件补发手续。道路运输从业人员服务单位变更的,应当到交通运输主管部门或者道路运输管理机构办理从业资格证件变更手续。道路运输从业人员从业资格档案应当由原发证机关在变更手续办结后 30 日内移交户籍迁入地或者现居住地的交通运输主管部门或者道路运输管理机构。

道路运输从业人员办理换证、补证和变更手续,应当填写《道路运输从业人员从业资格证件换发、补发、变更登记表》。交通运输主管部门和道路运输管理机构应当对符合要求的从业资格证件换发、补发、变更申请予以办理。申请人违反相关从业资格管理规定且尚未接受处罚的,受理机关应当在其接受处罚后换发、补发、变更相应的从业资格证件。

3）证件注销和作废

道路运输从业人员有下列情形之一的,由发证机关注销其从业资格证件:

(1) 持证人死亡;

(2) 持证人申请注销;

(3) 经营性道路客货运输驾驶员、道路危险货物运输驾驶员的机动车驾驶证被注销或者被吊销;

(4)超过从业资格证件有效期180日未申请换证。

凡被注销的从业资格证件,应当由发证机关予以收回,公告作废并登记归档;无法收回的,从业资格证件自行作废。

4)从业人员违章记录与诚信考核、计分考核

交通运输主管部门和道路运输管理机构应当将经营性道路客货运输驾驶员、道路危险货物运输从业人员的违章行为记录在《中华人民共和国道路运输从业人员从业资格证》的违章记录栏内,并通报发证机关。发证机关应当将该记录作为道路运输从业人员诚信考核和计分考核的依据,并存入管理档案。机动车维修技术人员、机动车驾驶培训教练员违章记录直接记入诚信管理档案,并作为诚信考核的重要内容。

(三)道路运输从业人员职业资格管理(不考试)

1. 机动车维修技术人员

(1)技术负责人员应当符合的条件为:具有机动车维修或者相关专业大专以上学历,或者具有机动车维修或相关专业中级以上专业技术职称;熟悉机动车维修业务,掌握机动车维修及相关政策法规和技术规范。

(2)质量检验人员应当符合的条件为:具有高中以上学历;熟悉机动车维修检测作业规范,掌握机动车维修故障诊断和质量检验的相关技术,熟悉机动车维修服务收费标准及相关政策法规和技术规范。

(3)从事机修、电器、钣金、涂漆、车辆技术评估(含检测)作业的技术人员应当符合的条件为:具有初中以上学历;熟悉所从事工种的维修技术和操作规范,并了解机动车维修及相关政策法规。

2. 机动车驾驶培训教练员

(1)理论教练员应当符合的条件为:取得相应的机动车驾驶证,具有2年以上安全驾驶经历;年龄不超过60周岁;具有汽车及相关专业中专以上学历或者汽车及相关专业中级以上技术职称;掌握道路交通安全法规、驾驶理论、机动车构造、交通安全心理学、常用伤员急救等安全驾驶知识,了解车辆环保和节约能源的有关知识,了解教育学、教育心理学的基本教学知识,具备编写教案、规范讲解的授课能力。

(2)驾驶操作教练员应当符合的条件为:取得相应的机动车驾驶证,符合安全驾驶经历和相应车型驾驶经历的要求;年龄不超过60周岁;具有汽车及相关专业中专或者高中以上学历;掌握道路交通安全法规、驾驶理论、机动车构造、交通安全心理学和应急驾驶的基本知识,熟悉车辆维护和常见故障诊断、车辆环保和节约能源的有关知识,具备驾驶要领讲解、驾驶动作示范、指导驾驶的教学能力。

(3)道路客货运输驾驶员从业资格培训教练员应当符合的条件为:具有汽车及相关专业大专以上学历或者汽车及相关专业高级以上技术职称;掌握道路旅客运输法规、货物运输法规以及机动车维修、货物装卸保管和旅客急救等相关知识,具备相应的授课能力;具有2年以上从事普通机动车驾驶员培训的教学经历,且近2年无不良的教学记录。

(4)危险货物运输驾驶员从业资格培训教练员应当符合的条件为:具有化工及相关专业大专以上学历或者化工及相关专业高级以上技术职称;掌握危险货物运输法规、危险化学品

特性、包装容器使用方法、职业安全防护和应急救援等知识,具备相应的授课能力;具有2年以上化工及相关专业的教学经历,且近2年无不良的教学记录。

二、道路运输从业人员从业行为管理

(一) 从业资格证件许可的范围界限

经营性道路客货运输驾驶员以及道路危险货物运输从业人员应当在从业资格证件许可的范围内从事道路运输活动。道路危险货物运输驾驶员除可以驾驶道路危险货物运输车辆外,还可以驾驶原从业资格证件许可的道路旅客运输车辆或者道路货物运输车辆。

(二) 通用的从业行为管理

1. 携带相应从业资格证件备查

道路运输从业人员在从事道路运输活动时,应当携带相应的从业资格证件,并应当遵守国家相关法规和道路运输安全操作规程,不得违法经营、违章作业。

2. 参加从业培训

经营性道路客货运输驾驶员和道路危险货物运输驾驶员在岗从业期间,应当按相关规定参加继续教育。

3. 禁止超限超载运输,遵守驾驶时间上限规定

经营性道路客货运输驾驶员和道路危险货物运输驾驶员不得超限超载运输,连续驾驶时间不得超过4个小时。

4. 填写行车日志

经营性道路旅客运输驾驶员和道路危险货物运输驾驶员应当按照规定填写行车日志。行车日志式样由省级道路运输管理机构统一制定。

(三) 各类别从业人员的从业行为专门管理

1. 机动车客货运驾驶员从业行为管理

经营性道路旅客运输驾驶员应当采取必要措施保证旅客的人身和财产安全,发生紧急情况时,应当积极进行救护。经营性道路货物运输驾驶员应当采取必要措施防止货物脱落、扬撒等。严禁驾驶道路货物运输车辆从事经营性道路旅客运输活动。

2. 危货运输从业人员从业行为管理

道路危险货物运输驾驶员应当按照道路交通安全主管部门指定的行车时间和路线运输危险货物。道路危险货物运输装卸管理人员应当按照安全作业规程对道路危险货物装卸作业进行现场监督,确保装卸安全。道路危险货物运输押运人员应当对道路危险货物运输进行全程监管。

道路危险货物运输从业人员应当严格按照《汽车运输危险货物规则》(JT 617—2004)、《汽车运输、装卸危险货物作业规程》(JT 618—2004)操作,不得违章作业。

在道路危险货物运输过程中发生燃烧、爆炸、污染、中毒或者被盗、丢失、流散、泄漏等事

故,道路危险货物运输驾驶员、押运人员应当立即向当地公安部门和所在运输企业或者单位报告,说明事故情况、危险货物品名和特性,并采取一切可能的警示措施和应急措施,积极配合有关部门进行处置。

3. 机修人员从业行为管理

机动车维修技术人员应当按照维修规范和程序作业,不得擅自扩大维修项目,不得使用假冒伪劣配件,不得擅自改装机动车,不得承修已报废的机动车,不得利用配件拼装机动车。

4. 教练员从业行为管理

机动车驾驶培训教练员应当按照全国统一的教学大纲实施教学,规范填写教学日志和培训记录,不得擅自减少学时和培训内容。

三、违反从业管理规范的法律后果

(一)道路客货运驾驶员无从业资格或超越范围从业的法律后果

有下列行为之一的人员,由县级以上道路运输管理机构责令改正,处200元以上2000元以下的罚款;构成犯罪的,依法追究刑事责任:

(1)未取得相应从业资格证件,驾驶道路客货运输车辆;

(2)使用失效、伪造、变造的从业资格证件,驾驶道路客货运输车辆;

(3)超越从业资格证件核定范围,驾驶道路客货运输车辆。

(二)道路危险货物运输从业人员无从业资格或超越范围从业的法律后果

有下列行为之一的人员,由设区的市级人民政府交通运输主管部门处2万元以上10万元以下的罚款;构成犯罪的,依法追究刑事责任:

(1)未取得相应从业资格证件,从事道路危险货物运输活动;

(2)使用失效、伪造、变造的从业资格证件,从事道路危险货物运输活动;

(3)超越从业资格证件核定范围,从事道路危险货物运输活动。

(三)道路运输从业人员不具备安全条件的法律后果

道路运输从业人员有下列不具备安全条件情形之一的,由发证机关吊销其从业资格证件:

(1)经营性道路客货运输驾驶员、道路危险货物运输从业人员、机动车驾驶培训教练员身体健康状况不符合有关机动车驾驶和相关从业要求且没有主动申请注销从业资格;

(2)经营性道路客货运输驾驶员、道路危险货物运输驾驶员、机动车驾驶培训教练员发生重大以上交通事故,且负主要责任;

(3)机动车维修技术人员发生重大生产安全事故,且负主要责任;

(4)发现重大事故隐患,不立即采取消除措施,继续作业。

被吊销的从业资格证件应当由发证机关公告作废并登记归档。

第五章 道路运输车辆技术管理和从业人员管理

第三节 出租汽车驾驶员从业资格管理

国家对从事出租汽车客运服务的驾驶员实行从业资格制度。出租汽车驾驶员从业资格包括巡游车驾驶员从业资格和网约车驾驶员从业资格等。交通运输部负责指导全国出租汽车驾驶员从业资格管理工作。各省、自治区人民政府交通运输主管部门在本级人民政府领导下,负责指导本行政区域内出租汽车驾驶员从业资格管理工作。直辖市、设区的市级或者县级交通运输主管部门或者人民政府指定的其他出租汽车行政主管部门在本级人民政府领导下,负责具体实施出租汽车驾驶员从业资格管理。

一、出租汽车驾驶员从业资格考试

(一)考试科目

出租汽车驾驶员从业资格考试包括全国公共科目和区域科目考试。

1. 全国公共科目

全国公共科目考试是对国家出租汽车法律法规、职业道德、服务规范、安全运营等具有普遍规范要求的知识测试。

2. 区域科目考试

巡游车驾驶员从业资格区域科目考试是对地方出租汽车政策法规、经营区域人文地理和交通路线等具有区域服务特征的知识测试。

网约车驾驶员从业资格区域科目考试是对地方出租汽车政策法规等具有区域规范要求的知识测试。设区的市级以上地方人民政府出租汽车行政主管部门可以根据区域服务特征自行确定其他考试内容。

(二)考试大纲、考试题库编制分工和考试组织实施部门

全国公共科目考试实行全国统一考试大纲。全国公共科目考试大纲、考试题库由交通运输部负责编制。区域科目考试大纲和考试题库由设区的市级以上地方人民政府出租汽车行政主管部门负责编制。

出租汽车驾驶员从业资格考试由设区的市级以上地方人民政府出租汽车行政主管部门按照交通运输部编制的考试工作规范和程序组织实施。鼓励推广使用信息化方式和手段组织实施出租汽车驾驶员从业资格考试。

(三)考试程序

1. 申请考试

拟从事出租汽车客运服务的,应当填写《出租汽车驾驶员从业资格证申请表》,向所在地设区的市级出租汽车行政主管部门申请参加出租汽车驾驶员从业资格考试。

申请参加出租汽车驾驶员从业资格考试的,应当符合的条件为:①取得相应准驾车型机动车驾驶证并具有3年以上驾驶经历;②无交通肇事犯罪、危险驾驶犯罪记录,无吸毒记录,

无饮酒后驾驶记录,最近连续3个记分周期内没有记满12分记录;③无暴力犯罪记录;④城市人民政府规定的其他条件。

申请参加出租汽车驾驶员从业资格考试的,应当提供符合以下规定的证明或者承诺材料:①机动车驾驶证及复印件;②无交通肇事犯罪、危险驾驶犯罪记录,无吸毒记录,无饮酒后驾驶记录,最近连续3个记分周期内没有记满12分记录的材料;③无暴力犯罪记录的材料;④身份证明及复印件;⑤城市人民政府规定的其他材料。

2. 审查和安排考试

设区的市级出租汽车行政主管部门对符合申请条件的申请人,应当按照出租汽车驾驶员从业资格考试工作规范及时安排考试。首次参加出租汽车驾驶员从业资格考试的申请人,全国公共科目和区域科目考试应当在首次申请考试的区域完成。

3. 考试成绩公布、有效期和有效区域

设区的市级出租汽车行政主管部门应当在考试结束10日内公布考试成绩。全国公共科目考试成绩在全国范围内有效,区域科目考试成绩在所在地行政区域内有效。考试合格成绩有效期为3年。

(四) 核发从业资格证

出租汽车驾驶员从业资格考试全国公共科目和区域科目考试均合格的,设区的市级出租汽车行政主管部门应当自公布考试成绩之日起10日内向巡游车驾驶员核发《巡游出租汽车驾驶员证》、向网约车驾驶员核发《网络预约出租汽车驾驶员证》。《巡游出租汽车驾驶员证》和《网络预约出租汽车驾驶员证》以下统称从业资格证。

鼓励推广使用从业资格电子证件。采用的电子证件,应当包含证件式样所确定的相关信息。

(五) 跨区域从业的资格证特殊处理

出租汽车驾驶员到从业资格证发证机关核定的范围外从事出租汽车客运服务的,应当参加当地的区域科目考试。区域科目考试合格的,由当地设区的市级出租汽车行政主管部门核发从业资格证。

二、注册

(一) 注册的强制性要求和注册有效期

取得从业资格证的出租汽车驾驶员,应当经出租汽车行政主管部门从业资格注册后,方可从事出租汽车客运服务。出租汽车经营者应当聘用取得从业资格证的出租汽车驾驶员,并在出租汽车驾驶员办理从业资格注册后再安排上岗。出租汽车驾驶员从业资格注册有效期为3年。

(二) 注册程序

1. 注册申请及受理机构

巡游车驾驶员申请从业资格注册或者延续注册的,应当填写《巡游出租汽车驾驶员从业资格注册登记表》,持其从业资格证及与出租汽车经营者签订的劳动合同或者经营合同,到发证机关所在地出租汽车行政主管部门申请注册。

个体巡游车经营者自己驾驶出租汽车从事经营活动的,持其从业资格证及车辆运营证申请注册。

2. 办理注册手续

受理注册申请的出租汽车行政主管部门应当在 5 日内办理完结注册手续,并在从业资格证中加盖注册章。

(三) 延续注册

巡游车驾驶员注册有效期届满需继续从事出租汽车客运服务的,应当在有效期届满 30 日前,向所在地出租汽车行政主管部门申请延续注册。出租汽车驾驶员不具有完全民事行为能力,或者受到刑事处罚且刑事处罚尚未执行完毕的,不予延续注册。

(四) 注销注册及重新注册

巡游车驾驶员在从业资格注册有效期内,与出租汽车经营者解除劳动合同或者经营合同的,应当在 20 日内向原注册机构报告,并申请注销注册。

巡游车驾驶员变更服务单位的,应当重新申请注册。

(五) 网约车驾驶员的注册和注销

网约车驾驶员的注册,通过出租汽车经营者向发证机关所在地出租汽车行政主管部门报备完成,报备信息包括驾驶员从业资格证信息及与出租汽车经营者签订的劳动合同或者协议等。

网约车驾驶员与出租汽车经营者解除劳动合同或者协议的,通过出租汽车经营者向发证机关所在地出租汽车行政主管部门报备完成注销。

三、继续教育

(一) 教育周期、起算及教育学时

出租汽车驾驶员在注册期内应当按规定完成继续教育。出租汽车驾驶员继续教育周期为 3 年。取得从业资格证超过 3 年未申请注册的,注册后上岗前应当完成不少于 27 学时的继续教育。

(二) 继续教育大纲内容

交通运输部统一制定出租汽车驾驶员继续教育大纲并向社会公布。继续教育大纲内容包括出租汽车相关政策法规、社会责任和职业道德、服务规范、安全运营和节能减排知识等。

(三) 继续教育组织实施

出租汽车驾驶员继续教育由出租汽车经营者组织实施。

(四)继续教育报备及记录

出租汽车驾驶员完成继续教育后,应当由出租汽车经营者向所在地出租汽车行政主管部门报备,出租汽车行政主管部门在出租汽车驾驶员从业资格证中予以记录。

(五)继续教育监督检查

出租汽车行政主管部门应当加强对出租汽车经营者组织继续教育情况的监督检查。

出租汽车经营者应当建立学员培训档案,将继续教育计划、继续教育师资情况、参培学员登记表等纳入档案管理,并接受出租汽车行政主管部门的监督检查。

四、从业资格证件管理

(一)出租汽车驾驶员从业资格证的制发、发放

出租汽车驾驶员从业资格证由交通运输部统一制发并制定编号规则。设区的市级出租汽车行政主管部门负责从业资格证的发放和管理工作。

(二)出租汽车驾驶员从业资格证的补(换)发

出租汽车驾驶员从业资格证遗失、毁损的,应当到原发证机关办理证件补(换)发手续。

出租汽车驾驶员办理从业资格证补(换)发手续,应当填写《出租汽车驾驶员从业资格证补(换)发登记表》。出租汽车行政主管部门应当对符合要求的从业资格证补(换)发申请予以办理。

(三)出租汽车驾驶员从业资格证使用规则

1. 随车携带
出租汽车驾驶员在从事出租汽车客运服务时,应当携带从业资格证。

2. 禁止性使用规范
出租汽车驾驶员从业资格证不得转借、出租、涂改、伪造或者变造。

(四)出租汽车经营者在从业资格注册、继续教育中的义务规范

出租汽车经营者应当维护出租汽车驾驶员的合法权益,为出租汽车驾驶员从业资格注册、继续教育等提供便利。

(五)道路运输管理机构的从业资格管理规范

出租汽车行政主管部门应当加强对出租汽车驾驶员的从业管理,将其违法行为记录作为服务质量信誉考核的依据。

出租汽车行政主管部门应当建立出租汽车驾驶员从业资格管理档案。出租汽车驾驶员从业资格管理档案包括:从业资格考试申请材料、从业资格证申请、注册及补(换)发记录、违法行为记录、交通责任事故情况、继续教育记录和服务质量信誉考核结果等。

（六）出租汽车驾驶员从业资格证的注销和作废

出租汽车驾驶员有下列情形之一的，由发证机关注销其从业资格证：
(1) 持证人死亡；
(2) 持证人申请注销；
(3) 持证人达到法定退休年龄；
(4) 持证人机动车驾驶证被注销或者被吊销；
(5) 因身体健康等其他原因不宜继续从事出租汽车客运服务。

从业资格证被注销的，应当及时收回；无法收回的，由发证机关公告作废。

（七）出租汽车驾驶员从业资格证的撤销和作废

出租汽车驾驶员有下列不具备安全运营条件情形之一的，由发证机关撤销其从业资格证，并公告作废：
(1) 持证人身体健康状况不再符合从业要求且没有主动申请注销从业资格证；
(2) 有交通肇事犯罪、危险驾驶犯罪记录，有吸毒记录，有饮酒后驾驶记录，有暴力犯罪记录，最近连续3个记分周期内记满12分记录。

（八）出租汽车驾驶员从业资格证延期注册

出租汽车驾驶员在运营过程中，应当遵守国家对驾驶员在法律法规、职业道德、服务规范、安全运营等方面的资格规定，文明行车、优质服务。出租汽车驾驶员不得有下列行为：
(1) 途中甩客或者故意绕道行驶；
(2) 不按照规定携带道路运输证、从业资格证；
(3) 不按照规定使用出租汽车相关设备；
(4) 不按照规定使用文明用语，车容车貌不符合要求；
(5) 未经乘客同意搭载其他乘客；
(6) 不按照规定出具相应车费票据；
(7) 网约车驾驶员违反规定巡游揽客、站点候客；
(8) 巡游车驾驶员拒载，或者未经约车人或乘客同意，网约车驾驶员无正当理由未按承诺到达约定地点提供预约服务；
(9) 巡游车驾驶员不按照规定使用计程计价设备、违规收费或者网约车驾驶员违规收费；
(10) 对举报、投诉其服务质量或者对其服务做出不满意评价的乘客实施报复。

出租汽车驾驶员有《出租汽车驾驶员从业资格管理规定》中第四十条前款违法行为的，应当加强继续教育；情节严重的，出租汽车行政主管部门应当对其延期注册。

五、违反从业资格证管理规范法律后果

（一）经营者违章经营的法律责任

1. 聘用未取得从业资格证的人员的处罚

聘用未取得从业资格证的人员驾驶出租汽车从事经营活动的，由县级以上出租汽车行

政主管部门责令改正,并处 5000 元以上 1 万元以下的罚款;情节严重的,处 1 万元以上 3 万元以下的罚款。

2. 聘用未办理注册手续的人员和不按规定组织继续教育的处罚

有下列行为之一的出租汽车经营者,由县级以上出租汽车行政主管部门责令改正,并处 1000 元以上 3000 元以下的罚款:

(1)聘用未按规定办理注册手续的人员,驾驶出租汽车从事经营活动;

(2)不按照规定组织实施继续教育。

(二)出租汽车驾驶员违章的法律责任

1. 无证从业的法律责任

有下列行为之一的人员,由县级以上出租汽车行政主管部门责令改正,并处 1 万元以上 3 万元以下的罚款;构成犯罪的,依法追究刑事责任:

(1)未取得从业资格证或者超越从业资格证核定范围,驾驶出租汽车从事经营活动;

(2)使用失效、伪造、变造的从业资格证,驾驶出租汽车从事经营活动;

(3)转借、出租、涂改从业资格证。

2. 违反从业注册规定与从业禁止性行为规范的法律后果

未办理注册手续驾驶出租汽车从事经营活动或违反禁止性从业行为规范的行为,由县级以上出租汽车行政主管部门责令改正,并处 200 元以上 2000 元以下的罚款。

复 习 题

1. 简述车辆技术管理的概念。
2. 简述车辆技术管理制度的基本框架。
3. 简述道路运输从业人员分类及总体管理制度。

第六章　道路运输行政许可

第一节　道路客运经营许可

按照《中华人民共和国行政许可法》关于行政许可设定的规定,国务院以行政法规《中华人民共和国道路运输条例》设定了道路运输客运经营许可,交通运输部随后通过《道路旅客运输及客运站管理规定》《道路旅客运输班线经营权招标投标办法》等部令进行了具体规定。为避免盲目申请,正确指导申请,县级以上道路运输管理机构应当定期向社会公布本行政区域内的客运运力投放、客运线路布局、主要客流流向和流量等情况。

一、道路客运市场准入条件

(一)车辆条件

有与其经营业务相适应并经检测合格的客车是道路客运市场准入条件之一,即车辆条件。

1. 客车技术要求

客车技术要求应当符合《道路运输车辆技术管理规定》有关规定。

2. 客车类型等级要求

从事高速公路客运、旅游客运和营运线路长度在 800km 以上的客运车辆,其车辆类型等级应当达到行业标准《营运客车类型划分及等级评定》(JT/T 325—2013)规定的中级以上。

3. 客车数量要求

(1)经营一类客运班线的班车客运经营者应当自有营运客车 100 辆以上、客位 3000 个以上,其中高级客车 30 辆以上、客位 900 个以上;或者自有高级营运客车 40 辆以上、客位 1200 个以上。

(2)经营二类客运班线的班车客运经营者应当自有营运客车 50 辆以上、客位 1500 个以上,其中中高级客车 15 辆以上、客位 450 个以上;或者自有高级营运客车 20 辆以上、客位 600 个以上。

(3)经营三类客运班线的班车客运经营者应当自有营运客车 10 辆以上、客位 200 个以上。

(4)经营四类客运班线的班车客运经营者应当自有营运客车 1 辆以上。

(5)经营省际包车客运的经营者,应当自有中高级营运客车 20 辆以上、客位 600 个以上。

(6)经营省内包车客运的经营者,应当自有营运客车 5 辆以上、客位 100 个以上。

(二)从事客运经营的驾驶人员条件

从事客运经营的驾驶人条件为:取得相应的机动车驾驶证;年龄不超过60周岁;3年内无重大以上交通责任事故记录;经设区的市级道路运输管理机构对有关客运法规、机动车维修和旅客急救基本知识考试合格而取得相应从业资格证。

上述所称交通责任事故,是指驾驶人员负同等或者以上责任的交通事故。

(三)有健全的安全生产管理制度

健全的安全生产管理制度包括安全生产操作规程、安全生产责任制、安全生产监督检查、驾驶人员和车辆安全生产管理的制度。

(四)线路和站点方案

申请从事道路客运班线经营,还应当有明确的线路和站点方案。

二、道路客运市场准入程序

(一)申请与受理

1. 申请

申请从事道路客运经营的,应当依法向工商行政管理机关办理有关登记手续后,按照下列所述提出申请。

(1)从事县级行政区域内客运经营的,向县级道路运输管理机构提出申请。

(2)从事省、自治区、直辖市行政区域内跨2个县级以上行政区域客运经营的,向其共同的上一级道路运输管理机构提出申请。

(3)从事跨省、自治区、直辖市行政区域客运经营的,向所在地的省、自治区、直辖市道路运输管理机构提出申请。

已取得相应道路班车客运经营许可的经营者需要增加客运班线的,应当按上述的规定进行申请。

2. 提供材料

(1)申请开业应提供的相关材料包括以下几项。

①《道路旅客运输经营申请表》。

②企业章程文本。

③投资人、负责人身份证明及其复印件,经办人的身份证明及其复印件和委托书。

④安全生产管理制度文本。

⑤拟投入车辆承诺书,包括客车数量、类型及等级、技术等级、座位数,以及客车外廓长、宽、高尺寸等内容。如果拟投入客车属于已购置或者现有的,应当提供行驶证、车辆技术等级评定结论、客车类型等级评定证明及其复印件。

⑥已聘用或拟聘用驾驶人员的驾驶证和从业资格证及其复印件,公安部门出具的3年内无重大以上交通责任事故的证明。

(2)同时申请道路客运班线经营的,还应当提供下列材料。
①《道路旅客运输班线经营申请表》。
②可行性报告,包括申请客运班线客流状况调查、运营方案、效益分析以及可能对其他相关经营者产生的影响等内容。
③进站方案,已与起讫点客运站和停靠站签订进站意向书的,应当提供进站意向书。
④运输服务质量承诺书。

(3)已获得相应道路班车客运经营许可的经营者,申请新增客运班线时,除提供上述(2)项中规定的材料外,还应当提供下列材料。
①《道路运输经营许可证》复印件。
②与所申请客运班线类型相适应的企业自有营运客车的行驶证、《道路运输证》复印件。
③拟投入车辆承诺书,包括客车数量、类型及等级、技术等级、座位数,以及客车外廓长、宽、高尺寸等内容。如果拟投入客车属于已购置或者现有的,应当提供行驶证、车辆技术等级评定结论、客车类型等级评定证明及其复印件。
④拟聘用驾驶人员的驾驶证和从业资格证及其复印件,公安部门出具的3年内无重大以上交通责任事故的证明。
⑤经办人的身份证明及其复印件,所在单位的工作证明或者委托书。

(二) 审查与决定

1. 审查

道路运输管理机构在审查客运申请时,应当考虑客运市场的供求状况、普遍服务和方便群众等因素。在道路客运班线经营许可过程中,任何单位和个人不得以对等投放运力等不正当理由拒绝、阻挠实施客运班线经营许可。

2. 决定

1)许可期限和做出许可或者不予许可的决定

道路运输管理机构对道路客运经营申请、道路客运班线经营申请予以受理的,应当自受理之日起20日内做出许可或者不予许可的决定。道路运输管理机构对不符合法定条件的申请做出不予行政许可决定的,应当向申请人出具《不予交通行政许可决定书》。

2)发放经营许可证、班线经营许可证明

道路运输管理机构对符合法定条件的道路客运经营申请做出准予行政许可决定的,应当出具《道路客运经营行政许可决定书》,明确许可事项(许可事项包括经营范围、车辆数量及要求、客运班线类型);在10日内向被许可人发放《道路运输经营许可证》,并告知被许可人所在地道路运输管理机构。

向不同级别的道路运输管理机构申请道路运输经营的,应当由最高一级道路运输管理机构核发《道路运输经营许可证》,并注明各级道路运输管理机构许可的经营范围,下级道路运输管理机构不再核发《道路运输经营许可证》。下级道路运输管理机构已向被许可人发放《道路运输经营许可证》的,上级道路运输管理机构应当按上述要求予以换发。

道路运输管理机构对符合法定条件的道路客运班线经营申请做出准予行政许可决定的,应当出具《道路客运班线经营行政许可决定书》,明确许可事项(许可事项包括经营主体、班车类别、起讫地及起讫站点、途经路线及停靠站点、日发班次、车辆数量及要求、经营期限);在10日内向被许可人发放《道路客运班线经营许可证明》,并告知班线起讫地道路运输管理机构;属于跨省客运班线的,应当将《道路客运班线经营行政许可决定书》抄告途经上下旅客的和终到的省级道路运输管理机构。

受理跨省客运班线经营申请的省级道路运输管理机构,应当在受理申请后7日内发征求意见函并附《道路旅客运输班线经营申请表》传真给途经上下旅客的和目的地省级道路运输管理机构征求意见;相关省级道路运输管理机构应当在10日内将意见传真给受理申请的省级道路运输管理机构,不予同意的,应当依法注明理由,逾期不予答复的,视为同意;相关省级道路运输管理机构对跨省客运班线经营申请持不同意见且协商不成的,由受理申请的省级道路运输管理机构通过其隶属的省级交通运输主管部门将各方书面意见和相关材料报交通运输部决定,并书面通知申请人。交通运输部应当自受理之日起20日内做出决定,并书面通知相关省级交通运输主管部门,由受理申请的省级道路运输管理机构为申请人办理有关手续。

3)配发道路运输证

被许可人应按确定的时间落实拟投入车辆承诺书。道路运输管理机构核实被许可人落实拟投入车辆承诺书且车辆符合许可要求后,应当为投入运输的客车配发《道路运输证》。

4)分类配发客运标志牌

(1)班车客运标志牌。

属于客运班车的,应当同时配发班车客运标志牌。正式班车客运标志牌尚未制作完毕的,应当先配发临时客运标志牌。

(2)包车客运标志牌。

客运包车应当凭车籍所在地(省际、市际客运包车的车籍所在地为车籍所在的地区,县际客运包车的车籍所在地为车籍所在的县)道路运输管理机构核发的包车客运标志牌,并持有包车票或者包车合同(非定线旅游客车可持注明客运事项的旅游客票或者旅游合同取代包车票或者包车合同),按照约定的时间、起始地(客运包车除执行道路运输管理机构下达的紧急包车任务外,其线路一端应当在车籍所在地)、目的地和线路运行,不得按班车模式定点定线运营,不得招揽包车合同外的旅客乘车。

省际临时客运标志牌、省际包车客运标志牌由省级道路运输管理机构按照交通运输部的统一式样印制,交由当地县以上道路运输管理机构向客运经营者核发。省际包车客运标志牌和加班车、顶班车、接驳车使用的省际临时客运标志牌在一个运次所需的时间内有效,因班车客运标志牌正在制作或者丢失而使用的省际临时客运标志牌的有效期不得超过30天。

从事省际包车客运的企业应按照交通运输部的统一要求,通过运政管理信息系统向车籍地道路运输管理机构备案后方可使用包车标志牌。省内临时客运标志牌、省内包车客运标志牌样式及管理要求由各省级交通运输主管部门自行规定。

三、道路旅客运输班线经营权招投标

(一)概念

道路旅客运输班线经营权招标投标(以下简称客运班线招标投标),是指道路运输管理机构在不实行班线经营权有偿使用或者竞价的前提下,通过公开招标,对参加投标的道路旅客运输经营者(以下简称客运经营者)的质量信誉情况、企业规模、运力结构和经营该客运班线的安全保障措施、服务质量承诺、运营方案等情况进行综合评价,择优确定客运班线经营者的许可方式。

(二)程序

1. 招标

1)招标条件

县级以上道路运输管理机构根据《中华人民共和国道路运输条例》规定的许可权限,对下列客运班线经营权可以采取招标投标的方式进行许可,并作为招标人组织开展招标工作:①在确定被许可人之前,同一条客运班线有3个以上申请人申请的;②根据道路运输发展规划和市场需求,道路运输管理机构决定开通的干线公路客运班线,或者在原干线公路客运线路上投放新的运力;③根据双边或者多边政府协定开通的国际道路客运班线;④已有的客运班线经营期限到期,原经营者不具备延续经营资格条件,需要重新许可的。

对确定以招标投标方式进行行政许可的客运班线,在招标投标工作没有开始之前,申请人提出申请的,许可机关应当告知申请人该客运班线将以招标投标方式进行许可,并在6个月内完成招标投标工作。

2)招标项目

招标人可以将两条以上客运班线经营权作为一个招标项目进行招标投标。

通过招标投标方式许可的客运班线经营权的经营期限为4~8年,新开发的客运班线经营权的经营期限为6~8年,具体期限由招标人确定。

3)招标方式

客运班线招标投标应当采用公开招标方式,招标公告和招标结果应当向社会公布。

相关省级道路运输管理机构协商确定实施省际客运班线招标投标的,可以采取联合招标和各自分别招标等方式进行。一省不实行招标投标的,不影响另外一省实行招标投标。按照相关规定进行招标投标确定的经营者,相关道路运输管理机构应当予以认可,并按规定办理相关手续。

采取联合招标的,班线起讫地省级道路运输管理机构为共同招标人,由双方协商办理招标事宜。

4)招标代理和自行招标

招标人可以自行选择具备法定条件的招标代理机构,委托其办理招标事宜。各地道路运输行业协会组织可以接受招标人的委托,具体承担与招标投标有关的事务性工作。

具备相应能力的招标人,可以自行办理招标事宜。任何单位和个人不得强制其委托招标代理机构办理招标事宜。

5)具体程序

第一,发布招标公告。

第二,编制招标文件。

招标人不得违背《道路旅客运输及客运站管理规定》的规定,提高、增设或者降低、减少条件限制投标人,也不得对投标人实行地域限制。招标人不得限制投标人之间的竞争,不得强制投标人组成联合体共同投标。

客运班线招标投标评分标准总分为200分,包括标前分80分(表6-1)和评标分120分。评标分中应当包括安全保障措施、车辆站场设施、运营方案、经营方式、服务承诺、服务质量保障措施等内容,具体评分项目和分值设置由省级道路运输管理机构根据下列要求设定:①有利于引导客运经营者加强管理、规范经营;②有利于引导客运经营者提高运输安全水平和服务水平,承担社会责任;③有利于引导客运经营者节能减排;④有利于引导客运经营者提高车辆技术装备水平;⑤有利于促进规模化、集约化和公司化经营。

道路旅客运输班线经营权招标投标标前分评分标准　　表6-1

	考核项目	分值	记分标准
标前分 (80分)	上年度企业客运质量信誉等级	20分	AAA级的,得满分;AA级,得14分;A级,得7分;B级,不得分;因成立不久尚未评定本年度质量信誉等级的企业得10分
	再上一年度企业客运质量信誉等级	20分	AAA级的,得满分;AA级,得14分;A级,得7分;B级,不得分;因成立不久未评定本年度质量信誉等级的企业得10分
	企业规模	20分	企业自有营运客车数量高出许可条件要求数量,每高出一辆车得0.1分,最高不超过20分
	运力结构	20分	企业自有营运客车中的高级客车比例为1%,得0.2分。在此基础上,每增加1%,加0.2分,依次类推

第三,资格审查和发售招标文件。

招标人应当确定不少于10日的时间作为投标人的报名时间,该期间自招标公告发布之日起至报名截止日止。

招标人应当根据投标人报名时提交的材料对投标人的资格条件进行审查。对其中已具备招标项目所要求的许可条件的,发售招标文件。

招标人应当确定不少于30日的时间作为投标人编制投标文件所需要的时间,该期间自招标文件发售截止之日起至投标人提交投标文件截止之日止。在招标文件要求的提交投标文件截止时间后送达的投标文件,招标人应当拒收。

客运班线招标投标所发生的费用,应纳入各级运管机构正常的工作经费计划。

2. 投标

1)投标人

投标人是响应招标,已具备所要求条件的,参加投标竞争的或者拟申请招标项目的道路客运经营范围的公民、法人或者其他组织。

两个以上法人或者其他组织可以组成一个联合体,以一个投标人的身份投标。联合体各方均应当符合规定的条件,并不得再独立或者以筹建其他联合体的形式参加同一招标项目的投标。

联合体各方应当签订共同投标协议,约定各方拟承担的工作和责任,明确在中标后是否联合成立新的经营实体,并将共同投标协议连同投标文件一并提交招标人。

2）提交资格预审材料和标前分评定材料

投标人应当在招标公告规定的期限内向招标人报名,并按照招标公告的要求提交以下材料。

第一,资格预审材料。其包括《道路旅客运输及客运站管理规定》要求的除可行性报告、进站方案、运输服务质量承诺书之外的其他申请客运班线许可的材料。不具备招标项目所要求的道路客运经营范围的,应当同时提出申请,相关申请材料一并提交。

第二,标前分评定材料。其包括最近两年企业客运质量信誉考核情况、自有营运客车数量、高级客车数量以及相关证明材料。

招标人已经准确掌握投标人上述有关情况的,可以不再要求投标人报送相应材料。

3）购买招标文件、编制投标文件

通过资格预审的投标人购买招标文件后,应当按照招标文件的要求编制投标文件。

4）要求解释、修改补充及签章送达

投标人在编制投标文件过程中,如果对招标文件的内容存有疑问,可以在领取投标文件之日起10日内以书面形式要求招标人进行解释。招标人在研究所有投标人提出的问题后,在提交投标文件截止时间至少15日前,以书面形式进行必要澄清或者修改,并发至所有投标人。澄清或者修改的内容作为招标文件的补充部分,与招标文件具有同等效力。

在提交投标文件截止时间前,投标人可以对已提交的投标文件进行修改、补充,也可以撤回投标文件,并书面通知招标人。修改、补充的内容为投标文件的组成部分。修改、补充的内容应当在提交投标文件截止时间前提交给招标人。

投标文件及相关材料由投标人的法定代表人签字并加盖单位印章,进行密封,在招标文件要求提交投标文件的截止时间前,将投标文件送达指定地点。招标人收到投标文件后,应当签收保存。任何人和单位不得在开标之前开启。

投标文件正本、副本的内容应当保持一致。

联合体参加投标的投标文件及相关材料由各方法定代表人共同签字并加盖各方印章。

正在筹建成立经营实体的申请人的投标文件及相关材料由筹建负责人签字,不需加盖单位印章。

投标人不得相互串通或者与招标人串通投标,不得排挤其他投标人的公平竞争。不得以他人名义投标或者以其他方式弄虚作假,骗取中标。

5）重新组织招标

到提交投标文件截止时间止,投标人为3个以上的,按规定进行开标和评标。投标人不足3个的,招标人可以重新组织招标或者按照有关规定进行许可。

3. 开标、评标和中标

1）开标前准备工作

（1）建立评审专家库。

省级道路运输管理机构应当建立客运班线招标投标评审专家库,公布并定期调整评审专家。评审专家应当具备下列条件之一:各级交通运输主管部门、道路运输管理机构从事客货运输、财务、安全、技术管理工作5年以上并具备大专以上学历的工作人员;道路运输企业、高等院校、科研机构和道路运输中介组织中从事道路运输领域的管理、财务、安全、技术或者研究工作8年以上,并具有相应专业高级职称或者具有同等专业水平的人员。

(2)成立评标委员会。

招标人应当在开标前委派1名招标人代表并从评审专家库中随机抽取一定数量的评审专家组成评标委员会进行评标,评标委员会的成员人数应当为5人以上单数。评委名单在中标结果确定前应当保密。评委与投标人有利害关系的,不得进入本次评标委员会,已经进入的应当更换。

两个以上省级道路运输管理机构联合招标的,评标委员会由相关省级道路运输管理机构分别从各自的评审专家库中抽取的评审专家组成,每省的评审专家数量由相关方共同商定,每省应当各派1名招标人代表,但招标人代表总数不得超过评委总数的三分之一。

(3)标前分评定。

招标人应当在开标前对已取得招标文件的投标人提供的标前分评定材料进行核实,并完成标前分的评定工作。

2)开标

开标应当在招标文件确定的提交投标文件截止时间的同一时间公开进行。开标地点应当为招标文件中预先确定的地点。

开标由招标人主持,邀请所有投标人的法定代表人(筹建负责人)或者其委托代理人参加。

开标时,由投标人或者其推选的代表检查所有投标文件的密封情况,也可以由招标人委托的公证机构检查并公证;经确认无误后,由工作人员当场拆封全部投标文件,并宣读投标人名称和投标文件的主要内容。

招标、投标、开标过程应当记录,并存档备查。

3)评标

(1)评标纪律。

开标后,招标人应当组织评标委员会进行评标。评标必须在严格保密的条件下进行,禁止任何单位和个人非法干预、影响评标的过程和结果。评标过程应当遵守下列要求:评标场所必须具有保密条件;只允许评委、招标人指定的工作人员参加;所有参加评标的人员不得携带通讯工具;评标场所内不设电话机和上网的计算机。

(2)废标认定。

在开标和评标过程中,有下列情况之一的,应当认定为废标:投标文件不符合招标文件规定的实质性要求,或者因缺乏相关内容而无法进行评标的;投标文件未按招标文件规定的要求正确署名与盖章的;投标文件附有招标人无法接受的条件的;投标文件的内容及有关材料不是真实有效的;投标文件正、副本的内容不符,影响评标的。

(3)评标程序。

在排除废标后,投标人为3个以上的,继续进行招标投标工作;投标人不足3个的,招标人可以重新组织招标投标或者按有关规定进行许可。

评标委员会应当按以下程序进行评标。

第一,审查投标文件及相关材料,并对不明确的内容进行质询。

第二,招标人或者招标代理机构根据评委质询意见,要求投标人对投标文件中不明确的内容进行必要澄清和说明,但澄清和说明不得超出投标文件的范围或者改变投标文件的实质性内容。

第三,认定是否存在废标。

第四,评委按照招标文件确定的评分标准和方法,客观公正地评定投标人的评标分,并对所提出的评审意见承担个人责任。如果招标项目由两条以上客运班线组成,则分别确定每条客运班线的评标分后,取所有客运班线评标分的算术平均值为投标人在该招标项目的评标分。

第五,评委对招标人评定的标前分进行复核确认。

第六,在评委评定的评标分中,去掉一个最高分和一个最低分后,取算术平均值作为投标人在该招标项目的最终评标分。最终评标分加上标前分,作为投标人的评标总分。

第七,按照评标总分由高到低的原则推荐中标候选人和替补中标候选人。替补中标候选人为多个的,应当明确替补顺序。评标总分分数相同且影响评标结果的确定时,由评委现场投票表决确定中标候选人、替补中标候选人。

第八,出具书面评标报告,并经全体评委签字后,提交招标人。

招标人、招标代理机构的工作人员和评委不得私下接触投标人,不得收受投标人的财物或者其他好处,在开标前不得向他人透露投标人提交的资格预审材料的有关内容,在任何时候不得透露对投标文件的评审和比较意见、中标候选人的推荐情况以及评标的其他情况,严禁发生任何可能影响公正评标的行为。

招标人或者监察部门发现评标委员会在评标过程中有不公正的行为时,可以向评标委员会提出质疑,评标委员会应当进行解释。经调查确有不公正行为的,由招标人另行组织评标委员会重新评标和确定中标人。

4) 定标和中标

招标人应当根据评标委员会提交的书面评标报告和推荐意见确定中标人和替补中标人。

确定中标人后,招标人应当在 7 日内向中标人发出中标通知书,并将中标结果书面通知替补中标人和其他投标人。

5) 签约和办理许可手续

招标人和中标人应当在中标通知书发出之日起 30 日内,签订中标合同并按照有关规定办理许可手续。

中标合同不得对招标文件及中标人的承诺进行实质性改变,并应当作为中标人取得的道路客运班线经营行政许可决定书的附录。中标合同的违约责任条款内容不得与《中华人民共和国道路运输条例》中已明确的相应处罚规定相违背。

6) 其他

(1) 履约保证金问题。

招标文件要求中标人缴纳履约保证金或者提交其开户银行出具的履约保函的,中标人应当于签订中标合同的同时予以缴纳或者提交。由于中标人原因逾期不签订中标合同或者不按要求缴纳履约保证金或提交履约保函的,视为自动放弃中标资格,其中标资格由替补中标人取得(替补中标人为多个的,按替补顺序依次替补,后同),并按上述规定办理有关手续。

招标人向中标人收取的履约保证金不得超过中标人所投入车辆购置价格的3%,且中标人交纳履约保证金(不含履约保函)达到30万元之后,如果再次中标取得其他客运班线经营权,不再向该招标人交纳履约保证金。

(2)联合体中标问题。

两个以上法人或者其他组织组成的联合体中标但不成立新的经营实体的,联合体各方应当共同与招标人签订中标合同,就中标项目向招标人承担连带责任。招标人应当根据中标合同分别为联合体各方办理道路客运班线经营行政许可手续,并分别颁发相关许可证件。

(3)经营范围手续办理。

中标人在投标时申请招标项目所要求的道路客运经营范围的,道路运输管理机构应当按照有关规定予以办理客运经营许可的有关手续。

(4)授权经营问题。

中标人不得转让中标的客运班线经营权,可以将中标客运班线经营权授予其分公司经营,但不得委托其子公司经营。

(5)分公司注册事宜。

中标人注册地不在中标客运班线起点或者终点的,应当在起点县级以上城市注册分公司进行经营,注册地运管机构应当按照有关规定予以办理有关注册手续。

(6)依约定投入运营。

中标人应当在中标合同约定的时限内按中标方案投入运营。

4. 监督和考核

1)监督者

招标投标活动全过程应当自觉接受投标人、监察部门、交通运输主管部门、上级道路运输管理机构和社会的监督。交通运输主管部门和上级道路运输管理机构发现正在进行的招标投标活动严重违反相关法律、行政法规和有关规定的,应当责令招标人终止招标活动。

2)违规处理依据

招标人、评标委员会评委、招标工作人员、招标代理机构以及投标人有违法违纪行为的,应当按《中华人民共和国招标投标法》的规定进行处理。

3)无效投标、中标的认定

投标人有下列行为之一,投标无效;已经中标的,中标无效(中标资格由替补中标人取得):(1)在投标过程中弄虚作假;(2)与投标人或者评标委员会评委相互串通,事先商定投标方案或者合谋使特定人中标;(3)向招标人或者评标委员会成员行贿或者提供其他不正当利益。上述行为给招标人或者其他投标人造成损失的,依法承担赔偿责任。

4)放弃投标的处理

已经提交投标文件的投标人在提交投标文件截止时间后无正当理由放弃投标的,在评定当年客运质量信誉等级时,每发生一次从总分中扣除30分。如果投标人在异地投标的,招标人应当将此情况通报投标人所在地道路运输管理机构。

5)中标合同的履行和违约处理

招标人和中标人应当根据双方签订的中标合同履行各自的权利和义务。

招标人应当对中标人履行承诺情况进行定期或者不定期的检查,发现中标人不遵守服务质量承诺、不规范经营或者存在重大安全隐患的,应当要求中标人进行整改。整改不合格的,招标人依据中标合同的约定可以从履约保证金中扣除相应数额的违约金,直至收回该客运班线或者该客运车辆的经营权。

道路运输管理机构对中标人缴纳的履约保证金应当专户存放,不得挪用。道路运输管理机构依据中标合同从履约保证金中扣除的相应数额的违约金,应当按照财务管理的相关规定进行管理。道路运输管理机构按照合同约定从中标人履约保证金中扣除违约金后,中标人应当在招标人规定的时间内补交保证金;逾期不交的,道路运输管理机构可以依据中标合同进行处理。合同履行完毕后,道路运输管理机构应当及时将剩余的履约保证金本息归还中标人。

道路运输管理机构应当按照国家有关法律、行政法规和规章对中标人在经营期内的违法行为处以相应行政处罚。

四、道路客运站市场准入管理

(一)客运站经营准入条件

(1)客运站经有关部门组织的工程竣工验收合格,并且经道路运输管理机构组织的站级验收合格。

(2)具有与业务量相适应的专业人员和管理人员。

(3)具有相应的设备、设施,具体要求按照行业标准《汽车客运站级别划分及建设要求》(JT/T 200—2004)的规定执行。

(4)有健全的业务操作规程和安全管理制度,包括服务规范、安全生产操作规程、车辆发车前例检、安全生产责任制、危险品查堵和安全生产监督检查的制度。

(二)准入程序

1. 申请与受理

申请从事客运站经营的,应当依法向工商行政管理机关办理有关登记手续后,向所在地县级道路运输管理机构提出申请。

申请时应提供的材料有:《道路旅客运输站经营申请表》;客运站竣工验收证明和站级验收证明;拟招聘的专业人员、管理人员的身份证明和专业证书及其复印件;负责人身份证明及其复印件,经办人的身份证明及其复印件和委托书;业务操作规程和安全管理制度文本。

2. 审查与决定

道路运输管理机构对客运站经营申请予以受理的,应当自受理之日起 15 日内做出许可或者不予许可的决定。

道路运输管理机构对符合法定条件的客运站经营申请做出准予行政许可决定的,应当出具《道路旅客运输站经营行政许可决定书》,明确许可事项(许可事项包括经营者名称、站场地址、站场级别和经营范围);并在 10 日内向被许可人发放《道路运输经营许可证》。

五、道路客运、客运站经营变更、中止、终止、延续

(一)经营变更和重新许可的认定

1. 许可事项

道路客运经营行政许可事项包括经营范围、车辆数量及要求、客运班线类型;道路客运班线经营行政许可事项包括经营主体、班车类别、起讫地及起讫站点、途经路线及停靠站点、日发班次、车辆数量及要求、经营期限。

2. 许可事项一般变更和特殊变更(重新许可)

客运班线的经营主体、起讫地和日发班次变更和客运站经营主体、站址变更按重新许可办理。其他事项变更按经营变更认定和处理。

3. 变更程序

客运经营者、客运站经营者需要变更许可事项的,应当向原许可机关提出申请。

(二)经营中止和终止

1. 经营期限

客运班线的经营期限由省级道路运输管理机构按《中华人民共和国道路运输条例》的有关规定确定,一般为4~8年。包车经营是无期限限制的。

2. 客运班线经营中止

客运班线经营者在经营期限内暂停班线经营,应当提前30日向原许可机关申请。

3. 经营终止分类和管理

1)经营终止分类

(1)自主终止经营:客运经营者、客运站经营者需要终止经营的,应当向原许可机关提出申请。

(2)视为自动终止经营:客运经营者和客运站经营者在取得全部经营许可证件后无正当理由超过180天不投入运营或者运营后连续180天以上停运的,视为自动终止经营。

(3)经营期满自动终止经营。

2)经营终止管理

客运经营者终止经营,应当在终止经营后10日内,将相关的《道路运输经营许可证》《道路运输证》和客运标志牌交回原发放机关。

客运站经营者终止经营的,应当提前30日告知原许可机关和进站经营者。原许可机关发现关闭客运站可能对社会公众利益造成重大影响的,应当采取措施对进站车辆进行分流,并向社会公告。客运站经营者应当在终止经营后10日内将《道路运输经营许可证》交回原发放机关。

(三)经营延续申请和许可

经营期限届满,需要延续客运班线经营的,应当在届满前60日提出申请。原许可机关应当依据本章有关规定做出许可或者不予许可的决定。予以许可的,重新办理有关手续。

客运经营者在客运班线经营期限届满后申请延续经营,符合下列条件的,应当予以优先许可:(1)经营者符合《道路旅客运输及客运站管理规定》第十条规定;(2)经营者在经营该客运班线过程中,无特大运输安全责任事故;(3)经营者在经营该客运班线过程中,无情节恶劣的服务质量事件;(4)经营者在经营该客运班线过程中,无严重违法经营行为;(5)按规定履行了普遍服务的义务。

六、违反道路客运经营许可规范的法律后果

(一)未经许可,擅自从事道路客运经营

有下列行为之一的,由县级以上道路运输管理机构责令停止经营;有违法所得的,没收违法所得,处违法所得2倍以上10倍以下的罚款;没有违法所得或者违法所得不足2万元的,处3万元以上10万元以下的罚款;构成犯罪的,依法追究刑事责任:(1)未取得道路客运经营许可,擅自从事道路客运经营的;(2)未取得道路客运班线经营许可,擅自从事班车客运经营的;(3)使用失效、伪造、变造、被注销等无效的道路客运许可证件从事道路客运经营的;(4)超越许可事项,从事道路客运经营的。

(二)未经许可,擅自从事道路客运站经营

有下列行为之一的,由县级以上道路运输管理机构责令停止经营;有违法所得的,没收违法所得,处违法所得2倍以上10倍以下的罚款;没有违法所得或者违法所得不足1万元的,处2万元以上5万元以下的罚款;构成犯罪的,依法追究刑事责任:(1)未取得客运站经营许可,擅自从事客运站经营的;(2)使用失效、伪造、变造、被注销等无效的客运站许可证件从事客运站经营的;(3)超越许可事项,从事客运站经营的。

(三)取得许可,但使用无道路运输证的车辆经营

取得客运经营许可的客运经营者使用无《道路运输证》的车辆参加客运经营的,由县级以上道路运输管理机构责令改正,处3000元以上1万元以下的罚款。

(四)不具备开业要求的有关安全条件、存在重大运输安全隐患

客运经营者、客运站经营者已不具备开业要求的有关安全条件、存在重大运输安全隐患的,由县级以上道路运输管理机构责令限期改正;在规定时间内不能按要求改正且情节严重的,由原许可机关吊销《道路运输经营许可证》或者吊销相应的经营范围。

第二节 道路货物运输经营许可

拟从事道路货物运输经营和货运站经营的申请人,应当首先依法向工商行政管理机关办理有关登记手续,取得有关工商经营许可证件后,再到相应的道路运输管理机构申请道路货物运输经营许可。

一、道路货物运输经营许可条件

(1) 有与其经营业务相适应并经检测合格的运输车辆。

①车辆技术要求应当符合《道路运输车辆技术管理规定》有关规定。

②车辆其他要求:从事大型物件运输经营的,应当具有与所运输大型物件相适应的超重型车组;从事冷藏保鲜、罐式容器等专用运输的,应当具有与运输货物相适应的专用容器、设备、设施,并将其固定在专用车辆上;从事集装箱运输的,车辆还应当有固定集装箱的转锁装置。

(2) 有符合规定条件的驾驶人员。

①取得与驾驶车辆相应的机动车驾驶证。

②年龄不超过60周岁。

③经设区的市级道路运输管理机构对有关道路货物运输法规、机动车维修和货物及装载保管基本知识考试合格,并取得从业资格证。

(3) 有健全的安全生产管理制度,包括安全生产责任制度、安全生产业务操作规程、安全生产监督检查制度、驾驶员和车辆安全生产管理制度等。

二、货运站经营许可条件

(1) 有与其经营规模相适应的货运站房、生产调度办公室、信息管理中心、仓库、仓储库棚、场地和道路等设施,并经有关部门组织的工程竣工验收合格。

(2) 有与其经营规模相适应的安全、消防、装卸、通讯、计量等设备。

(3) 有与其经营规模、经营类别相适应的管理人员和专业技术人员。

(4) 有健全的业务操作规程和安全生产管理制度。

三、许可程序

(一) 申请

申请从事道路货物运输经营的,应当依法向工商行政管理机关办理有关登记手续后,向县级道路运输管理机构提出申请,并提供的材料有:①《道路货物运输经营申请表》;②负责人身份证明,经办人的身份证明和委托书;③机动车辆行驶证,车辆技术等级评定结论复印件;拟投入运输车辆的承诺书(应当包括车辆数量、类型、技术性能、投入时间等内容);④聘用或者拟聘用驾驶员的机动车驾驶证、从业资格证及其复印件;⑤安全生产管理制度文本;⑥法律、法规规定的其他材料。

申请从事货运站经营的,应当依法向工商行政管理机关办理有关登记手续后,向县级道路运输管理机构提出申请,并提供的材料有:①《道路货物运输站(场)经营申请表》;②负责人身份证明,经办人的身份证明和委托书;③经营道路货运站的土地、房屋的合法证明;④货运站竣工验收证明;⑤与业务相适应的专业人员和管理人员的身份证明、专业证书;⑥业务操作规程和安全生产管理制度文本。

（二）受理、审查与决定

道路运输管理机构对道路货运经营申请予以受理的,应当自受理之日起20日内做出许可或者不予许可的决定;道路运输管理机构对货运站经营申请予以受理的,应当自受理之日起15日内做出许可或者不予许可的决定。

道路运输管理机构对符合法定条件的道路货物运输经营申请做出准予行政许可决定的,应当出具《道路货物运输经营行政许可决定书》,明确许可事项,并于10日内向被许可人颁发《道路运输经营许可证》,在《道路运输经营许可证》上注明经营范围。

道路运输管理机构对符合法定条件的货运站经营申请做出准予行政许可决定的,应当出具《道路货物运输站(场)经营行政许可决定书》,明确许可事项。并于10日内向被许可人颁发《道路运输经营许可证》,在《道路运输经营许可证》上注明经营范围。

对道路货物运输和货运站经营不予许可的,应当向申请人出具《不予交通行政许可决定书》。

（三）配发车辆《道路运输证》

被许可人应当按照承诺书的要求投入运输车辆。购置车辆或者已有车辆经道路运输管理机构核实并符合条件的,道路运输管理机构向投入运输的车辆配发《道路运输证》。

四、与经营许可的相关问题

（一）子公司和分公司的设立规定

道路货物运输经营者设立子公司的,应当向设立地的道路运输管理机构申请经营许可;设立分公司的,应当向设立地的道路运输管理机构报备。

（二）货运相关服务经营的备案管理

从事货运代理(代办)等货运相关服务的经营者,应当依法到工商行政管理机关办理有关登记手续,并持有关登记证件到设立地的道路运输管理机构备案。

（三）经营终止、重新许可和经营变更

道路货物运输和货运站经营者需要终止经营的,应当在终止经营之日30日前告知原许可的道路运输管理机构,并办理有关注销手续。

道路货物运输经营者变更许可事项、扩大经营范围的,按有关许可规定办理。

道路货物运输和货运站经营者变更名称、地址等,应当向做出原许可决定的道路运输管理机构备案。

五、违反道路货运经营许可规范的法律后果

（一）未经许可,擅自从事道路货运经营

有下列行为之一的,由县级以上道路运输管理机构责令停止经营;有违法所得的,没收

违法所得,处违法所得2倍以上10倍以下的罚款;没有违法所得或者违法所得不足2万元的,处3万元以上10万元以下的罚款;构成犯罪的,依法追究刑事责任。

(1)未取得道路货物运输经营许可,擅自从事道路货物运输经营。
(2)使用失效、伪造、变造、被注销等无效的道路运输经营许可证件从事道路货物运输经营。
(3)超越许可的事项,从事道路货物运输经营。

(二)未经许可,擅自从事道路货运站经营

有下列行为之一的,由县级以上道路运输管理机构责令停止经营;有违法所得的,没收违法所得,处违法所得2倍以上10倍以下的罚款;没有违法所得或者违法所得不足1万元的,处2万元以上5万元以下的罚款;构成犯罪的,依法追究刑事责任。

(1)未取得货运站经营许可,擅自从事货运站经营。
(2)使用失效、伪造、变造、被注销等无效的道路运输经营许可证件从事货运站经营。
(3)超越许可的事项,从事货运站经营。

(三)取得许可,但使用无道路运输证的车辆经营

取得道路货物运输经营许可的道路货物运输经营者使用无道路运输证的车辆参加货物运输的,由县级以上道路运输管理机构责令改正,处3000元以上1万元以下的罚款。

第三节 道路危险货物运输许可

道路危险货物运输申请人应当首先依法向工商行政管理机关办理登记手续,然后到市级道路运输管理机构办理《道路运输经营许可证》或者《道路危险货物运输许可证》。

一、道路危险货物运输经营许可条件

申请从事道路危险货物运输经营,应当具备相应的条件。
(1)有符合要求的专用车辆及设备。
①自有专用车辆(挂车除外)5辆以上;运输剧毒化学品、爆炸品的,自有专用车辆(挂车除外)10辆以上。
②专用车辆的技术要求应当符合《道路运输车辆技术管理规定》有关规定。
③配备有效的通讯工具。
④专用车辆应当安装具有行驶记录功能的卫星定位装置。
⑤运输剧毒化学品、爆炸品、易制爆危险化学品的,应当配备罐式、厢式专用车辆或者压力容器等专用容器。
⑥罐式专用车辆的罐体应当经质量检验部门检验合格,且罐体载货后总质量与专用车辆核定载质量相匹配。运输爆炸品、强腐蚀性危险货物的罐式专用车辆的罐体容积不得超过$20m^3$,运输剧毒化学品的罐式专用车辆的罐体容积不得超过$10m^3$,但符合国家有关标准的罐式集装箱除外。
⑦运输剧毒化学品、爆炸品、强腐蚀性危险货物的非罐式专用车辆,核定载质量不得超过10吨,但符合国家有关标准的集装箱运输专用车辆除外。

⑧配备与运输的危险货物性质相适应的安全防护、环境保护和消防设施设备。

(2)有符合要求的停车场地。

①自有或者租借期限为3年以上,且与经营范围、规模相适应的停车场地,停车场地应当位于企业注册地市级行政区域内。

②运输剧毒化学品、爆炸品专用车辆以及罐式专用车辆,数量为20辆(含)以下的,停车场地面积不低于车辆正投影面积的1.5倍,数量为20辆以上的,超过部分,每辆车的停车场地面积不低于车辆正投影面积;运输其他危险货物的,专用车辆数量为10辆(含)以下的,停车场地面积不低于车辆正投影面积的1.5倍;数量为10辆以上的,超过部分,每辆车的停车场地面积不低于车辆正投影面积。

③停车场地应当封闭并设立明显标志,不得妨碍居民生活和威胁公共安全。

(3)有符合要求的从业人员和安全管理人员。

①专用车辆的驾驶人员取得相应机动车驾驶证,年龄不超过60周岁。

②从事道路危险货物运输的驾驶人员、装卸管理人员、押运人员应当经所在地设区的市级人民政府交通运输主管部门考试合格,并取得相应的从业资格证;从事剧毒化学品、爆炸品道路运输的驾驶人员、装卸管理人员、押运人员,应当经考试合格,取得注明为"剧毒化学品运输"或者"爆炸品运输"类别的从业资格证。

③企业应当配备专职安全管理人员。

(4)有健全的安全生产管理制度。

健全的安全生产管理制度主要包括:企业主要负责人、安全管理部门负责人和专职安全管理人员安全生产责任制度;从业人员安全生产责任制度;安全生产监督检查制度;安全生产教育培训制度;从业人员、专用车辆、设备及停车场地安全管理制度;应急救援预案制度;安全生产作业规程;安全生产考核与奖惩制度;安全事故报告、统计与处理制度。

二、非经营性道路危险货物运输的许可条件

符合相应条件的企事业单位,可以使用自备专用车辆从事为本单位服务的非经营性道路危险货物运输。

(1)属于下列企事业单位之一:

①省级以上安全生产监督管理部门批准设立的生产、使用、储存危险化学品的企业;

②有特殊需求的科研、军工等企事业单位。

(2)具备上述经营性道路危险货物运输许可的条件,自有专用车辆(挂车除外)的数量可以少于5辆。

三、许可程序

(一)申请从事道路危险货物运输经营及需提交的材料

应当依法向工商行政管理机关办理有关登记手续后,向所在地设区的市级道路运输管理机构提出申请,并提交以下材料。

（1）道路危险货物运输经营申请表。其包括申请人基本信息、申请运输的危险货物范围（类别、项别或品名，如果为剧毒化学品应当标注"剧毒"）等内容。

（2）拟担任企业法定代表人的投资人或者负责人的身份证明及其复印件，经办人身份证明及其复印件和书面委托书。

（3）企业章程文本。

（4）证明专用车辆、设备情况的材料。

①未购置专用车辆、设备的，应当提交拟投入专用车辆、设备承诺书。承诺书内容应当包括车辆数量、类型、技术等级、总质量、核定载质量、车轴数以及车辆外廓尺寸；通讯工具和卫星定位装置配备情况；罐式专用车辆的罐体容积；罐式专用车辆罐体载货后的总质量与车辆核定载质量相匹配情况；运输剧毒化学品、爆炸品、易制爆危险化学品的专用车辆核定载质量等有关情况。承诺期限不得超过1年。

②已购置专用车辆、设备的，应当提供车辆行驶证、车辆技术等级评定结论；通讯工具和卫星定位装置配备；罐式专用车辆的罐体检测合格证或者检测报告及复印件等有关材料。

（5）拟聘用专职安全管理人员、驾驶人员、装卸管理人员、押运人员的，应当提交拟聘用承诺书，承诺期限不得超过1年；已聘用的应当提交从业资格证及其复印件以及驾驶证及其复印件。

（6）停车场地的土地使用证、租借合同、场地平面图等材料。

（7）相关安全防护、环境保护、消防设施设备的配备情况清单。

（8）有关安全生产管理制度文本。

（二）申请从事非经营性道路危险货物运输及需提交的材料

申请从事非经营性道路危险货物运输的单位，向所在地设区的市级道路运输管理机构提出申请时，除提交上述第（4）项至第（8）项规定的材料外，还应当提交以下材料。

（1）道路危险货物运输申请表。其包括申请人基本信息、申请运输的物品范围（类别、项别或品名，如果为剧毒化学品应当标注"剧毒"）等内容。

（2）下列形式之一的单位基本情况证明：

①省级以上安全生产监督管理部门颁发的危险化学品生产、使用等证明；

②能证明科研、军工等企事业单位性质或者业务范围的有关材料。

（3）特殊运输需求的说明材料。

（4）经办人的身份证明及其复印件以及书面委托书。

（三）实地核查和是否做出许可决定

设区的市级道路运输管理机构应当按照《中华人民共和国道路运输条例》和《交通行政许可实施程序规定》，以及《道路危险货物运输管理规定》所明确的程序和时限实施道路危险货物运输行政许可，并进行实地核查。

决定准予许可的，应当向被许可人出具《道路危险货物运输行政许可决定书》，注明许可事项，具体内容应当包括运输危险货物的范围（类别、项别或品名，如果为剧毒化学品应当标注"剧毒"）、专用车辆数量、要求以及运输性质，并在10日内向道路危险货物运输经营申请人发放《道路运输经营许可证》,向非经营性道路危险货物运输申请人发放《道路危险货物运输许可证》。市级道路运输管理机构应当将准予许可的企业或单位的许可事项等,及时以书面形式告知县级道路运输管理机构。决定不予许可的,应当向申请人出具《不予交通行政许可决定书》。

被许可人已获得其他道路运输经营许可的,设区的市级道路运输管理机构应当为其换发《道路运输经营许可证》,并在经营范围中加注新许可的事项。如果原《道路运输经营许可证》是由省级道路运输管理机构发放的,由原许可机关按照上述要求予以换发。

(四)配发《道路运输证》

被许可人应当按照承诺期限落实拟投入的专用车辆、设备。

原许可机关应当对被许可人落实的专用车辆、设备予以核实,对符合许可条件的专用车辆配发《道路运输证》,并在《道路运输证》经营范围栏内注明允许运输的危险货物类别、项别或者品名,如果为剧毒化学品应标注"剧毒";对从事非经营性道路危险货物运输的车辆,还应当加盖非经营性危险货物运输专用章。

被许可人未在承诺期限内落实专用车辆、设备的,原许可机关应当撤销许可决定,并收回已核发的许可证明文件。

四、与许可有关的其他问题

(一)落实拟聘用从业人员

被许可人应当按照承诺期限落实拟聘用的专职安全管理人员、驾驶人员、装卸管理人员和押运人员。未在承诺期限内按照承诺聘用专职安全管理人员、驾驶人员、装卸管理人员和押运人员的,原许可机关应当撤销许可决定,并收回已核发的许可证明文件。

(二)一次性、临时性的道路危险货物运输的许可禁止

道路运输管理机构不得许可一次性、临时性的道路危险货物运输。

(三)外资市场准入

中外合资、中外合作、外商独资形式投资道路危险货物运输的,应当同时遵守《外商投资道路运输业管理规定》。

(四)子公司和分公司的设立管理

道路危险货物运输企业设立子公司从事道路危险货物运输的,应当向子公司注册地设区的市级道路运输管理机构申请运输许可。设立分公司的,应当向分公司注册地设区的市级道路运输管理机构备案。

(五)许可事项变更、非许可事项变更以及终止经营

道路危险货物运输企业或者单位需要变更许可事项的,应当向原许可机关提出申请,按照上述有关许可的规定办理。

道路危险货物运输企业或者单位变更法定代表人、名称、地址等工商登记事项的,应当在30日内向原许可机关备案。

道路危险货物运输企业或者单位终止危险货物运输业务的,应当在终止之日的30日前告知原许可机关,并在停业后10日内将《道路运输经营许可证》或者《道路危险货物运输许可证》以及《道路运输证》交回原许可机关。

五、违反道路危险货物运输许可规范的法律后果

(一)未经许可,擅自从事道路危险货物运输的法律后果

有下列情形之一的,由县级以上道路运输管理机构责令停止运输经营,有违法所得的,没收违法所得,处违法所得2倍以上10倍以下的罚款;没有违法所得或者违法所得不足2万元的,处3万元以上10万元以下的罚款;构成犯罪的,依法追究刑事责任。

(1)未取得道路危险货物运输许可,擅自从事道路危险货物运输。
(2)使用失效、伪造、变造、被注销等无效道路危险货物运输许可证件从事道路危险货物运输。
(3)超越许可事项,从事道路危险货物运输。
(4)非经营性道路危险货物运输单位从事道路危险货物运输经营。

(二)未配备专职安全管理人员的法律后果

道路危险货物运输企业或者单位未配备专职安全管理人员的,由县级以上道路运输管理机构责令改正,可以处1万元以下的罚款;拒不改正的,对危险化学品运输企业或单位处1万元以上5万元以下的罚款,对运输危险化学品以外其他危险货物的企业或单位处1万元以上2万元以下的罚款。

第四节 国际道路运输许可

一、国际道路运输许可条件

申请从事国际道路运输经营活动的,应当具备下列条件。
(1)已经取得国内道路运输经营许可证的企业法人。
(2)从事国内道路运输经营满3年,且近3年内未发生重大以上道路交通责任事故(道路交通责任事故是指驾驶人员负同等或者以上责任的交通事故)。
(3)驾驶人员符合条件。从事危险货物运输的驾驶员、装卸管理员、押运员,应当符合危险货物运输管理的有关规定;从事国际道路运输的驾驶人员,应当符合的条件包括:①取得相应的机动车驾驶证;②年龄不超过60周岁;③经设区的市级道路运输管理机构分别对有关国际道路运输法规、外事规定、机动车维修、货物装载、保管和旅客急救基本知识考试合格,并取得《营运驾驶员从业资格证》;④从事旅客运输的驾驶人员3年内无重大以上交通责任事故记录。

(4)拟投入国际道路运输经营的运输车辆技术等级达到一级。

(5)有健全的安全生产管理制度。

二、国际道路运输许可程序

(一)申请

拟从事国际道路运输经营的,应当向所在地省级道路运输管理机构提出申请,并提交以下材料:(1)国际道路运输经营申请表;(2)《道路运输经营许可证》及复印件;(3)法人营业执照及复印件;(4)企业近3年内无重大以上道路交通责任事故证明;(5)拟投入国际道路运输经营的车辆的道路运输证和拟购置车辆承诺书,承诺书包括车辆数量、类型、技术性能和购车时间等内容;(6)拟聘用驾驶员的机动车驾驶证、从业资格证,近3年内无重大以上道路交通责任事故证明;(7)国际道路运输的安全管理制度(包括安全生产责任制度、安全生产业务操作规程、安全生产监督检查制度、驾驶员和车辆安全生产管理制度等)。

从事定期国际道路旅客运输的,还应当提交定期国际道路旅客班线运输的线路、站点、班次方案。从事危险货物运输的,还应当提交驾驶员、装卸管理员、押运员的上岗资格证等。

已取得国际道路运输经营许可,申请新增定期国际旅客运输班线的,应当向所在地省级道路运输管理机构提出申请,提交以下材料:(1)《道路运输经营许可证》及复印件;(2)拟新增定期国际道路旅客班线运输的线路、站点、班次方案;(3)拟投入国际道路旅客运输营运的车辆的道路运输证和拟购置车辆承诺书;(4)拟聘用驾驶员的机动车驾驶证、从业资格证,驾驶员近3年内无重大以上道路交通责任事故证明。

(二)审查和做出决定

省级道路运输管理机构收到申请后,应当按照《交通行政许可实施程序规定》要求的程序、期限,对申请材料进行审查,做出许可或者不予许可的决定。

1. 决定予以许可并向向交通运输部备案

决定予以许可的,应当向被许可人颁发《道路运输经营许可证》或者《道路旅客运输班线经营许可证明》。不能直接颁发经营证件的,应当向被许可人出具《国际道路运输经营许可决定书》或者《国际道路旅客运输班线经营许可决定书》。在出具许可决定之日起10日内,向被许可人颁发《道路运输经营许可证》或者《道路旅客运输班线经营许可证明》。

《道路运输经营许可证》应当注明经营范围;《道路旅客运输班线经营许可证明》应当注明班线起讫地、线路、停靠站点以及班次。

省级道路运输管理机构予以许可的,应当由省级交通主管部门向交通运输部备案。

有下列行为之一的,由县级以上道路运输管理机构以及口岸国际道路运输管理机构责令停止经营;有违法所得的,没收违法所得,处违法所得2倍以上10倍以下的罚款;没有违法所得或者违法所得不足2万元的,处3万元以上10万元以下的罚款;构成犯罪的,依法追究刑事责任:

(1)未取得道路运输经营许可,擅自从事国际道路运输经营的;

(2)使用失效、伪造、变造、被注销等无效道路运输经营许可证件从事国际道路运输经营的;

（3）超越许可的事项，非法从事国际道路运输经营的。

2. 交通运输部介入的特殊许可

非边境省、自治区、直辖市的申请人拟从事国际道路运输经营的，应当向所在地省级道路运输管理机构提出申请。受理该申请的省级道路运输管理机构在做出许可决定前，应当与运输线路拟通过口岸所在地的省级道路运输管理机构协商；协商不成的，由省级交通主管部门报交通运输部决定。交通运输部按照《国际道路运输管理规定》第九条第一款规定的程序做出许可或者不予许可的决定，通知所在地省级交通主管部门，并由所在地省级道路运输管理机构按照《国际道路运输管理规定》第九条第二款和第五款的规定颁发许可证件或者《不予交通行政许可决定书》。

3. 决定不予许可

对国际道路运输经营申请决定不予许可的，应当在受理之日起20日内向申请人送达《不予交通行政许可决定书》，并说明理由，告知申请人享有依法申请行政复议或者提起行政诉讼的权利。

（三）配发道路运输证

被许可人应当按照承诺书的要求购置运输车辆。购置的车辆和已有的车辆经道路运输管理机构核实符合条件的，道路运输管理机构向拟投入运输的车辆配发《道路运输证》。

（四）办理出入境手续

从事国际道路运输经营的申请人凭《道路运输经营许可证》及许可文件到外事、海关、检验检疫、边防检查等部门办理有关运输车辆、人员的出入境手续。

（五）许可变更、履行、终止经营

国际道路运输经营者变更许可事项、扩大经营范围的，应当办理许可申请。国际道路运输经营者变更名称、地址等，应当向省级道路运输管理机构备案。国际道路旅客运输经营者在取得经营许可后，应当在180日内履行被许可的事项。有正当理由在180日内未经营或者停业时间超过180日的，应当告知省级道路运输管理机构。

国际道路运输经营者需要终止经营的，应当在终止经营之日30日前告知省级道路运输管理机构，办理有关注销手续。

三、外国道路运输企业设立常驻机构的许可

（一）申请

外国道路运输企业在我国境内设立国际道路运输常驻代表机构，应当向交通运输部提出申请，并提供以下材料。

（1）企业的董事长或总经理签署的申请书。其内容包括常驻代表机构的名称、负责人、业务范围、驻在期限和驻在地点等。

（2）企业所在国家或地区有关商业登记当局出具的开业合法证明或营业注册副本。

(3)由所在国金融机构出具的资本信用证明书。
(4)企业委任常驻代表机构人员的授权书和常驻人员的简历及照片。
提交的外文资料需同时附中文翻译件。

(二)审查和做出决定

交通运输部应当按照《交通行政许可实施程序规定》要求的程序、期限,对申请材料进行审查,做出许可或者不予许可的决定。予以许可的,向外国道路运输企业出具并送达《外国(境外)运输企业在中国设立常驻代表机构许可决定书》,同时通知外国(境外)运输企业在中国常驻代表机构所在地的省级交通主管部门;不予许可的,应当出具并送达《不予交通行政许可决定书》,并说明理由。

第五节 机动车维修经营许可

申请机动车维修经营的,应当首先依法向工商行政管理机关办理有关登记手续,然后到法定的道路运输管理机构申请机动车维修经营许可。

一、机动车维修经营基本规则和国家政策引导

(一)机动车维修经营基本规则

(1)机动车维修经营者应当依法经营,诚实信用,公平竞争,优质服务,落实安全生产主体责任和维修质量主体责任。
(2)任何单位和个人不得封锁或者垄断机动车维修市场。
(3)托修方有权自主选择维修经营者进行维修。除汽车生产厂家履行缺陷汽车产品召回、汽车质量"三包"责任外,任何单位和个人不得强制或者变相强制指定维修经营者。

(二)国家政策引导

(1)鼓励机动车维修企业实行集约化、专业化、连锁经营,促进机动车维修业的合理分工和协调发展。
(2)鼓励推广应用机动车维修环保、节能、不解体检测和故障诊断技术,推进行业信息化建设和救援、维修服务网络化建设,提高机动车维修行业整体素质,满足社会需要。
(3)鼓励机动车维修企业优先选用具备机动车检测维修国家职业资格的人员,并加强技术培训,提升从业人员素质。

二、机动车维修经营分类许可和经营范围

(一)分类许可下的业务分类

机动车维修经营依据维修车型种类、服务能力和经营项目实行分类许可。

1. 根据维修对象分类

机动车维修经营业务根据维修对象分为汽车维修经营业务、危险货物运输车辆维修经营业务、摩托车维修经营业务和其他机动车维修经营业务四类。

2. 根据经营项目和服务能力分类

汽车维修经营业务、其他机动车维修经营业务根据经营项目和服务能力分为一类维修经营业务、二类维修经营业务和三类维修经营业务。

摩托车维修经营业务根据经营项目和服务能力分为一类维修经营业务和二类维修经营业务。

(二)能力分类下的经营范围限制划分

1. 汽车维修经营或者其他机动车维修经营项目

获得一类、二类汽车维修经营业务或者其他机动车维修经营业务许可的,可以从事相应车型的整车修理、总成修理、整车维护、小修、维修救援、专项修理和维修竣工检验工作;获得三类汽车维修经营业务(含汽车综合小修)、三类其他机动车维修经营业务许可的,可以分别从事汽车综合小修或者发动机维修、车身维修、电气系统维修、自动变速器维修、轮胎动平衡及修补、四轮定位检测调整、汽车润滑与养护、喷油泵和喷油器维修、曲轴修磨、气缸镗磨、散热器维修、空调维修、汽车美容装潢、汽车玻璃安装及修复等汽车专项维修工作。具体有关经营项目按照《汽车维修业开业条件》(GB/T 16739—2014)相关条款的规定执行。

2. 一类摩托车维修经营项目

获得一类摩托车维修经营业务许可的,可以从事摩托车整车修理、总成修理、整车维护、小修、专项修理和竣工检验工作;获得二类摩托车维修经营业务许可的,可以从事摩托车维护、小修和专项修理工作。

3. 危险货物运输车辆维修项目

获得危险货物运输车辆维修经营业务许可的,除可以从事危险货物运输车辆维修经营业务外,还可以从事一类汽车维修经营业务。

三、机动车维修经营许可条件

(一)汽车维修经营或者其他机动车维修经营许可条件

(1)有与其经营业务相适应的维修车辆停车场和生产厂房。

租用的场地应当有书面的租赁合同,且租赁期限不得少于1年。停车场和生产厂房面积按照国家标准《汽车维修业开业条件》(GB/T 16739—2014)相关条款的规定执行。

(2)有与其经营业务相适应的设备、设施。

所配备的计量设备应当符合国家有关技术标准要求,并经法定检定机构检定合格。从事汽车维修经营业务的设备、设施的具体要求按照国家标准《汽车维修业开业条件》(GB/T 16739—2014)相关条款的规定执行;从事其他机动车维修经营业务的设备、设施的具体要求,参照国家标准《汽车维修业开业条件》(GB/T 16739—2014)执行,但所配备设施、设备应与其维修车型相适应。

(3)有必要的技术人员。

①从事一类和二类维修业务的应当各配备至少1名技术负责人员、质量检验人员、业务接待人员以及从事机修、电器、钣金、涂漆的维修技术人员。

技术负责人员应当熟悉汽车或者其他机动车维修业务,并掌握汽车或者其他机动车维修的相关政策法规和技术规范;质量检验人员应当熟悉各类汽车或者其他机动车维修检测作业规范,掌握汽车或者其他机动车维修故障诊断和质量检验的相关技术,熟悉汽车或者其他机动车维修服务收费标准及相关政策法规和技术规范,并持有与承修车型种类相适应的机动车驾驶证;从事机修、电器、钣金、涂漆的维修技术人员应当熟悉所从事工种的维修技术和操作规范,并了解汽车或者其他机动车维修的相关政策法规。各类技术人员的配备要求按照《汽车维修业开业条件》(GB/T 16739—2014)相关条款的规定执行。

②从事三类维修业务的,按照其经营项目分别配备相应的机修、电器、钣金、涂漆方面的维修技术人员;从事汽车综合小修、发动机维修、车身维修、电气系统维修、自动变速器维修的,还应当配备技术负责人员和质量检验人员。各类技术人员的配备要求按照国家标准《汽车维修业开业条件》(GB/T 16739—2014)相关条款的规定执行。

(4)有健全的维修管理制度。

健全的维修管理制度包括质量管理制度、安全生产管理制度、车辆维修档案管理制度、人员培训制度、设备管理制度及配件管理制度,具体要求按照国家标准《汽车维修业开业条件》(GB/T 16739—2014)相关条款的规定执行。

(5)有必要的环境保护措施。

具体要求按照国家标准《汽车维修业开业条件》(GB/T 16739—2014)相关条款的规定执行。

(二)危险货物运输车辆维修经营业务许可条件

危险货物运输车辆维修,是指对运输易燃、易爆、腐蚀、放射性、剧毒等性质货物的机动车维修,不包含对危险货物运输车辆罐体的维修。从事危险货物运输车辆维修的汽车维修经营者,除具备汽车维修经营一类维修经营业务的开业条件外,还应当具备以下条件:(1)有与其作业内容相适应的专用维修车间和设备、设施,并设置明显的指示性标志;(2)有完善的突发事件应急预案,应急预案包括报告程序、应急指挥以及处置措施等内容;(3)有相应的安全管理人员;(4)有齐全的安全操作规程。

(三)摩托车维修经营业务许可条件

(1)有与其经营业务相适应的摩托车维修停车场和生产厂房。

租用的场地应有书面的租赁合同,且租赁期限不得少于1年。停车场和生产厂房的面积按照国家标准《摩托车维修业开业条件》(GB/T 18189—2008)相关条款的规定执行。

(2)有与其经营业务相适应的设备、设施。

所配备的计量设备应符合国家有关技术标准要求,并经法定检定机构检定合格。具体要求按照国家标准《摩托车维修业开业条件》(GB/T 18189—2008)相关条款的规定执行。

(3) 有必要的技术人员。

①从事一类维修业务的技术人员应当至少有 1 名质量检验人员。质量检验人员应当熟悉各类摩托车维修检测作业规范,掌握摩托车维修故障诊断和质量检验的相关技术,熟悉摩托车维修服务收费标准及相关政策法规和技术规范。

②按照其经营业务分别配备相应的机修、电器、钣金、涂漆方面的维修技术人员。机修、电器、钣金、涂漆方面的维修技术人员应当熟悉所从事工种的维修技术和操作规范,并了解摩托车维修及相关政策法规。

(4) 有健全的维修管理制度。其包括质量管理制度、安全生产管理制度、摩托车维修档案管理制度、人员培训制度、设备管理制度及配件管理制度。具体要求按照国家标准《摩托车维修业开业条件》(GB/T 18189—2008)相关条款的规定执行。

(5) 有必要的环境保护措施。具体要求按照国家标准《摩托车维修业开业条件》(GB/T 18189—2008)相关条款的规定执行。

四、许可程序

(一) 申请

申请从事机动车维修经营的,应当向所在地的县级道路运输管理机构提出申请,并提交下列材料:(1)《交通行政许可申请书》、有关维修经营申请者的营业执照原件和复印件;(2)经营场地(含生产厂房和业务接待室)、停车场面积材料、土地使用权及产权证明复印件;(3)技术人员汇总表,以及各相关人员的学历、技术职称或职业资格证明等文件原件和复印件;(4)维修检测设备及计量设备检定合格证明原件和复印件;(5)按照汽车、其他机动车、危险货物运输车辆、摩托车维修经营类别,分别提供其他相关材料。

(二) 审查与决定

道路运输管理机构应当按照《中华人民共和国道路运输条例》和《交通行政许可实施程序规定》规范的程序实施机动车维修经营的行政许可。

道路运输管理机构对机动车维修经营申请予以受理的,应当自受理申请之日起 15 日内做出许可或者不予许可的决定。符合法定条件的,道路运输管理机构做出准予行政许可的决定,向申请人出具《交通行政许可决定书》,在 10 日内向被许可人颁发机动车维修经营许可证件,明确许可事项;不符合法定条件的,道路运输管理机构做出不予许可的决定,向申请人出具《不予交通行政许可决定书》,说明理由,并告知申请人享有依法申请行政复议或者提起行政诉讼的权利。

五、机动车维修经营许可的其他事项

(一) 机动车维修连锁经营服务网点的许可

申请机动车维修连锁经营服务网点的,可由机动车维修连锁经营企业总部向连锁经营服务网点所在地县级道路运输管理机构提出申请,提交所要求的材料包括:机动车维修连锁经营企业总部机动车维修经营许可证件复印件、连锁经营协议书副本、连锁经营的作业标准和管理手册、连锁经营服务网点符合机动车维修经营相应开业条件的承诺书,并对材料真实性承担相应的法律责任。

道路运输管理机构在查验申请资料齐全有效后,应当场或在5日内予以许可,并发放相应许可证件。连锁经营服务网点的经营许可项目应当在机动车维修连锁经营企业总部许可项目的范围内。

(二)许可证件有效期制、发放管理和换证

机动车维修经营许可证件实行有效期制。从事一、二类汽车维修业务和一类摩托车维修业务的证件有效期为6年;从事二类汽车维修业务、三类摩托车维修业务及其他机动车维修业务的证件有效期为3年。

机动车维修经营许可证件由各省、自治区、直辖市道路运输管理机构统一印制并编号,县级道路运输管理机构按照规定发放和管理。

机动车维修经营者应当在许可证件有效期届满前30日到做出原许可决定的道路运输管理机构办理换证手续。

(三)机动车维修经营事项变更和终止经营

机动车维修经营者变更经营资质、经营范围、经营地址、有效期限等许可事项的,应当向做出原许可决定的道路运输管理机构提出申请;符合本章规定许可条件、标准的,道路运输管理机构依法办理变更手续。

机动车维修经营者变更名称、法定代表人等事项的,应当向做出原许可决定的道路运输管理机构备案。

机动车维修经营者需要终止经营的,应当在终止经营前30日告知做出原许可决定的道路运输管理机构办理注销手续。

六、违反机动车维修许可行为规范的法律后果

有下列行为之一,擅自从事机动车维修相关经营活动的,由县级以上道路运输管理机构责令其停止经营;有违法所得的,没收违法所得,处违法所得2倍以上10倍以下的罚款;没有违法所得或者违法所得不足1万元的,处2万元以上5万元以下的罚款;构成犯罪的,依法追究刑事责任:

(1)未取得机动车维修经营许可,非法从事机动车维修经营;
(2)使用无效、伪造、变造机动车维修经营许可证件,非法从事机动车维修经营;
(3)超越许可事项,非法从事机动车维修经营。

第六节 机动车驾驶员培训许可

申请机动车驾驶员培训的,应当首先依法向工商行政管理机关办理有关登记手续,然后到法定的道路运输管理机构申请机动车驾驶员培训许可。

一、驾驶员培训分类许可和培训业务范围

(一)分类许可下的业务分类

机动车驾驶员培训依据经营项目、培训能力和培训内容实行分类许可。

1. 根据经营项目分类

机动车驾驶员培训业务根据经营项目分为普通机动车驾驶员培训、道路运输驾驶员从业资格培训和机动车驾驶员培训教练场经营三类。

2. 根据培训能力分类

普通机动车驾驶员培训根据培训能力分为一级普通机动车驾驶员培训、二级普通机动车驾驶员培训和三级普通机动车驾驶员培训三类。

道路运输驾驶员从业资格培训根据培训内容分为道路客货运输驾驶员从业资格培训和危险货物运输驾驶员从业资格培训两类。

(二)业务分类下的业务范围限制

1. 普通机动车驾驶员培训业务范围

获得一级普通机动车驾驶员培训许可的,可以从事三种以上(含三种)相应车型的普通机动车驾驶员培训业务;获得二级普通机动车驾驶员培训许可的,可以从事两种相应车型的普通机动车驾驶员培训业务;获得三级普通机动车驾驶员培训许可的,只能从事一种相应车型的普通机动车驾驶员培训业务。

2. 道路客货运输驾驶员从业资格培训业务范围

获得道路客货运输驾驶员从业资格培训许可的,可以从事经营性道路旅客运输驾驶员和经营性道路货物运输驾驶员的从业资格培训业务;获得危险货物运输驾驶员从业资格培训许可的,可以从事道路危险货物运输驾驶员的从业资格培训业务。

获得道路运输驾驶员从业资格培训许可的,还可以从事相应车型的普通机动车驾驶员培训业务。

3. 机动车驾驶员培训教练场经营业务范围

获得机动车驾驶员培训教练场经营许可的,可以从事机动车驾驶员培训教练场经营业务。

二、许可条件

(一)普通机动车驾驶员培训业务许可条件

普通机动车驾驶员培训业务许可条件包括以下几个方面。

(1)取得企业法人资格。

(2)有健全的培训机构。其包括教学、教练员、学员、质量、安全、结业考试和设施设备管理等组织机构,并明确负责人、管理人员、教练员和其他人员的岗位职责。具体要求按照《机动车驾驶员培训机构资格条件》(GB/T 30340—2013)相关条款的规定执行。

(3)有健全的管理制度。其包括安全管理制度、教练员管理制度、学员管理制度、培训质量管理制度、结业考试制度、教学车辆管理制度、教学设施设备管理制度、教练场地管理制度、档案管理制度等。具体要求按照《机动车驾驶员培训机构资格条件》(GB/T30340—2013)相关条款的规定执行。

(4)有与培训业务相适应的教学人员。

①有与培训业务相适应的理论教练员。

机动车驾驶员培训机构聘用的理论教练员应当具备的条件为:持有机动车驾驶证,具有汽车及相关专业中专以上学历或者汽车及相关专业中级以上技术职称,具有两年以上安全驾驶经历,熟练掌握道路交通安全法规、驾驶理论、机动车构造、交通安全心理学、常用伤员急救等安全驾驶知识,了解车辆环保和能源节约的有关知识,了解教育学、教育心理学的基本教学知识,具备编写教案、规范讲解的授课能力。

②有与培训业务相适应的驾驶操作教练员。

机动车驾驶员培训机构聘用的驾驶操作教练员应当具备的条件为:持有相应的机动车驾驶证,年龄不超过60周岁,符合一定的安全驾驶经历和相应车型驾驶经历,熟练掌握道路交通安全法规、驾驶理论、机动车构造、交通安全心理学和应急驾驶的基本知识,熟悉车辆维护和常见故障诊断、车辆环保和能源节约的有关知识,具备驾驶要领讲解、驾驶动作示范、指导驾驶的教学能力。

③所配备的理论教练员数量要求及每种车型所配备的驾驶操作教练员数量要求应当按照《机动车驾驶员培训机构资格条件》(GB/T 30340—2013)相关条款的规定执行。

(5)有与培训业务相适应的管理人员。

该管理人员包括理论教学负责人、驾驶操作训练负责人、教学车辆管理人员、结业考核人员和计算机管理人员。具体要求按照《机动车驾驶员培训机构资格条件》(GB/T30340—2013)相关条款的规定执行。

(6)有必要的教学车辆。

①所配备的教学车辆应当符合国家有关技术标准要求,并装有副后视镜、副制动踏板、灭火器及其他安全防护装置。具体要求按照《机动车驾驶员培训机构资格条件》(GB/T 30340—2013)相关条款的规定执行。

②从事一级普通机动车驾驶员培训的,所配备的教学车辆不少于80辆;从事二级普通机动车驾驶员培训的,所配备的教学车辆不少于40辆;从事三级普通机动车驾驶员培训的,所配备的教学车辆不少于20辆。具体要求按照《机动车驾驶员培训机构资格条件》(GB/T 30340—2013)相关条款的规定执行。

(7)有必要的教学设施、设备和场地。

具体要求按照行业标准《机动车驾驶员培训机构资格条件》(GB/T 30340—2013)相关条款的规定执行。租用教练场地的,还应当持有书面租赁合同和出租方土地使用证明,租赁期限不得少于3年。

(二)道路运输驾驶员从业资格培训许可条件

(1)取得企业法人资格。

(2)具备相应车型的普通机动车驾驶员培训资格。

①从事道路客货运输驾驶员从业资格培训业务的,应当同时具备大型客车、城市公交车、中型客车、小型汽车(含小型自动挡汽车)四种车型中至少一种车型的普通机动车驾驶员培训资格和通用货车半挂车(牵引车)、大型货车两种车型中至少一种车型的普通机动车驾驶员培训资格。

②从事危险货物运输驾驶员从业资格培训业务的,应当具备通用货车半挂车(牵引车)、大型货车两种车型中至少一种车型的普通机动车驾驶员培训资格。

(3)有与培训业务相适应的教学人员。

①从事道路客货运输驾驶员从业资格培训业务的,应当配备2名以上教练员。

教练员应当具有汽车及相关专业大专以上学历或者汽车及相关专业高级以上技术职称,熟悉道路旅客运输法规、货物运输法规以及机动车维修、货物装卸保管和旅客急救等相关知识,具备相应的授课能力,具有2年以上从事普通机动车驾驶员培训的教学经历,且近2年无不良的教学记录。

②从事危险货物运输驾驶员从业资格培训业务的,应当配备2名以上教练员。

教练员应当具有化工及相关专业大专以上学历或者化工及相关专业高级以上技术职称,熟悉危险货物运输法规、危险化学品特性、包装容器使用方法、职业安全防护和应急救援等知识,具备相应的授课能力,具有2年以上化工及相关专业的教学经历,且近2年无不良的教学记录。

(4)有必要的教学设施、设备和场地。

①从事道路客货运输驾驶员从业资格培训业务的,应当配备相应的机动车构造、机动车维护、常见故障诊断和排除、货物装卸保管、医学救护、消防器材等教学设施、设备和专用场地。

②从事危险货物运输驾驶员从业资格培训业务的,还应当同时配备常见危险化学品样本、包装容器、教学挂图、危险化学品实验室等设施、设备和专用场地。

(三)机动车驾驶员培训教练场经营许可条件

(1)取得企业法人资格。

(2)有与经营业务相适应的教练场地。具体要求按照《机动车驾驶员培训教练场技术要求》(GB/T 30341—2013)相关条款的规定执行。

(3)有与经营业务相适应的场地设施、设备,办公、教学、生活设施以及维护服务设施。具体要求按照《机动车驾驶员培训教练场技术要求》(GB/T 30341—2013)相关条款的规定执行。

(4)具备相应的安全条件。其包括场地封闭设施、训练区隔离设施、安全通道以及消防设施、设备等。具体要求按照《机动车驾驶员培训教练场技术要求》(GB/T 30341—2013)相关条款的规定执行。

(5)有相应的管理人员。其包括教练场安全负责人、档案管理人员以及场地设施、设备管理人员。

(6)有健全的安全管理制度。其包括安全检查制度、安全责任制度、教学车辆安全管理制度以及突发事件应急预案等。

三、许可程序

（一）申请

申请从事机动车驾驶员培训经营的,应当依法向工商行政管理机关办理有关登记手续后,向所在地县级道路运输管理机构提出申请,并提交以下材料：(1)交通行政许可申请书；(2)申请人身份证明及复印件；(3)经营场所使用权证明或产权证明及复印件；(4)教练场地使用权证明或产权证明及复印件；(5)教练场地技术条件说明；(6)教学车辆技术条件、车型及数量证明(申请从事机动车驾驶员培训教练场经营的无需提交)；(7)教学车辆购置证明(申请从事机动车驾驶员培训教练场经营的无需提交)；(8)各类设施、设备清单；(9)拟聘用人员名册、职称证明；(10)申请人办理的工商营业执照正、副本及复印件；(11)根据《机动车驾驶员培训管理规定》需要提供的其他相关材料。

申请从事普通机动车驾驶员培训业务的,在递交申请材料时,应当同时提供由公安交警部门出具的相关人员安全驾驶经历证明,安全驾驶经历的起算时间自申请材料递交之日起倒计。

（二）审查和决定

道路运输管理机构应当按照《中华人民共和国道路运输条例》和《交通行政许可实施程序规定》规范的程序实施机动车驾驶员培训业务的行政许可。

道路运输管理机构应当对申请材料中关于教练场地、教学车辆以及各种设施、设备的实质内容进行核实。

道路运输管理机构对机动车驾驶员培训业务申请予以受理的,应当自受理申请之日起15日内审查完毕,做出许可或者不予许可的决定。对符合法定条件的,道路运输管理机构做出准予行政许可的决定,向申请人出具《交通行政许可决定书》,并在10日内向被许可人颁发机动车驾驶员培训许可证件,明确许可事项;对不符合法定条件的,道路运输管理机构做出不予许可的决定,向申请人出具《不予交通行政许可决定书》,说明理由,并告知申请人享有依法申请行政复议或者提起行政诉讼的权利。

四、许可证件管理、经营事项变更、经营终止

（一）许可证件管理

机动车驾驶员培训许可证件实行有效期制。从事普通机动车驾驶员培训业务和机动车驾驶员培训教练场经营业务的证件有效期为6年；从事道路运输驾驶员从业资格培训业务的证件有效期为4年。

机动车驾驶员培训许可证件由省级道路运输管理机构统一印制并编号,县级道路运输管理机构按照规定发放和管理。

机动车驾驶员培训机构应当在许可证件有效期届满前30日到做出原许可决定的道路运输管理机构办理换证手续。

(二)经营事项变更和经营终止

机动车驾驶员培训机构变更许可事项的,应当向原作出许可决定的道路运输管理机构提出申请;符合法定条件、标准的,实施机关应当依法办理变更手续。

机动车驾驶员培训机构变更名称、法定代表人等事项的,应当向原作出许可决定的道路运输管理机构备案。

机动车驾驶员培训机构需要终止经营的,应当在终止经营前30日到原作出许可决定的道路运输管理机构办理行政许可注销手续。

五、违反机动车驾驶员培训许可行为规范的法律后果

未经许可擅自从事机动车驾驶员培训业务,有下列情形之一的,由县级以上道路运输管理机构责令停止经营;有违法所得的,没收违法所得,并处违法所得2倍以上10倍以下的罚款;没有违法所得或者违法所得不足1万元的,处2万元以上5万元以下的罚款;构成犯罪的,依法追究刑事责任:

(1)未取得机动车驾驶员培训许可证件,非法从事机动车驾驶员培训业务的;

(2)使用无效、伪造、变造、被注销的机动车驾驶员培训许可证件,非法从事机动车驾驶员培训业务的;

(3)超越许可事项,非法从事机动车驾驶员培训业务的。

第七节 出租汽车经营许可

出租汽车是城市综合交通运输体系的组成部分,是城市公共交通的补充,为社会公众提供个性化运输服务。出租汽车经营服务主要分为巡游车经营服务和预约出租汽车经营服务两大类。预约出租车又分为网约车经营服务和巡游车电召服务两大类。网约车以外的其他预约出租汽车经营服务参照巡游车经营服务管理。

一、出租汽车经营许可的设定依据

出租汽车经营设定的设定依据包括国务院决定和地方性法规(例如某省《道路运输管理条例》或《出租汽车管理条例》)。《国务院对确需保留的行政审批项目设定行政许可的决定》(国务院令第412号)第112项规定,出租汽车经营资格证的核发由县级以上地方人民政府出租汽车行政主管部门实施。

二、巡游车经营许可

(一)巡游车经营服务行政管理体制

巡游车发展应当与城市经济社会发展相适应,与公共交通等客运服务方式协调发展。

1. 交通运输部职责

交通运输部负责指导全国巡游车管理工作。

2.省、自治区交通运输主管部门职责

各省、自治区人民政府交通运输主管部门在本级人民政府领导下,负责指导本行政区域内巡游车管理工作。

3.市县出租汽车行政主管部门

直辖市、设区的市级或者县级交通运输主管部门或者人民政府指定的其他出租汽车行政主管部门(以下称出租汽车行政主管部门)在本级人民政府领导下,负责具体实施巡游车管理。

县级以上地方人民政府出租汽车行政主管部门应当根据经济社会发展和人民群众出行需要,按照巡游车功能定位,制定巡游车发展规划,并报经同级人民政府批准后实施。

(二)巡游车经营许可

1.申请

(1)受理机构。

申请巡游车经营的,应当根据经营区域向相应的县级以上地方人民政府出租汽车行政主管部门提出申请。

(2)申请人条件。

第一,有符合机动车管理要求并满足以下条件的车辆或者提供保证满足以下条件的车辆承诺书:符合国家、地方规定的出租汽车技术条件;有按照规定取得的巡游车车辆经营权。

第二,有取得符合要求的从业资格证件的驾驶人员。

第三,有健全的经营管理制度、安全生产管理制度和服务质量保障制度。

第四,有固定的经营场所和停车场地。

申请人申请出租汽车经营时,应当提交以下材料:①《巡游出租汽车经营申请表》;②投资人、负责人身份、资信证明及其复印件,经办人的身份证明及其复印件和委托书;③巡游车车辆经营权证明及拟投入车辆承诺书(其内容包括车辆数量、座位数、类型及等级、技术等级);④聘用或者拟聘用驾驶员从业资格证及其复印件;⑤巡游车经营管理制度、安全生产管理制度和服务质量保障制度文本;⑥经营场所、停车场地有关使用证明等。

2.做出许可决定、发放许可证书

县级以上地方人民政府出租汽车行政主管部门对巡游车经营申请予以受理的,应当自受理之日起20日内做出许可或者不予许可的决定。

县级以上地方人民政府出租汽车行政主管部门对巡游车经营申请作出行政许可决定的,应当出具《巡游出租汽车经营行政许可决定书》,明确经营范围、经营区域、车辆数量及要求、巡游车车辆经营权期限等事项,并在10日内向被许可人发放《道路运输经营许可证》。

县级以上地方人民政府出租汽车行政主管部门对不符合规定条件的申请做出不予行政许可决定的,应当向申请人出具《不予行政许可决定书》。

(三)巡游车经营权配置

1.确定运力规模

县级以上地方人民政府出租汽车行政主管部门应当按照当地巡游车发展规划,综合考虑市场实际供需状况、巡游车运营效率等因素,科学确定巡游车运力规模,合理配置巡游车的车辆经营权。

2. 选择配置方式并择优配置

经营权配置方式包括一般许可、特殊许可两种方式。一般许可没有数量限制,特殊许可则有数量限制,特殊许可主要包括拍卖、招投标等方式。

国家鼓励通过服务质量招投标方式配置巡游车的车辆经营权。

县级以上地方人民政府出租汽车行政主管部门应当根据投标人提供的运营方案、服务质量状况或者服务质量承诺、车辆设备和安全保障措施等因素,择优配置巡游车的车辆经营权,向中标人发放车辆经营权证明。

3. 与中标人签订经营协议

巡游车车辆经营权的经营协议应当包括以下内容:巡游车车辆经营权的数量、使用方式、期限等;巡游车经营服务标准;巡游车车辆经营权的变更、终止和延续等;履约担保;违约责任;争议解决方式;双方认为应当约定的其他事项。

在协议有效期限内,确需变更协议内容的,协议双方应当在共同协商的基础上签订补充协议。

4. 被许可人履行合同

被许可人应当按照《巡游出租汽车经营行政许可决定书》和经营协议,投入符合规定数量、座位数、类型及等级、技术等级等要求的车辆。

投入运营的巡游车车辆应当安装符合规定的计程计价设备、具有行驶记录功能的车辆卫星定位装置、应急报警装置,按照要求喷涂车身颜色和标识,设置有中英文"出租汽车"字样的顶灯和能显示空车、暂停运营、电召等运营状态的标志,按照规定在车辆醒目位置标明运价标准、乘客须知、经营者名称和服务监督电话。

5. 配发《道路运输证》

原许可机关核实符合要求后,为车辆核发《道路运输证》。

6. 经营权期限

巡游车车辆经营权不得超过规定的期限,具体期限由县级以上地方人民政府出租汽车行政主管部门报本级人民政府根据投入车辆的车型和报废周期等因素确定。

(四)经营权系列事项行为规范

1. 经营权优先收回和经营主体变更

巡游车车辆经营权因故不能继续经营的,授予车辆经营权的出租汽车行政主管部门可优先收回。在车辆经营权有效期限内,需要变更车辆经营权经营主体的,应当到原许可机关办理变更许可手续。出租汽车行政主管部门在办理车辆经营权变更许可手续时,应当审查新的车辆经营权经营主体的条件,提示车辆经营权期限等相关风险,并重新签订经营协议,经营期限为该车辆经营权的剩余期限。

2. 经营暂停、终止

巡游车经营者在车辆经营权期限内,不得擅自暂停或者终止经营。需要变更许可事项或者暂停、终止经营的,应当提前30日向原许可机关提出申请,依法办理相关手续。巡游车经营者终止经营的,应当将相关的《道路运输经营许可证》和《道路运输证》等交回原许可机关。

巡游车经营者取得经营许可后无正当理由超过180天不投入符合要求的车辆运营或者运营后连续180天以上停运的,视为自动终止经营,由原许可机关收回相应的巡游车车辆经营权。

3. 经营者合并、分立

巡游车经营者合并、分立或者变更经营主体名称的,应当到原许可机关办理变更许可手续。

4. 经营权到期后的信誉考核和考核结果应用

巡游车车辆经营权到期后,巡游车经营者拟继续从事经营的,应当在车辆经营权有效期届满60日前,向原许可机关提出申请。原许可机关应当根据《出租汽车服务质量信誉考核办法》规定的出租汽车经营者服务质量信誉考核等级,审核巡游车经营者的服务质量信誉考核结果,并按照以下规定处理:

(1)考核等级在经营期限内均为AA级及以上的,应当批准其继续经营;

(2)考核等级在经营期限内有A级的,应当督促其加强内部管理,整改合格后准许其继续经营;

(3)考核等级在经营期限内有B级或者一半以上为A级的,可视情适当核减车辆经营权;

(4)考核等级在经营期限内有一半以上为B级的,应当收回车辆经营权,并按照相关规定重新配置车辆经营权。

(五)违反巡游车经营许可行为规范的法律后果

有下列行为之一的,由县级以上地方人民政府出租汽车行政主管部门责令改正,并处以5000元以上20000元以下罚款;构成犯罪的,依法追究刑事责任:

(1)未取得巡游车经营许可,擅自从事巡游车经营活动;

(2)起讫点均不在许可的经营区域从事巡游车经营活动;

(3)使用未取得道路运输证的车辆,擅自从事巡游车经营活动;

(4)使用失效、伪造、变造、被注销等无效道路运输证的车辆从事巡游车经营活动。

三、网约车经营许可

(一)网约车经营服务相关概念、原则和管理体制

1. 相关概念

网约车经营者(即网约车平台公司),是指构建网络服务平台,从事网约车经营服务的企业法人。

2. 发展原则

坚持优先发展城市公共交通、适度发展出租汽车,按照高品质服务、差异化经营的原则,

有序发展网约车。网约车运价实行市场调节价,人民政府认为有必要实行政府指导价的除外。

3.管理体制

网约车行政管理体制与巡游车行政管理体制基本相同。其中涉及信息化的行政管理,有关部门依据法定职责对网约车实施相关监督管理。

(二)网约车平台公司经营许可

1.许可条件及提交申请材料

申请从事网约车经营的,应当具备线上线下服务能力,符合以下条件:(1)具有企业法人资格;(2)具备开展网约车经营的互联网平台和与拟开展业务相适应的信息数据交互及处理能力,具备供交通、通信、公安、税务、网信等相关监管部门依法调取查询相关网络数据信息的条件,网络服务平台数据库接入出租汽车行政主管部门监管平台,服务器设置在中国内地,有符合规定的网络安全管理制度和安全保护技术措施;(3)使用电子支付的,应当与银行、非银行支付机构签订提供支付结算服务的协议;(4)有健全的经营管理制度、安全生产管理制度和服务质量保障制度;(5)在服务所在地有相应服务机构及服务能力;(6)法律法规规定的其他条件。

外商投资网约车经营的,除符合上述条件外,还应当符合外商投资相关法律法规的规定。

申请从事网约车经营的,应当根据经营区域向相应的出租汽车行政主管部门提出申请,并提交以下材料:(1)《网络预约出租汽车经营申请表》;(2)投资人、负责人身份、资信证明及其复印件,经办人的身份证明及其复印件和委托书;(3)企业法人营业执照,属于分支机构的还应当提交营业执照,外商投资企业还应提供外商投资企业批准证书;(4)服务所在地办公场所、负责人员和管理人员等信息;(5)具备互联网平台和信息数据交互及处理能力的证明材料,具备供交通、通信、公安、税务、网信等相关监管部门依法调取查询相关网络数据信息条件的证明材料,数据库接入情况说明,服务器设置在中国内地的情况说明,依法建立并落实网络安全管理制度和安全保护技术措施的证明材料;(6)使用电子支付的,应当提供与银行、非银行支付机构签订的支付结算服务协议;(7)经营管理制度、安全生产管理制度和服务质量保障制度文本;(8)法律法规要求提供的其他材料。

2.受理部门与审查

首次从事网约车经营的,应当向企业注册地相应出租汽车行政主管部门提出申请,有关线上服务能力材料由网约车平台公司注册地省级交通运输主管部门商同级通信、公安、税务、网信、人民银行等部门审核认定,并提供相应认定结果,认定结果全国有效。网约车平台公司在注册地以外申请从事网约车经营的,应当提交有关线上服务能力认定结果。

其他线下服务能力材料,由受理申请的出租汽车行政主管部门进行审核。

3.做出许可决定并发放经营许可证

出租汽车行政主管部门应当自受理之日起20日内做出许可或者不予许可的决定。20日内不能做出决定的,经实施机关负责人批准,可以延长10日,并应当将延长期限的理由告知申请人。

出租汽车行政主管部门对于网约车经营申请做出行政许可决定的,应当明确经营范围、经营区域、经营期限等,并发放《网络预约出租汽车经营许可证》。

出租汽车行政主管部门对不符合规定条件的申请作出不予行政许可决定的,应当向申请人出具《不予行政许可决定书》。

4. 互联网信息服务备案和网络联通备案

网约车平台公司应当在取得相应《网络预约出租汽车经营许可证》并向企业注册地省级通信主管部门申请互联网信息服务备案后,方可开展相关业务。备案内容包括经营者真实身份信息、接入信息、出租汽车行政主管部门核发的《网络预约出租汽车经营许可证》等。涉及经营电信业务的,还应当符合电信管理的相关规定。

网约车平台公司应当自网络正式联通之日起30日内,到网约车平台公司管理运营机构所在地的省级人民政府公安机关指定的受理机关办理备案手续。

5. 暂停或者终止运营

网约车平台公司暂停或者终止运营的,应当提前30日向服务所在地出租汽车行政主管部门书面报告,说明有关情况,通告提供服务的车辆所有人和驾驶员,并向社会公告。终止经营的,应当将相应《网络预约出租汽车经营许可证》交回原许可机关。

(三) 网约车车辆和驾驶员准入管理

1. 网约车车辆市场准入条件

拟从事网约车经营的车辆,应当符合的条件为:(1)7座及以下乘用车;(2)安装具有行驶记录功能的车辆卫星定位装置、应急报警装置;(3)车辆技术性能符合运营安全相关标准要求。

车辆的具体标准和营运要求,由相应的出租汽车行政主管部门,按照高品质服务、差异化经营的发展原则,结合本地实际情况确定。

2. 申请、审核、发放网约车运输证

服务所在地出租汽车行政主管部门依车辆所有人或者网约车平台公司申请,按《网络预约出租汽车经营服务管理暂行办法》第十二条规定的条件审核后,对符合条件并登记为预约出租客运的车辆,发放《网络预约出租汽车运输证》。

城市人民政府对网约车发放《网络预约出租汽车运输证》另有规定的,从其规定。

3. 网约车服务驾驶员从业资格管理

本书在第五章相关章节已对网约车服务驾驶员从业资格管理进行了阐述。

(四) 违反网约车经营许可行为规范的法律后果

1. 无证经营的法律后果

有下列行为之一的,由县级以上出租汽车行政主管部门责令改正,予以警告,并处以1万元以上3万元以下罚款;构成犯罪的,依法追究刑事责任:

(1)未取得经营许可,擅自从事或者变相从事网约车经营活动;

(2)伪造、变造或者使用伪造、变造、失效的《网络预约出租汽车运输证》《网络预约出租汽车驾驶员证》从事网约车经营活动。

2. 网约车平台公司相关责任

网约车平台公司有下列行为之一的,由县级以上出租汽车行政主管部门和价格主管部门按照职责责令改正,对每次违法行为处以 5000 元以上 1 万元以下罚款;情节严重的,处以 1 万元以上 3 万元以下罚款:

(1)提供服务车辆未取得《网络预约出租汽车运输证》,或者线上提供服务车辆与线下实际提供服务车辆不一致;

(2)提供服务驾驶员未取得《网络预约出租汽车驾驶员证》,或者线上提供服务驾驶员与线下实际提供服务驾驶员不一致;

网约车平台公司不再具备线上线下服务能力或者有严重违法行为的,由县级以上出租汽车行政主管部门依据相关法律法规的有关规定责令停业整顿、吊销相关许可证件。

3. 网约车驾驶员相关责任

网约车驾驶员不再具备从业条件或者有严重违法行为的,由县级以上出租汽车行政主管部门依据相关法律法规的有关规定撤销或者吊销从业资格证件。

复 习 题

1. 简述道路客运许可的条件。
2. 简述道路货运许可条件和危险货运许可条件的差异。
3. 简述擅自从事道路运输经营行为的法律责任。

第七章　道路运输市场监管

事中监督是对正在发生的道路运输活动等进行行政监管,事中监督有利于及时发现问题,及时采取补救措施。传统的政府管理模式注重事前审批,不仅束缚了市场活力,也容易产生权力寻租空间。经济新常态下,要发挥市场在资源配置中的决定性作用,减少行政审批项目,放松市场准入,这就意味着事中监管职能的增强和事中监管职能要求的差异性。为了与事中监管新要求相适应,要加大政府职能部门尤其是基层政府的监管责任,充实相应的基层监管力量,并跟进人员素质和技术设备。事前审批和事中事后监管都是市场监管体系的组成部分,既相对独立又紧密联系,事前审批的限制条件需要事中监管来维护,而事中监管的实际效果也取决于事前审批的质量。

第一节　道路客运市场监管

一、道路客运经营行为规范和法律责任

(一)道路客运经营行为规范和法律责任

1.按许可事项经营行为规范和法律责任
1)行为规范
客运经营者应当按照道路运输管理机构决定的许可事项从事客运经营活动,不得转让、出租道路运输经营许可证件。但是,道路客运企业的全资或者绝对控股的经营道路客运的子公司,其自有营运客车在10辆以上或者自有中高级营运客车5辆以上时,可按照其母公司取得的经营许可从事客运经营活动。在这种情形下,子公司不构成超越许可事项的行为,也不构成非法转让、出租行为。

2)法律责任
客运经营者非法转让、出租道路运输经营许可证件的,由县级以上道路运输管理机构责令停止违法行为,收缴有关证件,处2000元以上1万元以下的罚款;有违法所得的,没收违法所得。

2.班车客运、包车客运共有的行为规范和法律责任
1)客运经营者投保承运人责任险的行为规范和法律责任
客运经营者应当为旅客投保承运人责任险。客运经营者有下列行为之一的,由县级以上道路运输管理机构责令限期投保;拒不投保的,由原许可机关吊销《道路运输经营许可证》或者吊销相应的经营范围:(1)未为旅客投保承运人责任险;(2)未按最低投保限额投保;(3)投保的承运人责任险已过期,未继续投保。

2）客运经营者承运旅客的"五不"行为规范和法律责任

客运经营者不得强迫旅客乘车,不得中途将旅客交给他人运输或者甩客,不得敲诈旅客,不得擅自更换客运车辆,不得阻碍其他经营者的正常经营活动。

有以下行为之一的,由县级以上道路运输管理机构责令改正,处1000元以上3000元以下的罚款;情节严重的,由原许可机关吊销《道路运输经营许可证》或者吊销相应的经营范围:客运经营者以欺骗、暴力等手段招揽旅客;在旅客运输途中擅自变更运输车辆或者将旅客移交他人运输。

3）客运经营者承运旅客数量限制和法律责任

严禁客运车辆超载运行。但是,在载客人数已满的情况下,允许再搭乘不超过核定载客人数10%的免票儿童。道路运输管理机构的工作人员在实施道路运输监督检查过程中,发现客运车辆有超载行为的,应当立即予以制止,并采取相应措施安排旅客改乘。

4）客运车辆载货行为规范

客运车辆不得违反规定载货。鼓励客运经营者使用配置下置行李舱的客车从事道路客运。没有下置行李舱或者行李舱容积不能满足需要的客车车辆,可在客车车厢内设立专门的行李堆放区,但行李堆放区和乘客区必须隔离,并采取相应的安全措施。严禁行李堆放区载客。

5）运价管理行为规范和法律责任

客运经营者应当遵守有关运价规定,使用规定的票证,不得乱涨价、恶意压价、乱收费。客运经营者(含国际道路客运经营者)、客运站经营者及客运相关服务经营者不按规定使用道路运输业专用票证或者转让、倒卖、伪造道路运输业专用票证的,由县级以上道路运输管理机构责令改正,处1000元以上3000元以下的罚款。

6）营运客车的外部识别和内部环境供给的行为规范

客运经营者应当在客运车辆外部的适当位置喷印企业名称或者标识,在车厢内显著位置公示道路运输管理机构监督电话、票价和里程表。

客运经营者应当为旅客提供良好的乘车环境,确保车辆设备、设施齐全有效,保持车辆清洁、卫生,并采取必要的措施防止在运输过程中发生侵害旅客人身、财产安全的违法行为。

当运输过程中发生侵害旅客人身、财产安全的治安违法行为时,客运经营者在自身能力许可的情况下,应当及时向公安机关报告并配合公安机关及时终止治安违法行为。

客运经营者不得在客运车辆上从事播放淫秽录像等不健康的活动。

7）安全驾驶和应急运输行为规范

客运经营者应当加强对从业人员进行安全、职业道德、业务知识和操作规程的培训,并采取有效措施,防止驾驶人员连续驾驶时间超过4个小时。

客运经营者应当制定突发公共事件的道路运输应急预案。应急预案应当包括报告程序、应急指挥、应急车辆和设备的储备以及处置措施等内容。发生突发公共事件时,客运经营者应当服从县级以上人民政府或者有关部门的统一调度和指挥。

8）台账和档案建立以及资料信息保送行为规范

客运经营者应当建立和完善各类台账和档案,并按要求及时报送有关资料和信息。

3. 班车客运行为规范和法律责任

1) 连续运输服务行为规范和法律责任

道路客运班线属于国家所有的公共资源。班线客运经营者取得经营许可后,应当向公众提供连续运输服务,不得擅自暂停、终止或者转让班线运输。

客运经营者未报告原许可机关,擅自终止道路客运经营的,由县级以上道路运输管理机构责令改正,处1000元以上3000元以下的罚款;情节严重的,由原许可机关吊销《道路运输经营许可证》或者吊销相应的经营范围。

2) 按许可的线路、班次、站点运行规范和法律责任

客运班车应当按照许可的线路、班次、站点运行,在规定的途经站点进站上下旅客,无正当理由不得改变行驶线路,不得站外上客或者沿途揽客。但是,经许可机关同意,在农村客运班线(指县内或者毗邻县间至少有一端在乡村的客运班线)上运营的班车可采取区域经营、循环运行、设置临时发车点等灵活的方式运营。

客运经营者有下列情形之一的,由县级以上道路运输管理机构责令改正,处1000元以上3000元以下的罚款;情节严重的,由原许可机关吊销《道路运输经营许可证》或者吊销相应的经营范围:(1)客运班车不按批准的客运站点停靠或者不按规定的线路、班次行驶;(2)加班车、顶班车、接驳车无正当理由不按原正班车的线路、站点、班次行驶的。

3) 临时客运标志牌管理规范

遇有下列情况之一,客运车辆可凭临时客运标志牌运行:(1)原有正班车已经满载,需要开行加班车;(2)因车辆抛锚、维护等原因,需要接驳或者顶班;(3)正式班车客运标志牌正在制作或者不慎灭失,等待领取。凭临时客运标志牌运营的客车应当按正班车的线路和站点运行。属于加班或者顶班的,还应当持有始发站签章并注明事由的当班行车路单;班车客运标志牌正在制作或者灭失的,还应当持有该条班线的《道路客运班线经营许可证明》或者《道路客运班线经营行政许可决定书》的复印件。

省际临时客运标志牌由省级道路运输管理机构按照交通运输部的统一式样印制,交由当地县以上道路运输管理机构向客运经营者核发。加班车、顶班车、接驳车使用的省际临时客运标志牌在一个运次所需的时间内有效,因班车客运标志牌正在制作或者灭失而使用的省际临时客运标志牌有效期不得超过30天。

4. 包车客运法律规范及法律责任

省际、市际客运包车的车籍所在地为车籍所在的地区,县际客运包车的车籍所在地为车籍所在的县。省际包车客运标志牌由省级道路运输管理机构按照交通运输部的统一式样印制,交由当地县以上道路运输管理机构向客运经营者核发。省际包车客运标志牌在一个运次所需的时间内有效。从事省际包车客运的企业应按照交通运输部的统一要求,通过运政管理信息系统向车籍地道路运输管理机构备案后方可使用包车标志牌。省内包车客运标志牌样式及管理要求由各省级交通运输主管部门自行规定。

客运包车应当凭车籍所在地道路运输管理机构核发的包车客运标志牌,按照约定的时间、起始地、目的地和线路运行,并持有包车票或者包车合同,不得按班车模式定点定线运营,不得招揽包车合同外的旅客乘车。客运包车除执行道路运输管理机构下达的紧急包车任务外,其线路一端应当在车籍所在地。

客运经营者有下列情形之一的,由县级以上道路运输管理机构责令改正,处 1000 元以上 3000 元以下的罚款;情节严重的,由原许可机关吊销《道路运输经营许可证》或者吊销相应的经营范围:(1)客运包车未持有效的包车客运标志牌进行经营;(2)不按照包车客运标志牌载明的事项运行;(3)线路两端均不在车籍所在地;(4)按班车模式定点定线运营;(5)招揽包车合同以外的旅客乘车的。

非定线旅游客车可持注明客运事项的旅游客票或者旅游合同取代包车票或者包车合同。

5. 客流高峰期运力不足时的运力临时调用规范

在春运、旅游"黄金周"或者发生突发事件等客流高峰期运力不足时,道路运输管理机构可临时调用车辆技术等级不低于二级的营运客车和社会非营运客车开行包车或者加班车。非营运客车凭县级以上道路运输管理机构开具的证明运行。

(二) 道路客运驾驶员行为规范和法律责任

客运车辆驾驶人员应当随车携带《道路运输证》、从业资格证等有关证件,在规定位置放置客运标志牌。客运班车驾驶人员应当随车携带《道路客运班线经营许可证明》。客运车辆驾驶人员应当遵守道路运输法规和道路运输驾驶员操作规程,安全驾驶,文明服务。

客运经营者不按照规定携带《道路运输证》的,由县级以上道路运输管理机构责令改正,处警告或者 20 元以上 200 元以下的罚款。

(三) 旅客行为规范

旅客应当持有效客票乘车,遵守乘车秩序,文明礼貌,携带免票儿童的乘客应当在购票时声明。不得携带国家规定的危险物品及其他禁止携带的物品乘车。

二、道路客运站行为规范

(一) 按许可事项经营的行为规范和法律责任

客运站经营者应当按照道路运输管理机构决定的许可事项从事客运站经营活动,不得转让、出租客运站经营许可证件,不得改变客运站用途和服务功能。客运站经营者应当维护好各种设施、设备,保持其正常使用。

超越许可事项,从事客运站经营的,由县级以上道路运输管理机构责令停止经营;有违法所得的,没收违法所得,处违法所得 2 倍以上 10 倍以下的罚款;没有违法所得或者违法所得不足 1 万元的,处 2 万元以上 5 万元以下的罚款;构成犯罪的,依法追究刑事责任。

客运站经营者非法转让、出租道路运输经营许可证件的,由县级以上道路运输管理机构责令停止违法行为,收缴有关证件,处 2000 元以上 1 万元以下的罚款;有违法所得的,没收违法所得。

擅自改变客运站的用途和服务功能的,由县级以上道路运输管理机构责令改正;拒不改正的,处 3000 元的罚款;有违法所得的,没收违法所得。

(二) 安全经营行为规范和法律责任

客运站经营者应当依法加强安全管理,完善安全生产条件,健全和落实安全生产责任制。客运站经营者应当对出站客车进行安全检查,采取措施防止危险品进站上车,按照车辆核定载客限额售票,严禁超载车辆或者未经安全检查的车辆出站,保证安全生产。客运站经营者应当禁止无证经营的车辆进站从事经营活动,无正当理由不得拒绝合法客运车辆进站经营。

客运站经营者有下列情形之一的,由县级以上道路运输管理机构责令改正,处1万元以上3万元以下的罚款:(1)允许无经营许可证件的车辆进站从事经营活动;(2)允许超载车辆出站;(3)允许未经安全检查或者安全检查不合格的车辆发车;(4)无正当理由拒绝客运车辆进站从事经营活动。

(三)站运关系行为规范

客运站经营者和进站发车的客运经营者应当依法自愿签订服务合同,双方按合同的规定履行各自的权利和义务。客运站经营者应当按月和客运经营者结算运费。

进站客运经营者应当在发车30分钟前备齐相关证件进站等待发车,不得误班、脱班、停班。进站客运经营者不按时派车辆应班,1小时以内视为误班,1小时以上视为脱班。但因车辆维修、肇事、丢失或者交通堵塞等特殊原因不能按时应班,并且已提前告知客运站经营者的除外。进站客运经营者因故不能发班的,应当提前1日告知客运站经营者,双方要协商调度车辆顶班。对无故停班达3日以上的进站班车,客运站经营者应当报告当地道路运输管理机构。

(四)客运信息公开行为规范和法律责任

客运站经营者应当公布进站客车的班车类别、客车类型等级、运输线路、起讫停靠站点、班次、发车时间、票价等信息,调度车辆进站发车,疏导旅客,维持秩序。

客运站经营者不公布运输线路、起讫停靠站点、班次、发车时间、票价的,由县级以上道路运输管理机构责令改正;拒不改正的,处3000元的罚款;有违法所得的,没收违法所得。

(五)服务设施处置行为规范和法律责任

客运站经营者应当设置旅客购票、候车、乘车指示、行李寄存和托运、公共卫生等服务设施,向旅客提供安全、便捷、优质的服务,加强宣传,保持站场卫生、清洁。

(六)站务收费行为规范和法律责任

客运站经营者应当严格执行价格管理规定,在经营场所公示收费项目和标准,严禁乱收费。客运站经营者及客运相关服务经营者不按规定使用道路运输业专用票证或者转让、倒卖、伪造道路运输业专用票证的,由县级以上道路运输管理机构责令改正,处1000元以上3000元以下的罚款。

三、道路运输管理机构监督检查行为规范

(一)客运车辆审验行为规范

县级以上道路运输管理机构应当定期对客运车辆进行审验,每年审验一次。审验内容包括:①车辆违章记录;②车辆技术等级评定情况;③客车类型等级评定情况;④按规定安装、使用符合标准的具有行驶记录功能的卫星定位装置情况;⑤客运经营者为客运车辆投保承运人责任险情况。

审验符合要求的,道路运输管理机构在《道路运输证》审验记录栏中或者IC卡注明;不符合要求的,应当责令限期改正或者办理变更手续。

(二)客运现场运政稽查行为规范

道路运输管理机构及其工作人员应当重点在客运站、旅客集散地对道路客运、客运站经营活动实施监督检查。根据管理需要,可以在公路路口实施监督检查,但不得随意拦截正常行驶的道路运输车辆,不得双向拦截车辆进行检查。

道路运输管理机构的工作人员可以向被检查单位和个人了解情况,查阅和复制有关材料。但应当保守被调查单位和个人的商业秘密。被监督检查的单位和个人应当接受道路运输管理机构及其工作人员依法实施的监督检查,如实提供有关资料或者说明情况。

客运经营者在许可的道路运输管理机构管辖区域外违法从事经营活动的,违法行为发生地的道路运输管理机构应当依法将当事人的违法事实、处罚结果记录到《道路运输证》上,并抄告做出道路客运经营许可的道路运输管理机构。

(三)证据先行登记保存行为规范

客运经营者违反《道路旅客运输及客运站管理规定》的,县级以上道路运输管理机构在作出行政处罚决定的过程中,可以按照行政处罚法的规定将其违法证据先行登记保存。作出行政处罚决定后,客运经营者拒不履行的,作出行政处罚决定的道路运输管理机构可以将其拒不履行行政处罚决定的事实通知违法车辆车籍所在地道路运输管理机构,作为能否通过车辆年度审验和决定质量信誉考核结果的重要依据。

(四)暂扣车辆行为规范

道路运输管理机构的工作人员在实施道路运输监督检查过程中,对没有《道路运输证》又无法当场提供其他有效证明的客运车辆可以予以暂扣,并出具《道路运输车辆暂扣凭证》。对暂扣车辆应当妥善保管,不得使用,不得收取或者变相收取保管费用。

违法当事人应当在暂扣凭证规定的时间内到指定地点接受处理。逾期不接受处理的,道路运输管理机构可依法做出处罚决定,并将处罚决定书送达当事人。当事人无正当理由逾期不履行处罚决定的,道路运输管理机构可申请人民法院强制执行。

第二节 道路货运市场监管

一、道路货物运输经营行为规范和法律责任

(一)按许可事项经营的行为规范和法律责任

道路货物运输经营者应当按照《道路运输经营许可证》核定的经营范围从事货物运输经营,不得转让、出租道路运输经营许可证件。

取得道路货物运输经营许可的道路货物运输经营者使用无道路运输证的车辆参加货物运输的,由县级以上道路运输管理机构责令改正,处3000元以上1万元以下的罚款。

(二)道路运输证使用的行为规范和法律责任

道路货物运输经营者应当要求其聘用的车辆驾驶员随车携带《道路运输证》。《道路运输证》不得转让、出租、涂改、伪造。

道路货物运输经营者不按照规定携带《道路运输证》的,由县级以上道路运输管理机构责令改正,处警告或者20元以上200元以下的罚款。

(三)货车安装行驶记录仪的行为规范和法律责任

道路货物运输经营者应当按照国家有关规定在其重型货运车辆、牵引车上安装、使用行驶记录仪,并采取有效措施,防止驾驶人员连续驾驶时间超过4个小时。

没有按照国家有关规定在货运车辆上安装符合标准的具有行驶记录功能的卫星定位装置的,由县级以上道路运输管理机构责令限期整改,整改不合格的,予以通报。

(四)禁运、限运行为规范和法律责任

道路货物运输经营者不得运输法律、行政法规禁止运输的货物。道路货物运输经营者在受理法律、行政法规规定限运、凭证运输的货物时,应当查验并确认有关手续齐全有效后方可运输。货物托运人应当按照有关法律、行政法规的规定办理限运、凭证运输手续。

运输没有限运证明物资的,由县级以上道路运输管理机构责令限期整改,整改不合格的,予以通报。

(五)超限超载运输行为规范和法律责任

运输的货物应当符合货运车辆核定的载质量,载物的长、宽、高不得违反装载要求。禁止货运车辆违反国家有关规定超限、超载运输。禁止使用货运车辆运输旅客。

道路运输管理人员在货运站、货物集散地实施监督检查过程中,发现货运车辆有超载行为的,应当立即予以制止,装载符合标准后方可放行。因配载造成超限、超载的,由县级以上道路运输管理机构责令限期整改,整改不合格的,予以通报。

根据国家《道路运输条例》有关规定,"运输货物的,不得运输旅客,运输的货物应当符合核定的载重量,严禁超载;载物的长、宽、高不得违反装载要求。"违反规定的,由公安机关交通管理部门依照《中华人民共和国道路交通安全法》的有关规定进行处罚。"道路运输管理机构的工作人员在实施道路运输监督检查过程中,发现车辆超载行为的,应当立即予以制止,并采取相应措施安排旅客改乘或者强制卸货。"

根据国家《公路安全保护条例》有关规定,"对1年内违法超限运输超过3次的货运车辆,由道路运输管理机构吊销其车辆营运证;对1年内违法超限运输超过3次的货运车辆驾驶人,由道路运输管理机构责令其停止从事营业性运输;道路运输企业1年内违法超限运输的货运车辆超过本单位货运车辆总数10%的,由道路运输管理机构责令道路运输企业停业整顿;情节严重的,吊销其道路运输经营许可证,并向社会公告。""违反本条例的规定,指使、强令车辆驾驶人超限运输货物的,由道路运输管理机构责令改正,处 3 万元以下的罚款。"

(六) 大型物件运输行为规范和法律责任

道路货物运输经营者运输大型物件,应当制定道路运输组织方案。涉及超限运输的应当按照交通运输部颁布的《超限运输车辆行驶公路管理规定》办理相应的审批手续。从事大型物件运输的车辆,应当按照规定装置统一的标志和悬挂标志旗,夜间行驶和停车休息时应当设置标志灯。

大型物件运输车辆不按规定悬挂、标明运输标志的,由县级以上道路运输管理机构责令限期整改,整改不合格的,予以通报。

(七) 道路货物运输竞争行为规范和法律责任

道路货物运输经营者不得采取不正当手段招揽货物、垄断货源。不得阻碍其他货运经营者开展正常的运输经营活动。

道路货物运输经营者强行招揽货物的,由县级以上道路运输管理机构责令改正,处 1000 元以上 3000 元以下的罚款;情节严重的,由原许可机关吊销道路运输经营许可证或者吊销其相应的经营范围。

(八) 防止货运中货物抛落扬撒的行为规范和法律责任

国家鼓励实行封闭式运输。道路货物运输经营者应当采取有效的措施,防止货物脱落、扬撒等情况发生。

道路货物运输经营者没有采取必要措施防止货物脱落、扬撒的,由县级以上道路运输管理机构责令改正,处 1000 元以上 3000 元以下的罚款;情节严重的,由原许可机关吊销道路运输经营许可证或者吊销其相应的经营范围。

(九) 应急运输行为规范和法律责任

道路货物运输经营者应当制定有关交通事故、自然灾害、公共卫生以及其他突发公共事件的道路运输应急预案。应急预案应当包括报告程序、应急指挥、应急车辆和设备的储备以及处置措施等内容。发生交通事故、自然灾害、公共卫生以及其他突发公共事件,道路货物运输经营者应当服从县级以上人民政府或者有关部门的统一调度、指挥。

发生公共突发性事件,不接受当地政府统一调度安排的,由县级以上道路运输管理机构责令限期整改,整改不合格的,予以通报。

二、货运站经营管理行为规范和法律责任

(一) 按许可事项经营的行为规范和法律责任

货运站经营者应当按照经营许可证核定的许可事项经营,不得随意改变货运站用途和服务功能。

超越许可的事项,从事货运站经营的,由县级以上道路运输管理机构责令停止经营;有违法所得的,没收违法所得,处违法所得2倍以上10倍以下的罚款;没有违法所得或者违法所得不足1万元的,处2万元以上5万元以下的罚款;构成犯罪的,依法追究刑事责任。

货运站经营者擅自改变道路运输站(场)的用途和服务功能,由县级以上道路运输管理机构责令改正;拒不改正的,处3000元的罚款;有违法所得的,没收违法所得。

货运站经营者非法转让、出租道路运输经营许可证件的,由县级以上道路运输管理机构责令停止违法行为,收缴有关证件,处2000元以上1万元以下的罚款;有违法所得的,没收违法所得。

(二)车辆配载及放行行为规范和法律责任

货运站经营者应当对出站车辆进行安全检查,防止超载车辆或者未经安全检查的车辆出站,保证安全生产。货运站经营者对超限、超载车辆配载,放行出站的,由县级以上道路运输管理机构责令改正,处1万元以上3万元以下的罚款。

第三节 危险货物运输行政监管

危险货物运输行政监管的对象并非所有危险货物运输行为,交通运输部可以根据相关行业协会的申请,经组织专家论证后,统一公布可以按照普通货物实施道路运输管理的危险货物,此即所谓的危险货物运输管辖豁免,例如部分按照普通货物实施道路运输管理的农药运输。

一、危货运输专用车辆、设备专门行为规范和法律责任

(一)车辆审验特有行为规范

设区的市级道路运输管理机构应当定期对专用车辆进行审验,每年审验一次。审验按照《道路运输车辆技术管理规定》进行,并增加以下审验项目:(1)专用车辆投保危险货物承运人责任险情况;(2)必需的应急处理器材、安全防护设施设备和专用车辆标志的配备情况;(3)具有行驶记录功能的卫星定位装置的配备情况。

(二)车辆使用禁止性规范和法律责任

禁止使用报废的、擅自改装的、检测不合格的、车辆技术等级达不到一级的和其他不符合国家规定的车辆从事道路危险货物运输。

道路危险货物运输企业擅自改装已取得《道路运输证》的专用车辆及罐式专用车辆罐体的,由县级以上道路运输管理机构责令改正,并处5000元以上2万元以下的罚款。

除铰接列车、具有特殊装置的大型物件运输专用车辆外,严禁使用货车列车从事危险货物运输;倾卸式车辆只能运输散装硫黄、萘饼、粗蒽、煤焦沥青等危险货物。禁止使用移动罐体(罐式集装箱除外)从事危险货物运输。

(三) 装卸机械的技术性要求

用于装卸危险货物的机械及工具的技术状况应当符合行业标准《汽车运输危险货物规则》(JT617—2004)规定的技术要求。

(四) 常压罐体、压力容器的技术性要求和检验合格有效期

罐式专用车辆的常压罐体应当符合国家标准《道路运输液体危险货物罐式车辆第1部分:金属常压罐体技术要求》(GB 18564.1—2006)、《道路运输液体危险货物罐式车辆第2部分:非金属常压罐体技术要求》(GB 18564.2—2008)等有关技术要求。

使用压力容器运输危险货物的,应当符合国家特种设备安全监督管理部门制订并公布的《移动式压力容器安全技术监察规程》(TSG R0005—2011)等有关技术要求。

压力容器和罐式专用车辆应当在质量检验部门出具的压力容器或者罐体检验合格的有效期内承运危险货物。

(五) 危险货物包装物、容器重复使用行为规范

道路危险货物运输企业或者单位对重复使用的危险货物包装物、容器,在重复使用前应当进行检查;发现存在安全隐患的,应当维修或者更换。

道路危险货物运输企业或者单位应当对检查情况做出记录,记录的保存期限不得少于2年。

(六) 常压罐体清洗作业行为规范

道路危险货物运输企业或者单位应当到具有污染物处理能力的机构对常压罐体进行清洗(置换)作业,将废气、污水等污染物集中收集,消除污染,不得随意排放,污染环境。

二、道路危险货物运输行为规范和法律责任

(一) 按许可事项经营的行为规范和法律责任

道路危险货物运输企业或者单位应当严格按照道路运输管理机构决定的许可事项从事道路危险货物运输活动,不得转让、出租道路危险货物运输许可证件。严禁非经营性道路危险货物运输单位从事道路危险货物运输经营活动。道路危险货物运输企业异地经营(运输线路起讫点均不在企业注册地市域内)累计3个月以上的,应当向经营地设区的市级道路运输管理机构备案并接受其监管。

道路危险货物运输企业或者单位非法转让、出租道路危险货物运输许可证件的,由县级以上道路运输管理机构责令停止违法行为,收缴有关证件,处2000元以上1万元以下的罚款;有违法所得的,没收违法所得。

(二) 托运的系列行为规范和法律责任

危险货物托运人应当委托具有道路危险货物运输资质的企业承运。

道路危险化学品运输托运人委托未依法取得危险货物道路运输许可的企业承运危险化学品的,处10万元以上20万元以下的罚款,有违法所得的,没收违法所得;拒不改正的,责令停产停业整顿;构成犯罪的,依法追究刑事责任。

危险货物托运人应当对托运的危险货物种类、数量和承运人等相关信息予以记录,记录的保存期限不得少于1年。危险货物托运人应当严格按照国家有关规定对危险货物进行妥善包装同时在外包装设置标志,并向承运人说明危险货物的品名、数量、危害、应急措施等情况。需要添加抑制剂或者稳定剂的,托运人应当按照规定添加,并告知承运人相关注意事项。危险货物托运人托运危险化学品的,还应当提交与托运的危险化学品完全一致的安全技术说明书和安全标签。

道路危险货物运输企业或者单位以及托运人有下列情形之一的,由县级以上道路运输管理机构责令改正,并处5万元以上10万元以下的罚款,拒不改正的,责令停产停业整顿;构成犯罪的,依法追究刑事责任:(1)托运人不向承运人说明所托运的危险化学品的种类、数量、危险特性以及发生危险情况的应急处置措施;(2)未按照国家有关规定对所托运的危险化学品妥善包装并在外包装上设置相应标志;(3)运输危险化学品需要添加抑制剂或者稳定剂,托运人未添加或者未将有关情况告知承运人。

道路危险化学品运输托运人在托运的普通货物中夹带危险化学品,或者将危险化学品谎报或匿报为普通货物托运的,由县级以上道路运输管理机构责令改正,处10万元以上20万元以下的罚款,有违法所得的,没收违法所得;拒不改正的,责令停产停业整顿;构成犯罪的,依法追究刑事责任。

(三) 启运前系列行为规范和法律责任

1. 车辆与承运货物匹配的系列行为规范和法律责任

不得使用罐式专用车辆或者运输有毒、感染性、腐蚀性危险货物的专用车辆运输普通货物。其他专用车辆可以从事食品、生活用品、药品、医疗器具以外的普通货物运输,但应当由运输企业对专用车辆进行消除危害处理,确保不对普通货物造成污染、损害。不得将危险货物与普通货物混装运输。

2. 运输标志、停车区域、警示标牌、安全设备的技术要求和法律责任

专用车辆应当按照国家标准《道路运输危险货物车辆标志》(GB 13392—2005)的要求悬挂标志。运输剧毒化学品、爆炸品的企业或者单位,应当配备专用停车区域,并设立明显的警示标牌。专用车辆应当配备符合有关国家标准以及与所载运的危险货物相适应的应急处理器材和安全防护设备。

道路危险货物运输企业或者单位以及托运人未根据危险化学品的危险特性采取相应的安全防护措施,或者未配备必要的防护用品和应急救援器材的,由县级以上道路运输管理机构责令改正,并处5万元以上10万元以下的罚款,拒不改正的,责令停产停业整顿;构成犯罪的,依法追究刑事责任。

3. 运输货物的禁止性、限制性、运输手续备查等行为规范

道路危险货物运输企业或者单位不得运输法律、行政法规禁止运输的货物。法律、行政法规规定的限运、凭证运输货物,道路危险货物运输企业或者单位应当按照有关规定办理相

关运输手续。法律、行政法规规定托运人必须办理有关手续后方可运输的危险货物,道路危险货物运输企业应当查验有关手续齐全有效后才可承运。

4. 从业人员配备、从业资格证携带行为规范和法律责任

在道路危险货物运输过程中,除驾驶人员外,还应当在专用车辆上配备押运人员,确保危险货物处于押运人员监管之下。驾驶人员、装卸管理人员和押运人员上岗时应当随身携带从业资格证。

驾驶人员、装卸管理人员、押运人员未取得从业资格上岗作业的,由县级以上道路运输管理机构责令道路危险货物运输企业或者单位以及托运人改正,并处 5 万元以上 10 万元以下的罚款,拒不改正的,责令停产停业整顿;构成犯罪的,依法追究刑事责任。

5. 随车携带《道路运输证》备查

驾驶人员应当随车携带《道路运输证》。驾驶人员或者押运人员应当按照《汽车运输危险货物规则》(JT617—2004)的要求,随车携带《道路运输危险货物安全卡》。

道路危险货物运输企业或者单位不按照规定随车携带《道路运输证》的,由县级以上道路运输管理机构责令改正,处警告或者 20 元以上 200 元以下的罚款。

6. 指派装卸管理人员及装卸规范

危险货物运输托运人和承运人应当按照合同约定指派装卸管理人员;若合同未予约定,则由负责装卸作业的一方指派装卸管理人员。危险货物的装卸作业应当遵守安全作业标准、规程和制度,并在装卸管理人员的现场指挥或者监控下进行。在危险货物装卸过程中,应当根据危险货物的性质,轻装轻卸,堆码整齐,防止混杂、撒漏、破损,不得与普通货物混合堆放。

7. 防范运输途中外溢性损害的行为规范

道路危险货物运输企业或者单位应当采取必要措施,防止危险货物脱落、扬散、丢失以及燃烧、爆炸、泄漏等。其相关法律责任与普货运输相同。

8. 投保行为规范和法律责任

道路危险货物运输企业或者单位应当为其承运的危险货物投保承运人责任险。

道路危险货物运输企业或者单位有下列行为之一,由县级以上道路运输管理机构责令限期投保;拒不投保的,由原许可机关吊销《道路运输经营许可证》或《道路危险货物运输许可证》,或者吊销相应的经营范围:(1)未投保危险货物承运人责任险;(2)投保的危险货物承运人责任险已过期,未继续投保。

(四)运输途中系列行为规范

(1)不得随意停车。

道路危险货物运输途中,驾驶人员不得随意停车。因住宿或者发生影响正常运输的情况需要较长时间停车的,驾驶人员、押运人员应当设置警戒带,并采取相应的安全防范措施。运输剧毒化学品或者易制爆危险化学品需要较长时间停车的,驾驶人员或者押运人员应当向当地公安机关报告。

(2)禁止超载、超限运输。

严禁专用车辆违反国家有关规定超载、超限运输。道路危险货物运输企业或者单位使

用罐式专用车辆运输货物时,罐体载货后的总质量应当和专用车辆核定载质量相匹配;使用牵引车运输货物时,挂车载货后的总质量应当与牵引车的准牵引总质量相匹配。

(3)严格运输线路、时间、速度规定。

道路危险货物运输企业或者单位应当要求驾驶人员和押运人员在运输危险货物时,严格遵守有关部门关于危险货物运输线路、时间、速度方面的有关规定,并遵守有关部门关于剧毒、爆炸危险品道路运输车辆在重大节假日通行高速公路的相关规定。

(4)运输单位监控运输行为规范。

道路危险货物运输企业或者单位应当通过卫星定位监控平台或者监控终端及时纠正和处理超速行驶、疲劳驾驶、不按规定线路行驶等违法违规驾驶行为。监控数据应当至少保存3个月,违法驾驶信息及处理情况应当至少保存3年。

(五)安全教育、安全评估、应急处置行为规范

1. 从业人员业务素质和教育培训要求

道路危险货物运输从业人员必须熟悉有关安全生产的法规、技术标准和安全生产规章制度、安全操作规程,了解所装运危险货物的性质、危害特性、包装物或者容器的使用要求和发生意外事故时的处置措施,并严格执行《汽车运输危险货物规则》(JT 617—2004)、《汽车运输、装卸危险货物作业规程》(JT 618—2004)等标准,不得违章作业。

道路危险货物运输企业或者单位应当通过岗前培训、例会、定期学习等方式,对从业人员进行经常性安全生产、职业道德、业务知识和操作规程的教育培训。

2. 安全评估行为规范

道路危险货物运输企业或者单位应当委托具备资质条件的机构,对本企业或单位的安全管理情况每3年至少进行一次安全评估,并出具安全评估报告。

3. 运输突发事件应急行为规范

道路危险货物运输企业或者单位应当加强安全生产管理,制定突发事件应急预案,配备应急救援人员和必要的应急救援器材、设备,并定期组织应急救援演练,严格落实各项安全制度。

在危险货物运输过程中发生燃烧、爆炸、污染、中毒或者被盗、丢失、流散、泄漏等事故时,驾驶人员、押运人员应当立即根据应急预案和《道路运输危险货物安全卡》的要求采取应急处置措施,并向事故发生地公安部门、交通运输主管部门和本运输企业或者单位报告。运输企业或者单位接到事故报告后,应当按照本企业或者单位危险货物应急预案组织救援,并向事故发生地安全生产监督管理部门和环境保护、卫生主管部门报告。

第四节 国际道路运输运营监管

一、运营管理

(一)国际道路运输线路确定方式、公布及运行

国际道路运输线路由起讫地、途经地国家交通主管部门协商确定。交通运输部及时向社会公布中国政府与有关国家政府确定的国际道路运输线路。

从事国际道路运输的车辆应当按照规定的口岸通过,并在进入对方国家境内后,按照规定的线路运行。

从事定期国际道路旅客运输的车辆,应当按照规定的行车路线、班次及停靠站点运行。

(二)国际道路运输车辆运行牌照、证件、驾驶证和国籍识别标志等

外国国际道路运输经营者的车辆在中国境内运输,应当具有本国的车辆登记牌照和登记证件。驾驶人员应当持有与其驾驶的车辆类别相符的本国或国际驾驶证件。

从事国际道路运输的车辆应当标明本国的国际道路运输国籍识别标志。

省级道路运输管理机构按照交通运输部规定的《国际道路运输国籍识别标志》式样,负责《国际道路运输国籍识别标志》的印制、发放、管理和监督使用。

(三)禁止超限超载运行

进入我国境内从事国际道路运输的外国运输车辆,应当符合我国有关运输车辆外廓尺寸、轴荷以及载质量的规定。我国与外国签署有关运输车辆外廓尺寸、轴荷以及载质量具体协议的,按协议执行。

进入我国境内运载不可解体大型物件的外国国际道路运输经营者,车辆超限的,应当遵守我国超限运输车辆行驶公路的相关规定,办理相关手续后,方可运输。

(四)行车路单、运单使用要求

我国从事国际道路旅客运输的经营者,应当使用《国际道路旅客运输行车路单》;我国从事国际道路货物运输的经营者,应当使用《国际道路货物运单》。

(五)危险货物运输管理

进入我国境内运输危险货物的外国国际道路运输经营者,应当遵守我国危险货物运输有关法律、法规和规章的规定。

(六)客货运禁止性经营规范

禁止外国国际道路运输经营者从事我国国内道路旅客和货物运输经营。

外国国际道路运输经营者在我国境内应当在批准的站点上下旅客或者按照运输合同商定的地点装卸货物。禁止外国国际道路运输经营者在我国境内自行招揽旅客或者承揽货物。其运输车辆要按照我国道路运输管理机构指定的停靠站(场)停放。

(七)车辆标准、维护和检测

国际道路运输经营者应当使用符合国家规定标准的车辆从事国际道路运输经营,并定期进行运输车辆维护和检测。

(八)应急预案制定要求

国际道路运输经营者应当制定境外突发事件的道路运输应急预案。应急预案应当包括报告程序、应急指挥、应急车辆和设备的储备以及处置措施等内容。

（九）运价管理

国际道路旅客运输的价格，按边境口岸地省级交通主管部门与相关国家政府交通主管部门签订的协议执行。没有协议的，按边境口岸所在地省级物价部门核定的运价执行。

国际道路货物运输的价格，由国际道路货物运输的经营者自行确定。

（十）外国运输车辆的费收管理

对进出我国境内从事国际道路运输的外国运输车辆的费收，应当按照我国与相关国家政府签署的有关协定执行。

二、行车许可证管理

（一）行车许可证定义、分类

1. 行车许可证定义

国际道路运输实行行车许可证制度。行车许可证是国际道路运输经营者在相关国家境内从事国际道路运输经营时行驶的通行凭证。我国从事国际道路运输的车辆进出相关国家，应当持有相关国家的国际汽车运输行车许可证。外国从事国际道路运输的车辆进出我国，应当持有我国国际汽车运输行车许可证。

2. 行车许可证分类

我国国际汽车运输行车许可证分为《国际汽车运输行车许可证》和《国际汽车运输特别行车许可证》。

1)《国际汽车运输行车许可证》

在我国境内从事国际道路旅客运输经营和一般货物运输经营的外国经营者，使用《国际汽车运输行车许可证》。

2)《国际汽车运输特别行车许可证》

在我国境内从事国际道路危险货物运输经营的外国经营者，使用《国际汽车运输特别行车许可证》。

（二）行车许可证申请、使用

我国从事国际道路运输的经营者，向拟通过边境口岸所在地的省级道路运输管理机构申领《国际汽车运输行车许可证》。

在我国境内从事国际道路危险货物运输经营的外国经营者，应当向拟通过口岸所在地的省级道路运输管理机构提出申请，由省级道路运输管理机构商有关部门批准后，向外国经营者的运输车辆发放《国际汽车运输特别行车许可证》。

《国际汽车运输行车许可证》和《国际汽车运输特别行车许可证》均实行一车一证，应当在有效期内使用。运输车辆为半挂汽车列车、全挂汽车列车时，仅向牵引车发放行车许可证。禁止伪造、变造、倒卖、转让、出租《国际汽车运输行车许可证》《国际汽车运输特别行车许可证》。

三、监督检查

(一) 监督检查的行政主体

县级以上道路运输管理机构在本行政区域内依法实施国际道路运输监督检查工作。

口岸国际道路运输管理机构负责口岸地(包括口岸查验现场)的国际道路运输管理及监督检查工作。口岸国际道路运输管理机构应当悬挂"中华人民共和国××口岸国际道路运输管理站"标识牌;在口岸查验现场悬挂"中国运输管理"的标识,并实行统一的国际道路运输查验签章。

(二) 出示证件

道路运输管理机构和口岸国际道路运输管理机构工作人员在实施国际道路运输监督检查时,应当出示交通运输部统一制式的交通行政执法证件。

(三) 口岸国际道路运输管理机构职责

(1) 查验《国际汽车运输行车许可证》《国际道路运输国籍识别标志》和国际道路运输有关牌证等。

(2) 记录、统计出入口岸的车辆、旅客、货物运输量以及《国际汽车运输行车许可证》;定期向省级道路运输管理机构报送有关统计资料。

(3) 监督检查国际道路运输的经营活动。

(4) 协调出入口岸运输车辆的通关事宜。

国际道路运输经营者应当接受当地县级以上道路运输管理机构和口岸国际道路运输管理机构的检查。

四、法律责任

(一) 非法转让、出租、伪造国际道路运输相关证件的法律责任

非法转让、出租、伪造《道路运输经营许可证》《道路旅客运输班线经营许可证明》《国际汽车运输行车许可证》《国际汽车运输特别行车许可证》《国际道路运输国籍识别标志》的,由县级以上道路运输管理机构以及口岸国际道路运输管理机构责令停止违法行为,收缴有关证件,处2000元以上1万元以下的罚款;构成犯罪的,依法追究刑事责任。

(二) 国际道路运输经营者不标明国籍识别标志或不携带行车许可证的法律责任

国际道路运输经营者的运输车辆不按照规定标明《国际道路运输国籍识别标志》、携带《国际汽车运输行车许可证》或者《国际汽车运输特别行车许可证》的,由县级以上道路运输管理机构以及口岸国际道路运输管理机构责令改正,处20元以上200元以下的罚款。

(三) 国际道路运输经营者运输过程中的法律责任

国际道路运输经营者有下列情形之一的,由县级以上道路运输管理机构以及口岸国际

道路运输管理机构责令改正,处 1000 元以上 3000 元以下的罚款;情节严重的,由原许可机关吊销道路运输经营许可证:

(1)不按批准的国际道路运输线路、站点、班次运输;
(2)在运输途中擅自变更运输车辆或者将旅客移交他人运输;
(3)未报告原许可机关,擅自终止国际道路旅客运输经营。

国际道路运输经营者违反道路旅客、货物运输有关规定的,按照相关规定予以处罚。

(四)外国国际道路运输经营者法律责任

外国国际道路运输经营者有下列行为之一的,由县级以上道路运输管理机构以及口岸国际道路运输管理机构责令停止运输或责令改正,有违法所得的,没收违法所得,处违法所得 2 倍以上 10 倍以下的罚款,没有违法所得或者违法所得不足 1 万元的,处 3 万元以上 6 万元以下的罚款:

(1)未取得我国有效的《国际汽车运输行车许可证》或者《国际汽车运输特别行车许可证》,擅自进入我国境内从事国际道路运输经营或者运输危险货物;
(2)从事我国国内道路旅客或货物运输;
(3)在我国境内自行承揽货源或招揽旅客;
(4)未按规定的运输线路、站点、班次、停靠站(场)运行;
(5)未标明本国《国际道路运输国籍识别标志》。

第五节　道路运输价格监管

一、道路运输价格及其管理体制

(一)价格的分类及定义

价格包括商品价格和服务价格。商品价格是指各类有形产品和无形资产的价格。服务价格是指各类有偿服务的收费。

(二)定价机制

国家实行并逐步完善宏观经济调控下主要由市场形成价格的机制。价格的制定应当符合价值规律,大多数商品和服务价格实行市场调节价,极少数商品和服务价格实行政府指导价或者政府定价。

市场调节价,是指由经营者自主制定,通过市场竞争形成的价格。经营者是指从事生产、经营商品或者提供有偿服务的法人、其他组织和个人。

政府指导价,是指由政府价格主管部门或者其他有关部门,按照定价权限和范围规定基准价及其浮动幅度,指导经营者制定的价格。

政府定价,是指依照《中华人民共和国价格法》规定,由政府价格主管部门或者其他有关部门,按照定价权限和范围制定的价格。

(三) 道路运输价格管理体制

国务院价格主管部门统一负责全国的价格工作。国务院其他有关部门在各自的职责范围内，负责有关的价格工作。

国务院价格、交通运输主管部门负责制定全国道路运输价格管理政策，指导各地道路运输价格管理工作。县级以上地方人民政府价格、交通运输主管部门负责本行政区域内的道路运输价格管理工作。

二、价格制定

(一) 道路运输价格制定机制

1. 道路客运价格制定机制

1) 道路班车客运价格制定机制

道路班车客运主要实行政府指导价，竞争充分的线路可实行市场调节价，具体由当地县级以上地方人民政府及其价格、交通运输主管部门按照价格管理权限，根据市场供求情况确定。加班车客运价格按照班车客运价格执行。定线旅游客运价格按照班车客运价格执行。

2) 农村道路客运价格制定机制

农村道路客运实行政府定价。

3) 非定线旅游客运、包车客运价格制定机制

非定线旅游客运、包车客运实行市场调节价，由承、托运双方根据里程、车型、车辆等级等商定。省、自治区、直辖市人民政府对非定线旅游客运、包车客运价格管理形式另有规定的，从其规定。

2. 道路货物运输价格制定机制

货物运输价格实行市场调节价。

3. 指令性运输价格制定机制

国防战备、抢险救灾、紧急运输等政府指令性旅客、货物运输实行政府定价。

(二) 价格管理权限分工

县级以上地方各级人民政府及其价格、交通运输主管部门按照下述权限管理道路运输价格。

(1) 省级人民政府价格、交通运输主管部门负责管理本行政区域内的道路运输价格，确定道路班车客运价格管理形式，制定国防战备、抢险救灾、紧急运输等政府指令性旅客、货物运输的价格，以及实行政府定价、政府指导价的道路客运车型运价，并核定客运票价的政府定价、政府指导价基准价、浮动幅度或上限票价。

(2) 市、县人民政府负责管理本行政区域内的道路客运价格，经省级人民政府授权，可以确定道路班车客运价格管理形式，制定国防战备、抢险救灾、紧急运输等政府指令性旅客、货物运输的价格，以及实行政府定价、政府指导价的道路客运车型运价，核定客运票价的政府定价、政府指导价基准价、浮动幅度或上限票价。市、县人民政府价格，交通运输主管部门根据各自职责承担相应的具体工作。

(三)政府指导价或政府定价的制定程序

道路运输实行政府指导价或政府定价的,由县级以上地方人民政府交通运输主管部门根据相关规定以及当地实际情况拟定价格方案,经同级价格主管部门核准后,报同级人民政府批准。

(四)政府指导价确定方式

道路班车客运政府指导价可以采取制定基准价及上、下浮动幅度,也可以采取制定上限票价及下浮幅度的方式,具体由当地县级以上地方人民政府及其价格、交通运输主管部门根据《道路运输价格管理规定》第八条规定确定。

在春运及节假日期间,道路班车客运票价不得在正常的政府指导价浮动范围或者政府定价水平以外实行特殊的加价政策。

(五)政府指导价或政府定价方案的制定规则

1. 加强调研、综合考虑、征求意见、适时调整

县级以上地方各级人民政府及其价格、交通运输主管部门应当加强对道路运输经营情况的调研和监测,综合考虑各种车型、运输成本、比价关系、供求关系、道路运输行业平均利润率、社会承受能力等因素,适时调整客运车型运价及核定客运票价。

制定或调整实行政府指导价或政府定价的道路客运运价,应当对方案的可行性和必要性进行论证,广泛听取社会各方面的意见。

2. 跨省份班车客运运价确定的特别规定

跨省份班车客运运价,由相关省(自治区、直辖市)按照客运线路起点、终点省份运价水平协商确定。同一条班车客运线路上的相同车型、等级客车的票价水平应当基本一致。

3. 农村道路客运低票价政策及税费优惠、政府补贴

国务院有关主管部门及地方各级人民政府应当积极扶持农村道路运输事业发展,对农村道路客运实行低票价政策,执行与城市公共交通相同的相关税费优惠和政府补贴。

4. 运价油价联动方案

省级人民政府价格、交通运输主管部门可以根据国内成品油价格变化情况及对客运成本的影响程度,制定运价油价联动方案,报同级人民政府批准实施。

5. 价格干预

各级人民政府价格、交通运输主管部门要加强对道路运输价格的监测。当道路运输价格出现异常上涨时,可以报请国务院或者省、自治区、直辖市人民政府依法采取价格干预措施,保持道路运输价格基本稳定。

(六)经营者确定具体执行票价、备案和公布

道路班车客运实行政府指导价的,经营者可以在政府规定的票价浮动范围内,根据市场情况确定具体执行票价。

具体票价执行前,经营者应当按照《道路运输价格管理规定》第八条规定,向当地人民政

府价格、交通运输主管部门备案。具体执行票价的备案制度由省级人民政府价格、交通运输主管部门规定。

道路班车客运实行政府指导价或者市场调节价的,除政策性调价外,经营者变动运价应提前两周公布。

三、道路运输价格行为管理

(一)主管部门对运价行为的管理职责

各级人民政府交通运输、价格主管部门应当维护公平竞争的道路运输市场秩序,保持运价水平的合理与稳定。客流量较大的客运线路鼓励两家以上不同市场主体进行竞争。

(二)经营者运价行为规范

(1)票价上浮或加成不得超越规定范围。道路班车客运经营者不得在政府规定范围以外,实行票价上浮或加成。

(2)不得进行价格欺诈。道路运输经营者应当为旅客、货主提供质价相符的服务,不得进行价格欺诈。

(3)明码标价。道路运输经营者应当在客货运站、客车等经营场所的显著位置,实行明码标价。

(4)执行客票统一样式。班车客票按照交通运输部统一式样执行,应当标明具体执行票价、车辆等级等相关信息。

(5)执行国家客票优待规定。道路运输经营者和汽车客运站应当对身高1.2m以下、不单独占用座位的儿童乘车实行免票,对革命伤残军人、因公致残的人民警察、身高1.2m至1.5m的儿童按照具体执行票价的50%售票。对享受优待票、免票、儿童票的旅客,道路客运经营者无正当理由不得拒载。

(三)禁止倒卖客票

任何单位和个人不得倒卖客票。因故不能乘车的旅客,可以按规定向汽车客运站或道路旅客运输经营者退票。

第六节　道路运输相关业务市场监管

一、机动车维修经营过程监管

(一)维修经营行为规范

1. 按许可事项开展维修服务

机动车维修经营者应当按照经批准的行政许可事项开展维修服务。

超越许可事项,非法从事机动车维修经营的,由县级以上道路运输管理机构责令其停止经营;有违法所得的,没收违法所得,处违法所得2倍以上10倍以下的罚款;没有违法所得或者违法所得不足1万元的,处2万元以上5万元以下的罚款;构成犯罪的,依法追究刑事责任。

2. 按要求悬挂许可证件和维修标志牌

机动车维修经营者应当将机动车维修经营许可证件和《机动车维修标志牌》悬挂在经营场所的醒目位置。《机动车维修标志牌》由机动车维修经营者按照统一式样和要求自行制作。

3. 维修禁止性和限制性行为规范

机动车维修经营者不得擅自改装机动车,不得承修已报废的机动车,不得利用配件拼装机动车。

托修方要改变机动车车身颜色,更换发动机、车身和车架的,应当按照有关法律、法规的规定办理相关手续,机动车维修经营者在查看相关手续后方可承修。

4. 从业人员教育和作业规范

机动车维修经营者应当加强对从业人员的安全教育和职业道德教育,确保安全生产。

机动车维修从业人员应当执行机动车维修安全生产操作规程,不得违章作业。

5. 机动车维修产生的废弃物处理

机动车维修产生的废弃物,应当按照国家的有关规定进行处理。

6. 维修工时定额和收费标准的制定、备案和公布(含技术信息)

机动车维修经营者应当公布机动车维修工时定额和收费标准,合理收取费用。机动车维修工时定额可按各省机动车维修协会等行业中介组织统一制定的标准执行,可按机动车维修经营者报所在地道路运输管理机构备案后的标准执行,也可按机动车生产厂家公布的标准执行。当上述标准不一致时,优先适用机动车维修经营者备案的标准。

机动车维修经营者应当将其执行的机动车维修工时单价标准报所在地道路运输管理机构备案。

机动车生产厂家在新车型投放市场后六个月内,有义务向社会公布其维修技术信息和工时定额。具体要求按照国家有关部门关于汽车维修技术信息公开的规定执行。

7. 维修结算票据、结算清单的使用交付规范

机动车维修经营者应当使用规定的结算票据,并向托修方交付维修结算清单。维修结算清单中,工时费与材料费应当分项计算。维修结算清单标准规范格式由交通运输部制定。

机动车维修经营者不出具规定的结算票据和结算清单的,托修方有权拒绝支付费用。

8. 统计材料报送及保密

机动车维修经营者应当按照相关规定,向道路运输管理机构报送统计资料。道路运输管理机构应当为机动车维修经营者保守商业秘密。

9. 维修连锁经营行为规范

机动车维修连锁经营企业总部应当按照统一采购、统一配送、统一标识、统一经营方针、

统一服务规范和价格的要求,建立连锁经营的作业标准和管理手册,加强对连锁经营服务网点经营行为的监管和约束,杜绝不规范的商业行为。

(二) 质量管理

1. 维修的技术性规范

机动车维修经营者应当按照国家、行业或者地方的维修标准和规范进行维修。尚无标准或规范的,可参照机动车生产企业提供的维修手册、使用说明书和有关技术资料进行维修。

2. 维修配件的使用规范和配件追溯制度

机动车维修经营者不得使用假冒伪劣配件维修机动车。托修方、维修经营者可以使用同质配件维修机动车。同质配件是指,产品质量等同或者高于装车零部件标准要求,且具有良好装车性能的配件。

机动车维修经营者应当将原厂配件、同质配件和修复配件分别标识,明码标价,供用户选择。机动车维修经营者对于换下的配件、总成,应当交托修方自行处理。

机动车维修配件实行追溯制度。机动车维修经营者应当记录配件采购、使用信息,查验产品合格证等相关证明,并按规定留存配件来源凭证。

3. 维修检验行为规范

机动车维修经营者对机动车进行二级维护、总成修理、整车修理的,应当实行维修前诊断检验、维修过程检验和竣工质量检验制度。

承担机动车维修竣工质量检验的机动车维修企业或机动车综合性能检测机构应当使用符合有关标准并在检定有效期内的设备,按照有关标准进行检测,如实提供检测结果证明,并对检测结果承担法律责任。

机动车维修竣工质量检验合格的,维修质量检验人员应当签发《机动车维修竣工出厂合格证》;未签发机动车维修竣工出厂合格证的机动车,不得交付使用,车主可以拒绝交费或接车。

4. 维修档案建立和填报上传行为规范

机动车维修经营者应当建立机动车维修档案,并实行档案电子化管理。维修档案应当包括:维修合同(托修单)、维修项目、维修人员及维修结算清单等。对机动车进行二级维护、总成修理、整车修理的,维修档案还应当包括:质量检验单、质量检验人员、竣工出厂合格证(副本)等。

机动车维修经营者应当按照规定如实填报、及时上传承修机动车的维修电子数据记录至国家有关汽车电子健康档案系统。机动车生产厂家或者第三方开发、提供机动车维修服务管理系统的,应当向汽车电子健康档案系统开放相应数据接口。

机动车托修方有权查阅机动车维修档案。

5. 从业人员管理规范

道路运输管理机构应当加强机动车维修从业人员管理,建立健全从业人员信用档案,加强从业人员诚信监管。

机动车维修经营者应当加强从业人员从业行为管理,促进从业人员诚信、规范从业维修。

6. 道路运输管理机构的维修质量监管职责

道路运输管理机构应当加强对机动车维修经营的质量监督和管理,采用定期检查、随机抽样检测检验的方法,对机动车维修经营者维修质量进行监督。

道路运输管理机构可以委托具有法定资格的机动车维修质量监督检验单位,对机动车维修质量进行监督检验。

7. 竣工出厂质量保证期制度

机动车维修实行竣工出厂质量保证期制度。

汽车和危险货物运输车辆整车修理或总成修理质量保证期为车辆行驶20000km或者100日;二级维护质量保证期为车辆行驶5000km或者30日;一级维护、小修及专项修理质量保证期为车辆行驶2000km或者10日。

摩托车整车修理或者总成修理质量保证期为摩托车行驶7000km或者80日;维护、小修及专项修理质量保证期为摩托车行驶800km或者10日。

其他机动车整车修理或者总成修理质量保证期为机动车行驶6000km或者60日;维护、小修及专项修理质量保证期为机动车行驶700km或者7日。

质量保证期中行驶里程和日期指标,以先达到者为准。机动车维修质量保证期,从维修竣工出厂之日起计算。

机动车维修经营者应当公示承诺的机动车维修质量保证期。所承诺的质量保证期不得低于《机动车维修管理规定》的规定。

8. 无偿返修制度

质量保证期和承诺的质量保证期内,因维修质量原因造成机动车无法正常使用,且承修方在3日内不能或者无法提供因非维修原因而造成机动车无法使用的相关证据的,机动车维修经营者应当及时无偿返修,不得故意拖延或者无理拒绝。

在质量保证期内,机动车因同一故障或维修项目经两次修理仍不能正常使用的,机动车维修经营者应当负责联系其他机动车维修经营者,并承担相应修理费用。

9. 道路运输管理机构受理投诉、调解

道路运输管理机构应当受理机动车维修质量投诉,积极按照维修合同约定和相关规定调解维修质量纠纷。机动车维修质量纠纷双方当事人均有保护当事车辆原始状态的义务。必要时可拆检车辆有关部位,但双方当事人应同时在场,共同认可拆检情况。对机动车维修质量的责任认定需要进行技术分析和鉴定,且承修方和托修方共同要求道路运输管理机构出面协调的,道路运输管理机构应当组织专家组或委托具有法定检测资格的检测机构做出技术分析和鉴定。鉴定费用由责任方承担。

(三)行政监督检查规范

1. 检查内容

道路运输管理机构应当依法履行对维修经营者所取得维修经营许可的监管职责,定期核对许可登记事项和许可条件。对许可登记内容发生变化的,应当依法及时变更;对不符合法定条件的,应当责令限期改正。

2. 检查程序

道路运输管理机构的执法人员在机动车维修经营场所实施监督检查时,应当有 2 名以上人员参加,并向当事人出示交通运输部监制的交通行政执法证件。

3. 监督检查措施

道路运输管理机构实施监督检查时,可以采取下列措施:

(1)询问当事人或者有关人员,并要求其提供有关资料;

(2)查询、复制与违法行为有关的维修台账、票据、凭证、文件及其他资料,核对与违法行为有关的技术资料;

(3)在违法行为发现场所进行摄影、摄像取证;

(4)检查与违法行为有关的维修设备及相关机具的有关情况。

检查的情况和处理结果应当记录,并按照规定归档。当事人有权查阅监督检查记录。

(四)违反维修经营和质量管理行为规范的法律后果

1. 非法转让、出租机动车维修经营许可证件的法律后果

机动车维修经营者非法转让、出租机动车维修经营许可证件的,由县级以上道路运输管理机构责令停止违法行为,收缴非法转让、出租的有关证件,处以 2000 元以上 1 万元以下的罚款;有违法所得的,没收违法所得。

2. 接受非法转让、出租维修经营许可证件的受让方的经营行为的处罚

对于接受非法转让、出租的受让方,应当按照未经许可而擅自从事机动车维修经营处罚。

3. 使用假冒伪劣配件维修机动车,承修已报废的机动车或者擅自改装机动车的处罚

机动车维修经营者使用假冒伪劣配件维修机动车,承修已报废的机动车或者擅自改装机动车的,由县级以上道路运输管理机构责令改正,并没收假冒伪劣配件及报废车辆;有违法所得的,没收违法所得,处违法所得 2 倍以上 10 倍以下的罚款;没有违法所得或者违法所得不足 1 万元的,处 2 万元以上 5 万元以下的罚款,没收假冒伪劣配件及报废车辆;情节严重的,由原许可机关吊销其经营许可;构成犯罪的,依法追究刑事责任。

4. 对签发虚假或者不签发机动车维修竣工出厂合格证的处罚

机动车维修经营者签发虚假或者不签发机动车维修竣工出厂合格证的,由县级以上道路运输管理机构责令改正;有违法所得的,没收违法所得,处以违法所得 2 倍以上 10 倍以下的罚款;没有违法所得或者违法所得不足 3000 元的,处 5000 元以上 2 万元以下的罚款;情节严重的,由许可机关吊销其经营许可;构成犯罪的,依法追究刑事责任。

二、驾驶员培训过程管理

(一)教练员管理

1. 教练员施教内容管理

机动车驾驶培训教练员应当按照统一的教学大纲规范施教,并如实填写《教学日志》和《中华人民共和国机动车驾驶员培训记录》。

2. 教练员接受教育管理

鼓励教练员同时具备理论教练员和驾驶操作教练员的教学水平。机动车驾驶员培训机构应当加强对教练员的职业道德教育和驾驶新知识、新技术的再教育,对教练员每年进行至少一周的脱岗培训,提高教练员的职业素质。

3. 培训机构对教练员的监督、评议和督促

机动车驾驶员培训机构应当加强对教练员教学情况的监督检查,定期对教练员的教学水平和职业道德进行评议,公布教练员的教学质量排行情况,督促教练员提高教学质量。

4. 省级道路运输管理机构对教练员的考核和建档管理

省级道路运输管理机构应当制定机动车驾驶培训教练员教学质量信誉考核办法,对机动车驾驶培训教练员实行教学质量信誉考核制度。机动车驾驶培训教练员教学质量信誉考核内容应当包括教练员的基本情况、教学业绩、教学质量排行情况、参加再教育情况、不良记录等。

省级道路运输管理机构应当建立教练员档案,使用统一的数据库和管理软件,实行计算机联网管理,并依法向社会公开教练员信息。机动车驾驶培训教练员教学质量信誉考核结果是教练员档案的重要组成部分。

(二)经营管理

1. 经营必须获得许可并按照许可事项公示经营

在未取得机动车驾驶员培训许可证件前,任何单位或者个人不得开展机动车驾驶员培训经营活动。机动车驾驶员培训机构应当按照经批准的行政许可事项开展培训业务。

机动车驾驶员培训机构应当将机动车驾驶员培训许可证件悬挂在经营场所的醒目位置,公示其经营类别、培训范围、收费项目、收费标准、教练员信息、教学场地等情况。

2. 培训区域、培训车辆、培训学时及收费的行为规范

机动车驾驶员培训机构应当在注册地开展培训业务,不得采取异地培训、恶意压价、欺骗学员等不正当手段开展经营活动,不得允许社会车辆以其名义开展机动车驾驶员培训经营活动。

机动车驾驶员培训实行学时制,按照学时合理收取费用。机动车驾驶员培训机构应当将学时收费标准报所在地道路运输管理机构备案。此外,对每个学员理论培训时间每天不得超过6个学时,实际操作培训时间每天不得超过4个学时。

3. 培训报名和培训预约制度

参加机动车驾驶员培训的人员,在报名时应当填写《机动车驾驶员培训学员登记表》,并提供身份证明及复印件。参加道路运输驾驶员从业资格培训的人员,还应当同时提供驾驶证及复印件。报名人员应当对所提供材料的真实性负责。

机动车驾驶员培训机构应当建立学时预约制度,并向社会公布联系电话和预约方式。

4. 教学车辆管理

1)教学车辆技术条件和标识管理

机动车驾驶员培训机构应当使用符合标准并取得牌证、具有统一标识的教学车辆。禁止使用报废的、检测不合格的和其他不符合国家规定的车辆从事机动车驾驶员培训业务。

教学车辆的统一标识由省级道路运输管理机构负责制定,并组织实施。不得随意改变教学车辆的用途。

2)教学车辆维护、检测、更新

机动车驾驶员培训机构应当按照国家的有关规定对教学车辆进行定期维护和检测,保持教学车辆性能完好,满足教学和安全行车的要求,并按照国家有关规定及时更新。

3)教学车辆档案的建立

机动车驾驶员培训机构应当建立教学车辆档案。教学车辆档案主要内容包括:车辆基本情况、维护和检测情况、技术等级记录、行驶里程记录等。教学车辆档案应当保存至车辆报废后1年。

5. 培训管理

1)上路培训管理

机动车驾驶员培训机构在道路上进行培训活动,即上路培训,其应当遵守公安交通管理部门指定的路线和时间,并在教练员随车指导下进行,与教学无关的人员不得乘坐教学车辆。

2)教学设施管理

机动车驾驶员培训机构应当保持教学设施、设备的完好,充分利用先进的科技手段,提高培训质量。

6. 培训记录和有关统计资料的报送

机动车驾驶员培训机构应当按照有关规定向县级以上道路运输管理机构报送《培训记录》以及有关统计资料。《培训记录》应当经教练员审核签字。

道路运输管理机构应当根据机动车驾驶员培训机构执行教学大纲和颁发《结业证书》等情况,对《培训记录》及统计资料进行严格审查。

7. 结业证书和学院档案管理

培训结束时,应当向结业人员颁发《机动车驾驶员培训结业证书》。

机动车驾驶员培训机构应当建立学员档案。学员档案主要包括:《学员登记表》《教学日志》《培训记录》和《结业证书》复印件等。学员档案保存期不少于4年。

8. 质量信誉考核管理

省级道路运输管理机构应当建立机动车驾驶员培训机构质量信誉考评体系,制定机动车驾驶员培训监督管理的量化考核标准,并定期向社会公布对机动车驾驶员培训机构的考核结果。

机动车驾驶员培训机构质量信誉考评应当包括培训机构的基本情况、教学大纲执行情况、《结业证书》发放情况、《培训记录》填写情况、教练员的质量信誉考核结果、培训业绩、考试情况和不良记录等内容。

(三)道路运输管理机构的行政监督检查

1. 执法人员现场监督职权

执法人员实施现场监督检查,可以行使下列职权:

（1）询问教练员、学员以及其他相关人员，并可以要求被询问人提供与违法行为有关的证明材料；

（2）查阅、复制与违法行为有关的《教学日志》《培训记录》及其他资料，核对与违法行为有关的技术资料；

（3）在违法行为发现场所进行摄影、摄像取证；

（4）检查与违法行为有关的教学车辆和教学设施、设备。

执法人员应当如实记录检查情况和处理结果，并按照规定归档。当事人有权查阅监督检查记录。

2.异地培训的处理程序

机动车驾驶员培训机构在许可机关管辖区域外违法从事培训活动的，违法行为发生地的道路运输管理机构应当依法对其予以处罚，同时将违法事实、处罚结果抄送许可机关。

(四)违反机动车驾驶员培训过程管理行为规范的法律后果

1.非法转让、出租和接受机动车驾驶员培训许可证的处罚

机动车驾驶员培训机构非法转让、出租机动车驾驶员培训许可证件的，由县级以上道路运输管理机构责令停止违法行为，收缴有关证件，处2000元以上1万元以下的罚款；有违法所得的，没收违法所得。

对于接受机动车驾驶培训许可证非法转让、出租的受让方，应当按照未经许可擅自从事机动车驾驶员培训业务处罚。

2.对不严格按照规定进行培训或者在培训结业证书发放时弄虚作假的处罚

机动车驾驶员培训机构不严格按照规定进行培训或者在培训结业证书发放时弄虚作假，有下列情形之一的，由县级以上道路运输管理机构责令改正；拒不改正的，由原许可机关吊销其经营许可：

（1）未按照全国统一的教学大纲进行培训；

（2）未向培训结业的人员颁发《结业证书》；

（3）向培训未结业的人员颁发《结业证书》；

（4）向未参加培训的人员颁发《结业证书》；

（5）使用无效、伪造、变造的《结业证书》；

（6）租用其他机动车驾驶员培训机构的《结业证书》。

第七节　出租汽车运营服务行政监管

一、巡游车经营行为规范和法律责任

(一)运营服务行为规范和法律责任

1.出租汽车服务总体要求

巡游车经营者应当为乘客提供安全、便捷、舒适的出租汽车服务。

鼓励巡游车经营者使用节能环保车辆和为残疾人提供服务的无障碍车辆。

2. 巡游车经营基本行为规范

(1)在许可的经营区域内从事经营活动,超出许可的经营区域的,起讫点一端应当在许可的经营区域内。

(2)保证营运车辆性能良好。

(3)按照国家相关标准运营服务。

(4)保障聘用人员合法权益,依法与其签订劳动合同或者经营合同。

(5)加强从业人员管理和培训教育。

(6)不得将巡游车交给未经从业资格注册的人员运营。

3. 巡游车车容车貌、设施设备基本要求

巡游车运营时,车容车貌、设施设备应当符合以下要求。

(1)车身外观整洁完好,车厢内整洁、卫生、无异味。

(2)车门功能正常,车窗玻璃密闭良好,无遮蔽物,升降功能有效。

(3)座椅牢固无塌陷,前排座椅可前后移动,靠背倾度可调,安全带和锁扣齐全、有效。

(4)座套、头枕套、脚垫齐全。

(5)计程计价设备、顶灯、运营标志、服务监督卡(牌)、车载信息化设备等完好有效。

4. 巡游车驾驶员具体工作规范

巡游车驾驶员应当按照国家出租汽车服务标准提供服务,并遵守下列规定。

(1)做好运营前例行检查,保持车辆设施、设备完好,车容整洁,备齐发票、备足零钱。

(2)衣着整洁,语言文明,主动问候,提醒乘客系好安全带。

(3)根据乘客意愿升降车窗玻璃及使用空调、音响、视频等服务设备。

(4)乘客携带行李时,主动帮助乘客取放行李。

(5)主动协助老、幼、病、残、孕等乘客上下车。

(6)不得在车内吸烟,忌食有异味的食物。

(7)随车携带道路运输证、从业资格证,并按规定摆放、粘贴有关证件和标志。

(8)按照乘客指定的目的地选择合理路线行驶,不得拒载、议价、途中甩客、故意绕道行驶。

(9)在机场、火车站、汽车客运站、港口、公共交通枢纽等客流集散地载客时应当文明排队,服从调度,不得违反规定在非指定区域揽客。

(10)未经乘客同意不得搭载其他乘客。

(11)按规定使用计程计价设备,执行收费标准并主动出具有效车费票据。

(12)遵守道路交通安全法规,文明礼让行车。

5. 巡游车驾驶员遇到特殊情形时的行为规范

巡游车驾驶员遇到特殊情形时,应当按照下列方式办理。

(1)乘客对服务不满意时,虚心听取批评意见。

(2)发现乘客遗失财物,设法及时归还失主。无法找到失主的,及时上交巡游车企业或者有关部门处理,不得私自留存。

(3)发现乘客遗留可疑危险物品的,立即报警。

乘客要求去偏远、冷僻地区或者夜间要求驶出城区的,驾驶员可以要求乘客随同到就近的有关部门办理验证登记手续;乘客不予配合的,驾驶员有权拒绝提供服务。

6.巡游车乘客乘车规则

巡游车乘客应当遵守下列规定。

(1)不得携带易燃、易爆、有毒等危害公共安全的物品乘车。

(2)不得携带宠物和影响车内卫生的物品乘车。

(3)不得向驾驶员提出违反道路交通安全法规的要求。

(4)不得向车外抛洒物品,不得破坏车内设施设备。

(5)醉酒者或者精神病患者乘车的,应当有陪同(监护)人员。

(6)遵守电召服务规定,按照约定的时间和地点乘车。

(7)按照规定支付车费。

7.乘客拒绝支付费用的行为规范

巡游车运营过程中有下列情形之一的,乘客有权拒绝支付费用。

(1)驾驶员不按照规定使用计程计价设备,或者计程计价设备发生故障时继续运营的。

(2)驾驶员不按照规定向乘客出具相应车费票据的。

(3)驾驶员因发生道路交通安全违法行为接受处理,不能将乘客及时送达目的地的。

(4)驾驶员拒绝按规定接受刷卡付费的。

8.巡游车电召服务规范

巡游车电召服务应当符合下列要求。

(1)根据乘客通过电信、互联网等方式提出的服务需求,按照约定时间和地点提供巡游车运营服务。

(2)巡游车电召服务平台应当提供24小时不间断服务。

(3)电召服务人员接到乘客服务需求后,应当按照乘客需求及时调派巡游车。

(4)巡游车驾驶员接受电召任务后,应当按照约定时间到达约定地点。乘客未按约定候车时,驾驶员应当与乘客或者电召服务人员联系确认。

(5)乘客上车后,驾驶员应当向电召服务人员发送乘客上车确认信息。

9.巡游车经营者接受社会监督的行为规范

巡游车经营者应当自觉接受社会监督,公布服务监督电话,指定部门或者人员受理投诉;同时应当建立24小时服务投诉值班制度,接到乘客投诉后,及时受理,10日内处理完毕,并将处理结果告知乘客。

(二)运营保障行为规范和法律后果

1.政府保障

1)出租汽车行政主管部门规划保障

县级以上地方人民政府出租汽车行政主管部门应当在本级人民政府的领导下,会同有关部门合理规划、建设巡游车综合服务区、停车场、停靠点等,并设置明显标识。

巡游车综合服务区应当为进入服务区的巡游车驾驶员提供餐饮、休息等服务。

2）出租汽车行政主管部门配合物价部门制定运价标准和调整

县级以上地方人民政府出租汽车行政主管部门应当配合有关部门,按照有关规定,并综合考虑巡游车行业定位、运营成本、经济发展水平等因素合理制定运价标准,并适时进行调整。

县级以上地方人民政府出租汽车行政主管部门应当配合有关部门合理确定巡游车电召服务收费标准,并纳入出租汽车专用收费项目。

2. 经营者保障

1）安全生产保障

巡游车经营者应当建立健全和落实安全生产管理制度,依法加强管理,履行管理责任,提升运营服务水平。

2）驾驶员劳动权益保障

巡游车经营者应当按照有关法律法规的规定保障驾驶员的合法权益,规范与驾驶员签订的劳动合同或者经营合同;同时应当通过建立替班驾驶员队伍、减免驾驶员休息日经营承包费用等方式保障巡游车驾驶员休息权。

3）合理确定包费标准或者定额任务

巡游车经营者应当合理确定承包、管理费用,不得向驾驶员转嫁投资和经营风险;同时应当根据经营成本、运价变化等因素及时调整承包费标准或者定额任务等。

4）车辆技术保障

巡游车经营者应当建立车辆技术管理制度,按照车辆维护标准定期维护车辆。

5）驾驶员培训、合同经营保障

巡游车经营者应当按照《出租汽车驾驶员从业资格管理规定》,对驾驶员等从业人员进行培训教育和监督管理,按照规范提供服务。驾驶员有私自转包经营等违法行为的,应当予以纠正;情节严重的,可按照约定解除合同。

6）突发公共事件应急保障

巡游车经营者应当制定包括报告程序、应急指挥、应急车辆以及处置措施等内容的突发公共事件应急预案。

7）完成指令性运输任务保障

巡游车经营者应当按照县级以上地方人民政府出租汽车行政主管部门要求,及时完成抢险救灾等指令性运输任务。

3. 巡游车电召服务建设保障

各地应当根据实际情况发展巡游车电召服务,采取多种方式建设巡游车电召服务平台,推广人工电话召车、手机软件召车等巡游车电召服务,建立完善电召服务管理制度。

巡游车经营者应当根据实际情况建设或者接入巡游车电召服务平台,提供巡游车电召服务。

(三) 出租汽车行政主管部门监督管理

1. 纠正、制止非法营运及其他违法行为

县级以上地方人民政府出租汽车行政主管部门应当加强对巡游车经营行为的监督检查,会同有关部门纠正、制止非法从事巡游车经营及其他违法行为,维护出租汽车市场秩序。

2. 监督经营协议履行情况并进行质量信誉考核

县级以上地方人民政府出租汽车行政主管部门应当对巡游车经营者履行经营协议情况进行监督检查,并按照规定对巡游车经营者和驾驶员进行服务质量信誉考核。

3. 对运营标志和专用设备进行回收处置

巡游车不再用于经营的,县级以上地方人民政府出租汽车行政主管部门应当组织对巡游车配备的运营标志和专用设备进行回收处置。

4. 投诉举报制度的建立和运行

县级以上地方人民政府出租汽车行政主管部门应当建立投诉举报制度,公开投诉电话、通信地址或者电子邮箱,接受乘客、驾驶员以及经营者的投诉和社会监督。

县级以上地方人民政府出租汽车行政主管部门受理的投诉,应当在 10 日内办结;情况复杂的,应当在 30 日内办结。

5. 表彰和奖励

县级以上地方人民政府出租汽车行政主管部门应当对完成政府指令性运输任务成绩突出,经营管理、品牌建设、文明服务成绩显著,有拾金不昧、救死扶伤、见义勇为等先进事迹的出租汽车经营者和驾驶员,予以表彰和奖励。

(四)违反出租汽车运营服务和运营保障行为规范的法律后果

地方性法规、政府规章对巡游车经营违法行为需要承担的法律责任与《巡游出租汽车经营服务管理规定》有不同规定的,从其规定。

1. 经营者违章经营的法律后果

巡游车经营者有下列行为之一的,由县级以上地方人民政府出租汽车行政主管部门责令改正,并处以 1 万元以上 2 万元以下罚款;构成犯罪的,依法追究刑事责任:

(1)擅自暂停、终止全部或者部分巡游车经营;

(2)出租或者擅自转让巡游车车辆经营权;

(3)巡游车驾驶员转包经营未及时纠正;

(4)不按照规定保证车辆技术状况良好;

(5)不按照规定配置巡游车相关设备;

(6)不按照规定建立并落实投诉举报制度。

2. 巡游车驾驶员严重违章行为的法律后果

巡游车驾驶员有下列情形之一的,由县级以上地方人民政府出租汽车行政主管部门责令改正,并处以 200 元以上 2000 元以下罚款:

(1)拒载、议价、途中甩客或者故意绕道行驶;

(2)未经乘客同意搭载其他乘客;

(3)不按照规定使用计程计价设备、违规收费;

(4)不按照规定出具相应车费票据;

(5)不按照规定携带道路运输证、从业资格证;

(6)不按照规定使用巡游车相关设备;

(7) 接受巡游车电召任务后未履行约定；

(8) 不按照规定使用文明用语，车容车貌不符合要求。

"拒载"，是指在道路上空车待租状态下，巡游车驾驶员在得知乘客去向后，拒绝提供服务的行为，或者巡游车驾驶员未按承诺提供电召服务的行为；"绕道行驶"，是指巡游车驾驶员未按合理路线行驶的行为；"议价"，是指巡游车驾驶员与乘客协商确定车费的行为；"甩客"，是指在运营途中，巡游车驾驶员无正当理由擅自中断载客服务的行为。

3. 巡游车驾驶员一般违章行为的法律后果

巡游车驾驶员有下列情形之一的，由县级以上地方人民政府出租汽车行政主管部门责令改正，并处以 500 元以上 2000 元以下罚款：

(1) 在机场、火车站、汽车客运站、港口、公共交通枢纽等客流集散地不服从调度私自揽客的；

(2) 转让、倒卖、伪造巡游车相关票据的。

二、网约车运营行为规范和法律责任

(一) 网约车经营行为规范

1. 网约车平台公司承担承运人责任

网约车平台公司承担承运人责任，应当保证运营安全，保障乘客合法权益。

2. 网约车平台公司对服务车辆的保证义务

网约车平台公司应当保证提供服务车辆具备合法营运资质，技术状况良好，安全性能可靠，具有营运车辆相关保险，保证线上提供服务的车辆与线下实际提供服务的车辆一致，并将车辆相关信息向服务所在地出租汽车行政主管部门报备。

网约车行驶里程达到 60 万 km 时强制报废。行驶里程未达到 60 万 km 但使用年限达到 8 年时，退出网约车经营。

小、微型非营运载客汽车登记为预约出租客运的，按照网约车报废标准报废。其他小、微型营运载客汽车登记为预约出租客运的，按照该类型营运载客汽车报废标准和网约车报废标准中先行达到的标准报废。

省、自治区、直辖市人民政府有关部门要结合本地实际情况，制定网约车报废标准的具体规定，并报国务院商务、公安、交通运输等部门备案。

3. 网约车平台公司对服务驾驶员的保证义务

网约车平台公司应当保证提供服务的驾驶员具有合法从业资格，按照有关法律、法规、规定，根据工作时长、服务频次等特点，与驾驶员签订多种形式的劳动合同或者协议，明确双方的权利和义务。网约车平台公司应当维护和保障驾驶员合法权益，开展有关法律法规、职业道德、服务规范、安全运营等方面的岗前培训和日常教育，保证线上提供服务的驾驶员与线下实际提供服务的驾驶员一致，并将驾驶员相关信息向服务所在地出租汽车行政主管部门报备。

网约车平台公司应当记录驾驶员、约车人在其服务平台发布的信息内容、用户注册信息、身份认证信息、订单日志、上网日志、网上交易日志、行驶轨迹日志等数据并备份。

4. 网约车平台公司经营信息公开规则

网约车平台公司应当公布确定符合国家有关规定的计程计价方式,明确服务项目和质量承诺,建立服务评价体系和乘客投诉处理制度,如实采集与记录驾驶员服务信息。在提供网约车服务时,提供驾驶员姓名、照片、手机号码和服务评价结果,以及车辆牌照等信息。

5. 网约车平台公司关于运价的行为规范

网约车平台公司应当合理确定网约车运价,实行明码标价,并向乘客提供相应的出租汽车发票。

6. 网约车平台公司公平竞争规则

网约车平台公司不得妨碍市场公平竞争,不得侵害乘客合法权益和社会公共利益;同时,不得有为排挤竞争对手或者独占市场,以低于成本的价格运营扰乱正常市场秩序,损害国家利益或者其他经营者合法权益等不正当价格行为,不得有价格违法行为。

7. 网约车经营区域行为规范

网约车应当在许可的经营区域内从事经营活动,超出许可的经营区域的,起讫点一端应当在许可的经营区域内。

8. 依法纳税和购买承运人责任险

网约车平台公司应当依法纳税,为乘客购买承运人责任险等相关保险,充分保障乘客权益。

9. 安全运营规范

网约车平台公司应当加强安全管理,落实运营、网络等安全防范措施,严格数据安全保护和管理,提高安全防范和抗风险能力,支持配合有关部门开展相关工作。

10. 运营服务禁止性规范

网约车平台公司和驾驶员提供经营服务应当符合国家有关运营服务标准,不得途中甩客或者故意绕道行驶,不得违规收费,不得对举报、投诉其服务质量或者对其服务做出不满意评价的乘客实施报复行为。

11. 驾驶员、约车人和乘客的个人信息采集使用规范

网约车平台公司应当通过其服务平台以显著方式将驾驶员、约车人和乘客等个人信息的采集和使用的目的、方式和范围进行告知。未经信息主体明示同意,网约车平台公司不得使用前述个人信息用于开展其他业务。

网约车平台公司采集驾驶员、约车人和乘客的个人信息,不得超越提供网约车业务所必需的范围。

除配合国家机关依法行使监督检查权或者刑事侦查权外,网约车平台公司不得向任何第三方提供驾驶员、约车人和乘客的姓名、联系方式、家庭住址、银行账户或者支付账户、地理位置、出行线路等个人信息,不得泄露地理坐标、地理标志物等涉及国家安全的敏感信息。发生信息泄露后,网约车平台公司应当及时向相关主管部门报告,并采取及时有效的补救措施。

网约车平台公司应当遵守国家网络和信息安全有关规定,所采集的个人信息和生成的业务数据,应当在中国内地存储和使用,保存期限不少于2年,除法律法规另有规定外,上述信息和数据不得外流。

网约车平台公司不得利用其服务平台发布法律法规禁止传播的信息,不得为企业、个人及其他团体、组织发布有害信息提供便利,并采取有效措施过滤阻断有害信息传播。发现他人利用其网络服务平台传播有害信息的,应当立即停止传输,保存有关记录,并向国家有关机关报告。

网约车平台公司应当依照法律规定,为公安机关依法开展国家安全工作,防范、调查违法犯罪活动提供必要的技术支持与协助。

12. 其他行为规范

任何企业和个人不得向未取得合法资质的车辆、驾驶员提供信息对接开展网约车经营服务。不得以私人小客车合乘名义提供网约车经营服务。

网约车车辆和驾驶员不得通过未取得经营许可的网络服务平台提供运营服务。

(二)相关行政主管部门监督检查行为规范

1. 出租汽车行政主管部门监督检查行为规范

1) 政府监管平台建设

出租汽车行政主管部门应当建设和完善政府监管平台,实现与网约车平台信息共享。共享信息应当包括车辆和驾驶员基本信息、服务质量以及乘客评价信息等。

2) 监管职责

出租汽车行政主管部门应当加强对网约车市场监管,加强对网约车平台公司、车辆和驾驶员的资质审查与证件核发管理。

3) 服务质量测评

出租汽车行政主管部门应当定期组织开展网约车服务质量测评,并及时向社会公布本地区网约车平台公司基本信息、服务质量测评结果、乘客投诉处理情况等信息。

4) 相关数据信息的调查权

出租汽车行政主管、公安等部门有权根据管理需要依法调取查阅管辖范围内网约车平台公司的登记、运营和交易等相关数据信息。

2. 相关行政部门监督检查行为规范

1) 查处侵犯个人信息的违法行为

通信主管部门和公安、网信部门应当按照各自职责,对网约车平台公司非法收集、存储、处理和利用有关个人信息、违反互联网信息服务有关规定、危害网络和信息安全、应用网约车服务平台发布有害信息或者为企业、个人及其他团体组织发布有害信息提供便利的行为,依法进行查处,并配合出租汽车行政主管部门对认定存在违法违规行为的网约车平台公司进行依法处置。

2) 网络安全监督检查

公安机关、网信部门应当按照各自职责监督检查网络安全管理制度和安全保护技术措施的落实情况,防范、查处有关违法犯罪活动。

3) 其他监督检查

发展改革、价格、通信、公安、人力资源社会保障、商务、人民银行、税务、工商、质检、网信等部门按照各自职责,对网约车经营行为实施相关监督检查,并对违法行为依法处理。

4）全国信用信息共享平台建设

各有关部门应当按照职责建立网约车平台公司和驾驶员信用记录,并纳入全国信用信息共享平台。同时将网约车平台公司行政许可和行政处罚等信用信息在全国企业信用信息公示系统上予以公示。

3. 行业自律

出租汽车行业协会组织应当建立网约车平台公司和驾驶员不良记录名单制度,加强行业自律。

(三) 法律责任

1. 未经许可擅自从事网约车经营的法律责任

有下列行为之一的,由县级以上出租汽车行政主管部门责令改正,予以警告,并处以1万元以上3万元以下罚款;构成犯罪的,依法追究刑事责任:

(1)未取得经营许可,擅自从事或者变相从事网约车经营活动;

(2)伪造、变造或者使用伪造、变造、失效的《网络预约出租汽车运输证》《网络预约出租汽车驾驶员证》从事网约车经营活动。

2. 网约车平台公司违章经营的法律责任

网约车平台公司有下列行为之一的,由县级以上出租汽车行政主管部门和价格主管部门按照职责责令改正,对每次违法行为处以5000元以上1万元以下罚款;情节严重的,处以1万元以上3万元以下罚款:

(1)提供服务车辆未取得《网络预约出租汽车运输证》,或者线上提供服务车辆与线下实际提供服务车辆不一致;

(2)提供服务驾驶员未取得《网络预约出租汽车驾驶员证》,或者线上提供服务驾驶员与线下实际提供服务驾驶员不一致;

(3)未按照规定保证车辆技术状况良好;

(4)起讫点均不在许可的经营区域从事网约车经营活动;

(5)未按照规定将提供服务的车辆、驾驶员相关信息向服务所在地出租汽车行政主管部门报备;

(6)未按照规定制定服务质量标准、建立并落实投诉举报制度;

(7)未按照规定提供共享信息,或者不配合出租汽车行政主管部门调取查阅相关数据信息;

(8)未履行管理责任,出现甩客、故意绕道、违规收费等严重违反国家相关运营服务标准行为。

网约车平台公司不再具备线上线下服务能力或者有严重违法行为的,由县级以上出租汽车行政主管部门依据相关法律法规的有关规定责令停业整顿、吊销相关许可证件。

3. 网络车驾驶员违章经营的法律责任

网约车驾驶员有下列情形之一的,由县级以上出租汽车行政主管部门和价格主管部门按照职责责令改正,对每次违法行为处以50元以上200元以下罚款:

(1)未按照规定携带《网络预约出租汽车运输证》《网络预约出租汽车驾驶员证》;

(2)途中甩客或者故意绕道行驶;

(3)违规收费;

(4)对举报、投诉其服务质量或者对其服务做出不满意评价的乘客实施报复行为。

网约车驾驶员不再具备从业条件或者有严重违法行为的,由县级以上出租汽车行政主管部门依据相关法律法规的有关规定撤销或者吊销从业资格证件。

对网约车驾驶员的行政处罚信息计入驾驶员和网约车平台公司信用记录。

4. 违法使用或者泄露约车人、乘客个人信息的法律责任

网约车平台公司及网约车驾驶员违法使用或者泄露约车人、乘客个人信息的,由公安、网信等部门依照各自职责处以2000元以上1万元以下罚款;给信息主体造成损失的,依法承担民事责任;涉嫌犯罪的,依法追究刑事责任。

复 习 题

1. 简述道路客运过程监管的共有行为规范。
2. 简述包车客运标志牌管理制度。
3. 简述机动车维修质量管理制度。
4. 简述预约出租汽车经营过程监管的特点。

第八章 道路运输行业信用管理

事后监督是对已经发生的道路运输经营活动等进行行政监管，事后监督便于全面、真实、准确地检查经济活动的全过程。事后监督往往和信用建设密切联系。如果对失信者缺乏相应的惩戒措施，失信收益大于失信成本，但守信者却因经营成本过高而遭受经济损失，那么就会产生"劣币驱逐良币"的效应，对信用监管造成极大的阻碍。加强信用监管，要广泛征集企业信用信息，建立科学的信用评价体系，并对失信企业进行联合惩戒，给企业经济和名誉双重处罚。同时，既要公开披露失信信息，通过影响企业名誉或限制企业相关行为来督促企业自觉守信，还要加大对违法失信行为的处罚力度，提高企业的违法失信成本，增加监管的威慑力，形成对企业有效的约束和监督，倒逼企业严格自律。

道路运输领域信用建设，是道路运输市场经济体制和治理体制的重要组成部分。它以相关法律、法规、部门规章制度、地方政府规章、标准和契约为依据，实施分类考核监管，分别制定考核指标，使道路运输管理机构与社会信用评价机构相结合，是具有监督、申诉和复核机制的综合考核评价体系。道路运输领域诚信建设，以道路运输经营者、道路运输从业成员等的信用记录和信用基础设施网络为基础，以信用信息合规应用和信用服务体系为支撑，以树立诚信文化理念、弘扬诚信传统美德为内在要求，以守信激励和失信约束为奖惩机制，目的是提高道路运输行业诚信意识和信用水平。本章主要叙述道路客货运企业及其从业人员的信用管理。

第一节 道路运输企业质量信誉考核

为加强道路运输市场管理，加快道路运输市场诚信体系建设，建立和完善优胜劣汰的竞争机制和市场退出机制，引导和促进道路运输企业加强管理、保障安全、诚信经营、优质服务，质量信誉考核制度作为事后监管的管理措施被广泛推广。个体运输经营业户的质量信誉考核，由省级交通运输主管部门参照交通运输部相关规范性文件自行制定。鼓励和支持各单位在采购交通运输服务、招标投标、人员招聘等方面优先选择信用考核等级高的交通运输企业和从业人员。对失信企业和从业人员，要加强监管和惩戒，逐步建立跨地区、跨行业信用奖惩联动机制。

一、道路运输企业质量信誉考核相关概念

道路运输企业质量信誉考核，是指在考核年度内对道路运输企业的安全生产、经营行为、服务质量、管理水平和履行社会责任等方面进行的综合评价。

道路客运企业，是指从事班车客运、包车客运或旅游客运业务的企业；道路货运企业是指从事营业性道路货物运输或从事为本单位服务的非经营性道路危险货物运输的企业。

道路运输企业质量信誉考核工作具体由省级道路运输管理机构统一组织开展,市、县级道路运输管理机构按相关规定的职责,做好相关工作。

二、质量信誉等级

(一)质量信誉等级

道路运输企业质量信誉等级分为优良、合格、基本合格和不合格,分别用 AAA 级、AA 级、A 级和 B 级表示。

(二)质量信誉考核指标

质量信誉考核指标包括以下内容。
(1)运输安全指标:交通责任事故率、交通责任事故死亡率、交通责任事故伤人率。
(2)经营行为指标:经营违章率。
(3)服务质量指标:社会投诉率。
(4)社会责任指标:国家规费缴纳情况、按法律法规要求投保承运人责任险情况、政府指令性运输任务完成情况。
(5)企业管理指标:质量信誉档案建立情况、企业稳定情况、企业形象、科技设备应用情况、获得省部级以上荣誉称号情况。

(三)质量信誉考核实行计分制

道路运输企业质量信誉考核实行计分制,考核总分为1000分,加分为100分。

在考核总分中,运输安全指标为300分、经营行为指标为200分、服务质量指标为200分、社会责任指标为150分、企业管理指标为150分。

企业管理指标中的企业形象、科技设备应用情况、获得省部级以上荣誉称号情况以及社会责任指标中的政府指令性运输任务完成情况为加分项目。具体考核记分标准见表8-1。

道路运输企业质量信誉考核记分标准　　　　　　表8-1

考核项目			考核分数	记分标准
运输安全 (300分)	交通责任 事故率	客运企业	50	每增0.01次/车,扣5分
		货运企业	50	每增0.01次/车,扣5分
	交通责任事故 死亡率	客运企业	150	每增0.01人/车,扣25分
		货运企业	150	每增0.005人/车,扣25分
	交通责任事故 伤人率	客运企业	100	每增0.01人/车,扣10分
		货运企业	100	每增0.005人/车,扣10分
经营行为 (200分)	经营违章率	客运企业	200	每增0.01次/车,扣10分
		货运企业	200	每增0.01次/车,扣10分
服务质量 (200)	社会投诉率	客运企业	200	每增0.01次/车,扣10分
		货运企业	200	每增0.005次/车,扣10分

续上表

考核项目		考核分数	记分标准
社会责任（150）	规费缴纳	80	不按规定为营运车辆缴纳运管费、养路费、客货运附加费的，每台次扣10分
	投保承运人责任险	70	不按法律法规要求为营运车辆投保承运人责任险的，每台次扣10分
企业管理（150）	质量信誉档案	50	质量信誉档案不健全的，每缺一项，扣10分；不按要求上报质量信誉情况但能及时纠正的，扣30分
	企业稳定	100	由于企业管理原因，导致发生违反《信访条例》规定、出现过激行为、严重扰乱社会秩序、造成恶劣社会影响的群体性事件的，不得分；情节不严重，或经批评教育后及时改正的，每次扣50分
加分项目（100分）	企业形象	20	营运车辆统一标识和外观的，加10分；服务人员统一服装的，加10分
	科技设备应用	30	50%以上营运车辆安装GPS或行车记录仪并有效应用的，加20分；全部营运车辆安装并有效应用的，加30分
	省部级以上荣誉称号	20	获得省、部级以上荣誉称号的，加20分
	完成政府指令性运输任务	30	圆满完成县级以上人民政府、交通主管部门或道路运输管理机构指令性应急运输任务的，加30分；未按要求完成的，不加分，并发生一次从考核总分中扣30分

所有项目的考核分，不计负分，扣完本项目规定考核分数为止；交通责任事故限于考核周期内道路运输企业承担同责及同责以上、有人员伤亡的交通事故。

表8-1中，交通责任事故率、交通责任事故死亡率和交通责任事故伤人率的计算方法分别如式8-1、8-2和8-3所示。

交通责任事故率 = 企业发生交通责任事故的次数/营运客车数（或营运货车数） (8-1)

交通责任事故死亡率 = 企业发生交通责任事故导致的死亡人数/营运客车数（或营运货车数） (8-2)

交通责任事故伤人率 = 企业发生交通责任事故导致的受伤人数/营运客车数（或营运货车数） (8-3)

经营违章限于企业及其从业人员违反交通行业管理行政法规、规章和规定，受到各级交通主管部门、道路运输管理机构行政处罚的违章行为。经营违章率的计算方法见式(8-4)。

经营违章率 = 企业被查处的违章行为的次数/营运客车数(或营运货车数)　　(8-4)

服务质量的社会投诉是指道路运输企业及其从业人员违反有关规定,损害他人正当权益,旅客、货主、其他相关人员向道路运输管理机构进行投诉,或新闻媒体对企业的服务质量事件曝光,经查属实的。社会投诉率的计算方法见式(8-5)。

社会投诉率 = 服务质量投诉次数/营运客车数(或营运货车数)　　(8-5)

上述计算公式中营运客车数是指企业上年度末企业在册的营运客车总数,包括客运班车、客运包车、旅游客车,但不包括出租汽车和城市公共汽车;营运货车数是指企业上年度末企业在册的营运货车总数,包括非经营性道路危险货物运输车辆。

省、部级以上荣誉称号指道路运输企业在考核周期内获得的国家部委、省级党政机关以上单位(不含下设机构)授予的在评优创先、安全生产、文明服务、精神文明建设方面的集体荣誉称号。

各项考核指标的有效数据按四舍五入的原则保留到小数点后 2 或 3 位,具体要求见每项的记分标准。

(四) 质量信誉等级评定标准

(1)考核期内未发生一次死亡 3 人以上的重特大交通责任事故或特大恶性污染责任事故,也未发生一次特大恶性服务质量事件,且考核总分和加分合计不低于 850 分的,质量信誉等级为 AAA 级。

(2)考核期内未发生一次死亡 10 人以上的特大交通责任事故或特大恶性污染责任事故,也未发生一次特大恶性服务质量事件,且考核总分和加分合计在 700 分至 849 分之间的,质量信誉等级为 AA 级。

(3)考核期内未发生一次死亡 10 人以上的特大交通责任事故或特大恶性污染责任事故,也未发生一次特大恶性服务质量事件,且考核总分和加分合计在 600 分至 699 分之间的,质量信誉等级为 A 级。

(4)考核期内有下列情形之一的,质量信誉等级为 B 级:①发生一次死亡 10 人以上的特大交通责任事故的;②发生一次特大恶性污染责任事故的;③发生一次特大恶性服务质量事件的;④考核总分和加分合计低于 600 分的。

特大恶性污染责任事故是指由于企业原因,造成所承运的货物泄露、丢失、燃烧、爆炸等,对社会环境造成严重污染、造成国家和社会公众财产重大损失的运输责任事故。

特大恶性服务质量事件是指由于企业原因,对旅客或货主造成严重人身伤害或重大财产损失,或在社会造成恶劣影响,而受到省级以上交通主管部门或道路运输管理机构通报批评的服务质量事件。

三、质量信誉考核

(一) 质量信誉档案建立者和档案内容

道路运输企业、企业所在地县级或设区的市级道路运输管理机构应当分别建立道路运输企业质量信誉档案。质量信誉档案应当包括下列内容:

（1）企业基本情况，包括企业名称、法人代表姓名、道路运输经营许可证、工商执照、分公司名称及所在地、从业人员数、营运客车或货车数量、所经营的客运班线；

（2）交通责任事故情况，包括每次交通责任事故的时间、地点、肇事车辆、肇事原因、驾驶人员、死伤人数及后果、事故责任认定书；

（3）违章经营情况，包括每次违章经营的时间、地点、车辆、责任人、违章事实、查处机关及行政处罚决定书；

（4）服务质量情况，包括每次服务质量投诉的投诉人、投诉内容、投诉方式、营运车辆车牌号、责任人、受理机关、曝光媒体名称、社会影响及核查处理情况；

（5）国家规费缴纳情况，包括企业应缴运管费、养路费、客货运附加费的金额和实际缴纳的情况；

（6）企业按法律、法规要求投保承运人责任险情况，包括应投保承运人责任险的车辆数量、应缴保险费用、应投保金额及实际投保的情况、承运人保险单；

（7）完成政府指令性运输任务的情况，包括下达任务的部门、完成任务的时间、投入运力数量、完成运量及是否符合要求等情况；

（8）企业稳定情况，包括每次影响社会稳定事件的时间、主要原因、事件经过、参加人数、上访部门、社会影响和处理情况；

（9）企业管理情况，包括使用 GPS、行车记录仪等科技设备的营运车辆数量和车牌号，车辆喷涂统一标识和外观、企业服务人员统一服装以及获得省部级以上荣誉称号的情况。

(二) 建档者内容录入和报送

道路运输企业应当加强对质量信誉档案的管理，按照要求及时将相关内容和材料记入质量信誉档案，并按照所在地县级或设区的市级道路运输管理机构的要求定期报送相关材料。

道路运输管理机构应当加强对道路运输市场的监督和检查，认真受理社会投诉举报，加强与相关部门的信息沟通，及时、全面、准确了解掌握道路运输企业质量信誉的情况，经核实后及时记入道路运输管理机构的质量信誉档案。

道路运输管理机构在监督检查中发现外地营运车辆违章经营时，应将违章情况和处理结果抄告车籍所在地县级以上道路运输管理机构。车籍所在地县级或设区的市级道路运输管理机构接到抄告后，应及时将违章情况记入本机构的质量信誉档案，并定期通报营运车辆所属企业。

道路运输管理机构应当加强信息化建设，逐步建立道路运输企业质量信誉公共信息平台，实现信息共享。

(三) 质量信誉考核工作周期

道路运输企业质量信誉考核工作每年进行一次。考核周期为每年的 1 月 1 日至 12 月 31 日。考核工作应当在考核周期次年的 3 月至 6 月进行。

(四)考核程序

1. 申请考核及报送材料

道路运输企业应在每年的3月底前,根据本企业的质量信誉考核档案对上年度的质量信誉情况进行总结,向所在地的县级或设区的市级道路运输管理机构申请考核,并如实报送质量信誉情况总结及有关材料。

道路运输管理机构在日常工作中已经掌握被考核道路运输企业质量信誉考核指标情况的,可不再要求道路运输企业报送此项指标的相关材料。

在异地设有分公司的道路运输企业,按上述要求提供材料时,应当包括分公司的营运车辆及质量信誉情况。分公司所在地县级或设区的市级道路运输管理机构应对分公司的质量信誉情况进行核实,出具书面证明,并对确认结果负责。

2. 核实、打分、初评、上报

道路运输企业所在地县级道路运输管理机构应当根据本机构的道路运输企业质量信誉档案,对道路运输企业报送的质量信誉情况进行核实。发现不一致的,应要求企业进行说明或组织调查。核实结束后,应根据各项考核指标的初步结果进行打分,对道路运输企业质量信誉等级进行初评,并将各项考核指标数据和所得分数、初评结果上报地市级道路运输管理机构。

道路运输企业所在地为设区市的,由所在地设区的市级道路运输管理机构负责对道路运输企业质量信誉情况进行核实,并对企业质量信誉等级进行初评。

3. 通知企业各项考核指标数据和所得分数、初评结果并公示

设区的市级道路运输管理机构应将道路运输企业的各项考核指标数据和所得分数、初评结果书面通知被考核道路运输企业,并在当地主要新闻媒体或本机构网站上进行为期15天的公示。

4. 申诉或举报、调查核实、再评定、上报

被考核企业或者其他单位、个人对公示结果有异议的,可在公示期内向设区的市级道路运输管理机构书面申诉或者举报。公示结束后,设区的市级道路运输管理机构应当对企业的申诉和社会反映的情况进行调查核实,根据各项指标的最终考核结果对企业的质量信誉等级进行评定,并将评定结果上报省级道路运输管理机构。

向道路运输管理机构举报道路运输企业质量信誉有关情况的单位或个人,应加盖单位公章或如实签署姓名,并附联系方式,否则不予受理。

道路运输管理机构应当为举报人保密,不得向其他单位或个人泄漏举报人的单位名称、姓名及有关情况。

5. 公布质量信誉考核结果

省级道路运输管理机构应于6月30日前在本机构网站或本级交通主管部门网站上公布上一年度道路运输企业质量信誉考核结果,并在网站上建立专项查询系统,方便社会各界查询道路运输企业历年的质量信誉等级。

6. 其他

道路运输企业同时经营道路旅客运输业务和道路货物运输业务的,应分别根据企业营

运客车、营运货车的质量信誉情况来计算客运业务和货运业务的各项考核指标,并以此为依据分别评定企业的道路客运、道路货运质量信誉等级。

道路运输企业下设的分公司与总公司一起进行质量信誉考核,子公司的质量信誉等级由其所在地道路运输管理机构单独评定。

四、奖惩措施

(一)客运质量信誉考核结果与客运班线经营权许可挂钩

道路运输管理机构在实施道路客运班线经营权许可时,在下列情况下,应参考企业的客运质量信誉考核结果。

(1)两个以上道路客运企业同时申请同一新增道路客运班线经营权,在都符合许可条件的前提下,许可机关应当将经营权许可给上一年度客运质量信誉等级高的企业。上一年度客运质量信誉等级相同的,应逐年比较上一年度之前的企业客运质量信誉等级,择优许可。

(2)采取服务质量招投标的方式来实施新增道路客运班线经营权许可的,企业的客运质量信誉等级作为评标时重要的评价内容。

(3)道路客运企业原经营的道路客运班线经营期限届满,继续申请经营的,其客运质量信誉等级在该班线经营期限内每年都不低于AA级,且其中两年以上达到AAA级的,在符合《道路旅客运输及客运站管理规定》有关规定的情况下,许可机关应当予以许可,并按照有关规定重新办理手续。

(4)道路客运企业原经营的道路客运班线经营期限届满,企业客运质量信誉等级达不到上述三点要求的,许可机关应当收回其10%以上的到期的道路客运班线经营权;如果企业客运质量信誉等级在班线经营期限内有两年以上为B级或三年以上为A级的,许可机关应当收回其30%以上的到期的道路客运班线经营权。应收回道路客运班线经营权不足一条的,收回一条。在经营期限到期的道路客运班线中,如果有发生重特大安全事故、特大服务质量事故或长期不规范经营的,必须收回。需要重新分配的,按照《道路旅客运输及客运站管理规定》办理。

(二)引导企业选择等级高的企业承运

鼓励货源单位在选定货物承运单位时优先选择货运质量信誉等级高的道路货运企业。

(三)责令整改和处罚

道路运输企业上一年度质量信誉等级为B级或上两年度连续考核为A级的,道路运输管理机构应当责令其进行整改。整改结束后,道路运输管理机构应当对整改情况进行验收。整改不合格且存在重大安全隐患的,由原许可机关按照相关规定吊销其相应的道路运输经营许可。

(四)质量信誉考核为B级的特殊规定

道路运输企业有下列情形之一的,其年度质量信誉考核为B级:

(1)不按要求参加年度质量信誉考核或不按要求报送质量信誉材料,拒不改正;
(2)在质量信誉考核过程中故意弄虚作假、隐瞒情况或提供虚假情况,情节严重;
(3)未按要求建立质量信誉考核档案,导致质量信誉考核工作无法进行。

第二节　道路运输驾驶员诚信考核

为加强道路运输驾驶员动态管理,推进道路运输驾驶员诚信体系建设,引导道路运输驾驶员依法经营,诚实信用,理应加强道路运输驾驶员的诚信考核。鼓励和支持各单位在交通运输服务人员招聘等方面优先选择信用考核等级高的从业人员。对失信从业人员,加强监管和惩戒,逐步建立跨地区、跨行业信用奖惩联动机制。

一、道路运输驾驶员诚信考核概述

(一)道路运输驾驶员范围界定

道路运输驾驶员,是指经营性道路客货运输驾驶员和道路危险货物运输驾驶员。道路危险货物运输押运人员、装卸管理人员以及机动车驾驶培训教练员和机动车维修技术人员诚信考核办法由省级道路运输管理机构制定,并报交通运输部备案。

(二)诚信考核含义

诚信考核,是指对道路运输驾驶员在道路运输活动中的安全生产、遵守法规和服务质量等情况进行的综合评价。

(三)诚信考核工作的原则和考核目标

道路运输驾驶员诚信考核工作应当遵循公平、公正、公开和便民的原则。

道路运输驾驶员应当自觉遵守国家相关法律、行政法规及规章,诚实信用,文明从业,履行社会责任,为社会提供安全、优质的运输服务。

二、诚信考核等级、内容、计分、周期

(一)考核等级

道路运输驾驶员诚信考核等级分为优良、合格、基本合格和不合格,分别用AAA级、AA级、A级和B级表示。

(二)考核内容

道路运输驾驶员诚信考核内容包括以下几项。
(1)安全生产情况:安全生产责任事故情况。
(2)遵守法规情况:违反道路运输相关法律、行政法规、规章的有关情况。
(3)服务质量情况:服务质量事件和有责投诉的有关情况。

(三)计分制、考核周期

道路运输驾驶员诚信考核实行计分制,考核周期为12个月,满分为20分,从道路运输驾驶员初次领取从业资格证件之日起计算。一个考核周期届满,经签注诚信考核等级后,该考核周期内的计分予以清除,不转入下一个考核周期。

根据道路运输驾驶员违反诚信考核指标的情况,一次计分的分值分为20分、10分、5分、3分、1分五种。

(四)道路运输驾驶员诚信考核计分分值标准

(1)道路运输驾驶员有下列情形之一的,一次计20分:①从事道路运输经营活动,发生重大以上道路交通事故,且负同等责任的;②转让、出租从业资格证件的;③超越从业资格证件核定范围,从事道路运输活动的;④驾驶未取得《道路运输证》的危险货物运输车辆,从事道路危险货物运输的;⑤本次诚信考核过程中或者上一次诚信考核等级签注后,发现其有弄虚作假、隐瞒相关诚信考核情况,且情节严重的。

(2)道路运输驾驶员有下列情形之一的,一次计10分:①从事道路运输经营活动,发生重大以上道路交通事故,且负次要责任的;②驾驶无《道路运输证》的车辆,从事道路旅客或者货物运输经营活动的;③驾驶无包车客运标志牌、包车票、包车合同的车辆,从事客运包车经营的;④驾驶未取得《超限运输车辆通行证》的车辆,从事超限运输经营活动的;⑤擅自涂改、伪造、变造从业资格证件上相关记录的;⑥有受到省级及以上交通运输主管部门或者道路运输管理机构通报批评的服务质量记录的。

(3)道路运输驾驶员有下列情形之一的,一次计5分:①驾驶无道路客运班线经营许可的车辆,从事班车客运经营的;②超越《道路运输证》上注明的经营类别或者经营范围,从事道路运输经营活动的;③驾驶擅自改装的车辆,从事道路运输经营活动的;④驾驶客运班车不按批准的客运站点停靠或者不按规定的线路、班次行驶的;⑤驾驶客运包车未按照约定的时间、起始地、目的地和线路行驶的;⑥未配合汽车客运站执行车辆安全例行检查以及出站检查制度,擅自驾驶客车出站的;⑦在旅客运输途中擅自变更运输车辆或者将旅客移交他人运输的;⑧驾驶的危险货物运输车辆未按照危险化学品的特性采取必要安全防护措施的;⑨有受到设区的市级交通运输主管部门或者道路运输管理机构通报批评的服务质量记录的。

(4)道路运输驾驶员有下列情形之一的,一次计3分:①没有采取必要措施防止货物脱落、扬撒的;②驾驶未按规定维护、检测的车辆,从事道路运输经营活动的;③驾驶未按规定投保承运人责任险的车辆,从事道路旅客或者危险货物运输活动的;④无正当理由超过规定时间30日以上未签注诚信考核等级的;⑤超过规定时间30日以上未参加继续教育培训的;⑥有受到县级交通运输主管部门或者道路运输管理机构通报批评的服务质量记录的。

(5)道路运输驾驶员有下列情形之一的,一次计1分:①未按规定携带《道路运输证》《道路运输从业人员从业资格证》,从事道路运输经营活动的;②未按规定随车携带《道路客运班线经营许可证明》,从事班线客运经营的;③未在规定位置放置客运标志牌,从事道路旅客运输经营活动的;④服务单位变更,未申请办理从业资格证件变更手续的;⑤道路危险货物运输和经营性道路旅客运输驾驶员未按规定填写行车日志的;⑥超过规定时间,未签注诚信考核等级,且未达 30 日的;⑦超过规定时间,未参加继续教育培训,且未达 30 日的。

三、诚信考核实施与管理

(一)建立道路运输驾驶员诚信档案

设区的市级道路运输管理机构应当建立道路运输驾驶员诚信档案,并及时将道路运输驾驶员的相关信息和材料存入其诚信档案。

根据道路运输驾驶员的从业资格类别,道路运输驾驶员诚信档案主要内容包括以下内容。

(1)基本情况,包括道路运输驾驶员的姓名、性别、身份证号、住址、联系电话、服务单位、初领驾驶证日期、准驾车型、从业资格证号、从业资格类别、从业资格证件领取时间和变更记录以及继续教育情况等。

(2)安全生产记录,包括有关部门抄告的以及交通运输主管部门和道路运输管理机构掌握的责任事故的时间、地点、事故原因、事故经过、死伤人数、经济损失等事故概况以及责任认定和处理情况。

(3)遵守法规情况,包括本行政区域内查处的和本行政区域外抄告的道路运输驾驶员违反道路运输相关法规的情况。

(4)服务质量记录,包括经交通运输主管部门或者道路运输管理机构通报的服务质量事件的时间、社会影响等情况,以及有责投诉的投诉人、投诉内容、责任人、受理机关及处理情况。

(5)道路运输驾驶员诚信考核表。

道路运输驾驶员基本情况信息保存到从业资格证件注销或者吊销后 3 年。安全生产、遵守法规、服务质量信息和《道路运输驾驶员诚信考核表》保存期不少于 3 年。

(二)诚信信息录入

1. 违章信息和计分分值录入

县级以上道路运输管理机构对道路运输驾驶员实施监督检查时,应当按照计分分值标准将其违章信息和计分分值填写在从业资格证件的"违章和计分记录"栏内,注明日期,由执法人员签字,加盖道路运输管理机构执法专用印章,并及时将相关信息录入道路运输驾驶员数据库。

实行电子化从业资格证件的,相关信息直接存入电子证件和道路运输驾驶员数据库。

2. 有关诚信信息录入

道路运输管理机构应当畅通投诉渠道,收集并汇总道路运输驾驶员的有关诚信信息,存入道路运输驾驶员诚信档案和道路运输驾驶员数据库。

不具备法律效力的证据或者正在处理的涉及驾驶员违反道路运输法规的相关情况,不作为道路运输驾驶员诚信考核的依据。

3.信息抄告和信息共享机制

省级道路运输管理机构应当建立道路运输驾驶员信息抄告和信息共享机制,定期将本辖区查处的外省地道路运输驾驶员的违法行为和计分情况,抄告相应的省级道路运输管理机构。收到抄告信息的省级道路运输管理机构应当及时将相关信息录入道路运输驾驶员数据库。

(三)接受继续教育和清除计分手续

道路运输驾驶员在考核周期内累计计分达到20分的,应当在计满20分之日起15日内,到档案所在地有培训资格的机构,接受不少于18个学时的道路运输法规、职业道德和安全知识的继续教育。继续教育结束后,道路运输驾驶员凭继续教育合格证明到设区的市级道路运输管理机构办理清除计分手续。

设区的市级道路运输管理机构应当审核并收存继续教育合格证明,在驾驶员从业资格证件的"继续教育记录"栏内标注继续教育起止时间,并将相关信息录入道路运输驾驶员数据库,清除继续教育前的计分。在本次诚信考核周期内,道路运输驾驶员诚信考核等级为B级。

(四)诚信考核申请

道路运输驾驶员应当在诚信考核周期届满后20日内,持本人的从业资格证件到档案所在地设区的市级道路运输管理机构签注诚信考核等级,并填写《道路运输驾驶员诚信考核表》。

道路运输驾驶员发生重大以上道路交通事故,且在诚信考核周期届满后20日内尚未有责任认定结论的,道路运输驾驶员应当自收到公安机关交通管理部门出具的交通事故认定书后15日内,到档案所在地设区的市级道路运输管理机构办理诚信考核等级签注手续。

道路运输驾驶员需要向道路运输管理机构提供有关诚信信息的,应当提交相应的证明材料。

(五)签注诚信考核等级

设区的市级道路运输管理机构在收到《道路运输驾驶员诚信考核表》后,应当对道路运输驾驶员从业资格证件上的违章和计分记录、道路运输驾驶员数据库中的记录、《道路运输驾驶员诚信考核表》及相关证明材料进行核实和计分汇总,并在其从业资格证件和《道路运输驾驶员诚信考核表》的"诚信考核记录"栏中标注诚信考核起止时间,签注诚信考核等级,加盖道路运输驾驶员诚信考核专用印章。

诚信考核周期内,发生重大以上道路交通事故尚未有责任认定结论的,道路运输管理机构应当待事故责任明确后,签注诚信考核等级。

(六)向社会公布计分分值、诚信考核等级及异议处理

道路运输管理机构应当向社会公布本辖区内道路运输驾驶员历次考核周期的计分分值、诚信考核等级以及下一次签注诚信考核等级的时间等相关信息和查询方式,提供查询便利。

单位和个人对公布的诚信考核信息有异议的,可以在公告之日起 15 日内,向道路运输管理机构进行书面举报或举证,并提供相关证明材料。举报人应当如实签署姓名或者单位名称,并附联系方式。道路运输管理机构应当为举报人保密,不得向其他单位或者个人泄漏举报人的姓名及有关情况。

四、奖惩措施

(一)经营者对驾驶员的奖惩

道路运输经营者应当及时掌握本单位道路运输驾驶员的诚信考核等级,并作为培训、辞退道路运输驾驶员,调整道路运输驾驶员工资和奖励的重要依据。

道路运输经营者应当加强对诚信考核等级为 B 级的道路运输驾驶员的教育和管理。对存在重大安全隐患的,应当及时调离驾驶员工作岗位。

(二)道路运输管理机构对驾驶员的奖惩

1. 表彰奖励

道路运输管理机构应当鼓励道路运输经营者以及其他相关的社团组织对诚信考核等级为 AAA 级的道路运输驾驶员进行表彰奖励。

2. 限制驾驶行为

道路运输经营者不得安排诚信考核等级为 B 级的道路运输驾驶员,承担具有重大政治和国防战备意义、社会影响大、安全风险高的运输生产任务;不得安排其承担黄金周和春运期间的道路旅客运输任务。

3. 列入黑名单

道路运输驾驶员有下列情形之一的,道路运输管理机构应当将其列入黑名单,并向社会公告:

(1)在考核周期内累计计分达到 20 分,且未按照规定参加继续教育培训;

(2)无正当理由超过规定时间,未签注诚信考核等级;

(3)从业资格证件被吊销。

4. 撤销从业资格证件

道路运输驾驶员存在以下情形之一的,道路运输管理机构应当根据《国务院关于特大安全事故行政责任追究的规定》,按照其不具备安全生产条件,依法撤销其从业资格证件:

(1)连续 3 个考核周期诚信考核等级均为 B 级;

(2)在一个考核周期内累计计分有 3 次以上达到 20 分。

5. 责令道路运输经营者限期改正且禁止评优

道路运输经营者在一个年度内,所属取得从业资格证件的道路运输驾驶员累计有 20%以上诚信考核等级为 B 级的,道路运输管理机构应当向其下发整改通知书,责令限期整改,并不得将其作为道路运输行业表彰评优的对象。

6. 公告经营者且1年内不得批准其新增运力

道路运输经营者连续两个年度,所属取得从业资格证件的道路运输驾驶员均累计有20%以上诚信考核等级为B级的,道路运输管理机构应当向社会公告,且1年内不得批准其新增运力。

复 习 题

1. 辨析道路运输企业质量信誉考核的概念。
2. 简述道路客货运驾驶员诚信考核中的计分制。

第九章　道路运输行政监督

本书所述的监督道路运输行政是狭义的,仅指交通运输主管部门及其所属的道路运输管理机构组织体系内的监督行政。监督道路运输行政主要包括因行政复议申请引起的监督行政和日常的交通运输行政督查。本书主要叙述日常的交通运输行政督查。

第一节　道路运输行政执法监督

一、道路运输行政执法监督概述

(一)道路运输行政执法监督的概念及特征

道路运输行政执法监督是指上级道路运输行政主体对下级道路运输行政主体及其所属的行政执法人员的行政行为进行监督和检查的活动。道路运输行政执法监督是交通运输行政执法监督体系的有机组成部分,同时作为一个行业的行政执法监督机制有其自身的特点,这些特点主要表现在以下几方面。

(1)监督主体具有特定性。

道路运输行政执法监督的主体是具有监督权限的道路运输行政主体,而执法监督的权限是基于上下级的行政隶属关系或者业务指导、领导关系。

(2)监督对象具有特定性。

道路运输行政执法监督的对象是道路运输行政主体及其所属的行政执法人员,监督对象具有广泛性。

(3)监督贯穿整个道路运输行政执法过程中。

具体来说,道路运输行政执法监督既有执法过程中的监督,也有执法过程完成后的监督。前者如实施执法检查时,对现场的执法行为进行监督检查,后者如实行错案追究制度等。所以说,道路运输行政执法的监督主体实施监督权的时间,存在于整个执法活动之中。

(4)监督具有直接、及时、灵活的特点。

道路运输执法监督是在执行法规的过程中实现的,最先得到执法偏差信息的是道路运输行政主体,而非其他行政主体。因此,一般说道路运输行政主体能直接、及时地纠正这些偏差。同时,由于道路运输行政主体具有较丰富的执法经验和一定的执法手段,可以使发现的问题及时、迅速地得到解决,保证执法工作的正常运行。

(二)道路运输行政执法监督的原则

道路运输行政执法监督的原则是指开展道路运输行政执法工作应遵循的基本思想和指导方针。开展道路运输行政执法监督应当遵循以下原则。

(1)有法必依,执法必严,违法必究。

有法必依要求道路运输行政执法必须依据国家制定的有关道路运输行政管理的法律、法规和规章,杜绝随意执法;执法必严要求道路运输行政主体必须严格地执行国家的法律、法规和规章,坚决反对和制止姑息、放纵违法行为的事件发生;违法必究要求道路运输行政主体必须正确地执行国家的法律、法规和规章,对于故意或过失造成违法行为并产生违法后果的,上级道路运输行政主体要及时制止和纠正,并追究部门和直接责任者的法律责任,维护法律的严肃性。

(2)部门监督与其他形式的监督相结合。

道路运输行政执法工作是处于国家整个监督机制监督之下开展的,除行业内部的执法监督之外,还必须接受人民代表大会、政府、党、政协、新闻媒介、人民群众对执法工作的监督。这些监督通过不同的途径,以不同的形式,产生不同的监督效果。所以,要开展好道路行政执法工作,仅仅依靠道路运输行政主体内部的部门执法监督是不够的,还要接受各方面的监督,及时改进执法工作,提高依法行政的水平。

二、道路运输行政执法监督的内容

道路运输行政执法监督的内容包括以下几个方面。

(1)道路运输行政执法主体是否合法。

①执法行政主体必须按照职权法定的原则,依法设立。

②属于委托执法的,依法办理委托手续。

③既有法律法规授权执法,又有部分委托执法的部门或机构,应严格依法界定、行使职权。

④执法人员应当具备相应的资格和条件,经培训、考试合格后上岗执法。不具备行政执法资格的机构或组织及其人员,不得从事交通运输行政执法活动。

⑤执法文书的盖章应与执法主体相符。

(2)道路运输行政执法中认定违法事实是否准确。

对当事人违法事实的认定是做出道路运输具体行政行为的前提和关键。认定违法事实要有明确的法律依据,有相关证据佐证。

(3)道路运输行政执法程序是否合法。

正确执行执法程序是正确执行实体法的保障。《中华人民共和国行政处罚法》有个很重要的原则,即"程序违法、处罚无效"。监督工作中应重点检查立案、调查取证、当事人权利的告知、决定、送达、执行等程序的合法性。

(4)行政执法文书是否规范。

行政执法文书是行政执法活动的集中反映。直接反映行政执法活动的过程、结果和水平。执法文书填写应当真实、规范、完整。整理归档应当符合要求,一案一卷,妥善存放。

(5)执法人员在执法中有无"吃拿卡要"和"冷横硬"情况。

执法中,既要严格执法,又要文明执法。严格执法与文明执法是依法行政的两个方面。两者是辩证统一的关系。所谓文明执法,从广义上讲,是对执法人员法律要求、纪律要求和道德要求的统一;从狭义上讲,则是指执法人员依照法定权限和程序来办理案件,坚持规范执法、严格执法、公正执法。实际执法工作中,不能把文明执法片面理解为不处罚、态度热情、放宽条件等;把严格执法演变成态度生硬,好像只有态度生硬才能威慑当事人,体现出执法的力度。

(6)推行交通行政执法责任制情况。

行政执法责任制是指行政执法机关依法确认行政执法主体性质,界定行政执法职责,分解行政执法职权,落实行政执法责任,规范行政执法程序,开展行政执法评议考核和追究行政执法责任的执法工作制度。推行交通执法责任制,应动态调整、分解执法权限、责任情况;学习宣传新颁布的法律、法规、规章情况;建立相关配套制度等。检查推行行政执法责任制,要重点检查定期清理行政执法依据情况。

三、道路运输行政执法监督的方式

(1)实行执法公示制度。

执法公示制是接受执法监督的有效方式。为便于监督主体监督,执法依据、办事程序、收费项目、收费范围、收费标准、监督电话必须公示。执法人员的姓名、照片、执法证件号码必须上墙公示。尽可能利用现代化手段改进公示方式,条件允许的情况下,应利用网站、电子显示屏、触摸屏进行公示。

(2)实行规范性文件实施情况报告制度。

新颁布的规范性文件施行一年后,道路运输行政主体应当向上一级道路运输行政主体报告该规范性文件的实施情况,包括配套规定的制定、实施效果、存在问题及建议。

(3)实行规范性文件备案审查制度。

各级道路运输行政主体应建立规范性文件前置审查制度,规范性文件在印发前,送同级法制部门进行合法性审查。通过合法性审查的,在印发规范性文件时,将文件报送同级政府和上级(所属)业务主管部门备案。未经审查、备案的规范性文件,同级人民政府或上级业务主管部门有权撤销,不得作为行政执法的依据。

(4)实行行政执法工作报告制度。

各级道路运输行政主体按规定将年度执法工作情况向同级人民政府或上级业务主管部门报告。报告的内容应客观、真实、全面。

(5)实行行政执法检查制度。

各级道路运输行政主体定期或者不定期地对本级和下级道路运输行政主体的执法活动情况进行检查。检查可以采取现场检查、重点抽查、专案调查、案卷评查、全面检查等多种形式。对检查中发现的问题,以通报形式做出分析,并对突出问题、普遍性问题提出解决办法,报上一级业务主管部门。

(6)实行重大行政处罚决定备案制度。

做出吊销证照、责令停业整顿、较大数额罚款的重大行政处罚决定的,应当按照规定备案。道路运输行政主体应当向所属交通运输主管部门备案。各级交通运输主管部门应向同级人民政府和上一级业务主管部门备案。备案审查中发现重大行政处罚决定违法的,应撤销或者变更处罚决定,根据情况做出赔补偿决定。

(7)实行执法过错和错案追究制度。

各级道路运输行政主体建立完善执法过错、错案评审机制,依法及时、科学地认定执法过错或错案,按照相关规定对责任部门和责任人进行追究。

(8)对行政许可、行政处罚案件依法组织审核、听证。

通过组织听证,对执法人员认定的事实、法律依据、拟做出的决定进行审查,发现、纠正执法过错或错案,充分保护管理相对人的合法权益不受侵犯,保障行政主体依法行使权力。

(9)各级道路运输行政主体在职权范围内决定采取的其他方式。

第二节 道路运输行政许可监督

道路运输行政许可监督工作的目的,是为了及时纠正和查处道路运输行政许可实施过程中的违法、违纪行为,保证道路运输行政主体正确履行行政许可的法定职责。

一、道路运输行政许可监督体制

(一)道路运输行政许可监督体制

县级以上交通运输主管部门应当建立健全行政许可监督检查制度和责任追究制度,加强对道路运输行政许可的监督。

1. 对下级交通运输主管部门的监督

上级交通运输主管部门应当加强对下级交通运输主管部门实施道路运输行政许可的监督检查,及时纠正交通运输行政许可实施中的违法违纪行为。

2. 对法律、法规授权的道路运输行政许可实施组织的监督

交通运输主管部门应当加强对法律、法规授权的道路运输行政许可实施组织实施交通运输行政许可的监督检查,督促其及时纠正道路运输行政许可实施中的违法违纪行为。

3. 对实施行政许可工作人员的监督

道路运输行政许可实施主体应当建立健全的内部监督制度,加强对本机关实施行政许可工作人员的内部监督。

(二)行政许可监督检查责任追究工作机构和监督机制

交通运输主管部门、交通运输行政许可实施主体的法制工作机构、监察机关按照职责分工具体负责行政许可监督检查责任追究工作。

道路运输行政许可实施主体实施行政许可,应当自觉接受社会和公民的监督。任何单位和个人都有权对道路运输行政许可实施主体及其工作人员不严格执行有关行政许可的法律、法规、规章以及在实施道路运输行政许可中的违法违纪行为进行检举、控告。道路运输行政许可实施主体应当建立道路运输行政许可举报制度,公开举报电话号码、通信地址或者电子邮件信箱。道路运输行政许可实施机关收到举报后,应当依据职责及时查处。

二、道路运输行政许可监督检查的主要内容

道路运输行政许可监督检查的主要内容包括：
(1) 道路运输行政许可申请的受理情况；
(2) 道路运输行政许可申请的审查和决定的情况；
(3) 道路运输行政许可实施主体依法履行对被许可人的监督检查职责的情况；
(4) 实施道路运输行政许可过程中的其他相关行为。

三、道路运输行政许可监督检查中的处理措施

(一) 撤销道路运输行政许可

有下列情形之一的，做出道路运输行政许可决定的道路运输行政许可实施主体或者其上级交通运输主管部门，根据利害关系人的请求或者依据职权，可以撤销道路行政许可：
(1) 道路运输行政主体工作人员滥用职权、玩忽职守做出准予道路行政许可决定；
(2) 超越法定职权做出准予道路运输行政许可决定；
(3) 违反法定程序做出准予道路运输行政许可决定；
(4) 对不具备申请资格或者不符合法定条件的申请人准予道路行政许可；
(5) 依法可以撤销道路运输行政许可的其他情形。

(二) 行政许可受理阶段违法而给予行政处理

道路运输行政许可实施机关及其工作人员违反《行政许可法》的规定，有下列情形之一的，由道路运输行政许可实施机关或者其上级交通运输主管部门或监察部门责令改正；情节严重的，对直接负责的主管人员和其他直接责任人员依法给予行政处分：
(1) 对符合法定条件的道路行政许可申请不予受理；
(2) 不依法公示应当公示的材料；
(3) 在受理、审查、决定道路运输行政许可过程中，未向申请人、利害关系人履行法定告知义务；
(4) 申请人提交的申请材料不齐全、不符合法定形式，不一次告知申请人必须补正的全部内容；
(5) 未依法说明不受理道路运输行政许可申请或者不予道路运输行政许可的理由；
(6) 依法应当举行听证而不举行听证。

(三) 行政许可决定阶段违法而给予的行政处理

道路运输行政许可实施主体实施交通运输行政许可，有下列情形之一的，由其上级交通运输主管部门或者监察部门责令改正，对直接负责的主管人员和其他直接责任人员依法给予行政处分；构成犯罪的，依法追究刑事责任：
(1) 对不符合法定条件的申请人准予行政许可或者超越法定职权做出准予道路运输行政许可决定；

(2)对符合法定条件的申请人不予道路运输行政许可或者不在法定期限内做出准予道路运输行政许可决定;

(3)依法应当根据招标、拍卖结果或者考试成绩择优做出准予道路运输行政许可决定,未经招标、拍卖或者考试,或者不根据招标、拍卖结果或者考试成绩择优做出准予道路运输行政许可决定。

(四)行政许可违法收费的处理

道路运输行政许可实施主体在实施行政许可的过程中,擅自收费或者超出法定收费项目和收费标准收费的,由其上级交通运输主管部门或者监察部门责令退还非法收取的费用,对直接负责的主管人员和其他直接责任人员给予行政处分。

(五)违法动用行政许可费用的处理

道路运输行政许可实施主体及其工作人员,在实施行政许可的过程中,截留、挪用、私分或者变相私分依法收取的费用的,由其上级交通运输主管部门或者监察部门予以追缴,并对直接负责的主管人员和其他直接责任人员给予行政处分;构成犯罪的应当移交司法机关,依法追究刑事责任。

(六)办理行政许可受贿或谋取不正当利益的处理

道路运输行政许可实施主体工作人员办理行政许可、实施监督检查,索取或者收受他人钱物、谋取不正当利益的,应当对直接负责的主管人员和其他直接责任人员给予行政处分;构成犯罪的应当移交司法机关,依法追究刑事责任。

(七)对被许可人监督不力并造成严重后果的处理

交通运输主管部门不依法履行对被许可人的监督职责或者监督不力,造成严重后果的,由其上级交通运输主管部门或者监察部门责令改正,对直接负责的主管人员和其他直接责任人员依法给予行政处分;构成犯罪的,依法追究刑事责任。

(八)因行政许可导致的国家赔偿和内部追偿

道路运输行政许可的实施主体及其工作人员违法实施行政许可,给当事人的合法权益造成损害的,应当按照《国家赔偿法》的有关规定给予赔偿,并责令有故意或者重大过失的直接负责的主管人员和其他直接责任人员承担相应的赔偿费用。

四、道路运输行政许可监督检查的具体负责机构和处理程序

交通运输主管部门、道路运输行政许可实施主体的法制工作机构具体负责对本单位负责实施行政许可的内设机构、下级交通运输主管部门、法律法规授权的道路运输管理机构实施行政许可进行执法监督。

法制工作机构发现道路运输行政许可实施主体实施道路行政许可违法的,应当向法制工作机构所在单位提出意见,经机关负责人同意后,按下列规定做出决定:

(1) 依法应当撤销行政许可的,决定撤销;
(2) 依法应当责令改正的,决定责令改正。

收到责令改正决定的单位应当在 10 日内以书面形式向做出责令改正决定的单位报告纠正情况。

监察机关依照有关法律、行政法规规定对道路行政许可实施机关及其工作人员实施监察,做出处理决定。

道路运输行政许可实施机关及其工作人员拒不接受道路运输行政许可监督检查,或者拒不执行道路行政许可监督检查决定,由其上级交通运输主管部门或者监察部门对直接负责的主管人员和其他直接责任人员依法给予行政处分。

第三节 道路运输行政复议

道路运输行政复议由行政相对人主动提起,依法由以交通运输主管部门为主的行政机关受理,属于被动监督,不同于道路运输行政系统内部日常的上级对下级的监督。

一、道路运输行政复议的概念和特征

(一) 道路运输行政复议的概念

道路运输行政复议是指公民、法人和其他组织认为道路运输行政主体做出的具体道路运输行政行为侵犯了其合法权益,在法定期限内向法定的交通运输主管部门或者法律、法规规定的其他行政机关提出行政复议申请,上一级交通运输主管部门或者法律、法规规定的其他行政机关受理申请后,进行合法性、适当性审查,并做出行政复议决定的一种法律制度。

(二) 道路运输行政复议的特征

(1) 道路运输行政复议是以道路运输行政主体做出具体道路行政行为和存在行政争议为前提。道路运输行政主体在行使行政管理职权过程中,依法对行政管理相对人单方面采取的,能够直接发生法律效力的具体行政行为,行政管理相对人对具体行政行为不服而产生行政争议。

(2) 道路运输行政复议是一种依申请的行政行为。道路运输行政复议是以行政管理相对人为主动一方当事人(即申请人),以道路运输行政主体为被动一方当事人(即被申请人),不是由复议机关主动申请。遵循"不告不理"的规则,只有行政相对人依法提出复议申请,才启动行政复议。被申请人必须是直接做出该具体行政行为的道路运输行政主体。

(3) 道路运输行政复议机关是依法有履行行政复议职责的交通运输主管部门等。行政复议只能由具有复议权的行政机关进行,非行政机关组织不能作为复议主体。复议权是指法律、法规授予的对引起争议的具体行政行为进行审查并做出裁决的权力。

(4) 道路运输行政复议以道路运输行政主体做出的具体行政行为的合法性和适当性为审查内容。行政复议不同于行政诉讼,行政诉讼中人民法院只对具体行政行为的合法性进行审查。行政复议不仅审查其合法性,而且审查其适当性,即依据法律、法规、规章和具有普

遍约束力的决定、命令来判断具体行政行为是否合法；根据执法目的、执法幅度来判断具体行政行为是否适当。

（5）道路运输行政复议的结果以行政复议机关做出行政复议决定表现出来。由于道路运输行政复议是由行政复议机关做出的。因此，道路运输行政复议结果的表现形式就只能是行政复议机关的决定，而不是人民法院的判决或裁定。行政复议决定是行政复议机关审理行政争议的结果，是具有法律效力的行政裁决。它必须采用书面形式，否则不具有法律效力。

（6）道路运输行政复议是一种法定的程序性活动。行政复议程序法定要求行政复议活动必须严格按照法定的步骤、方式、顺序和时限进行。程序法定的实质是对行政复议机关公正行使复议权的约束和保障。行政复议必须依法进行，具体要求依法申请复议、依法受理复议案件、依法审理复议案件和依法做出复议决定等。

（7）道路运输行政复议是道路运输行政系统的内部监督机制。道路运输行政复议是由行政相对人启动的、上级交通运输主管部门对下级道路运输行政主体进行层级监督的一种具体行政行为。行政相对人主动申请行为有利于行政机关及时查明出现违法或不当的具体行政行为的原因，及时发现行政执法活动中存在的问题和不足，从而促进行政机关采取相应的补救措施，在以后的执法活动中不断加以改进，以提高行政执法水平。相对于行政机关依职权主动纠正自己违法或不当的行政行为而言，行政复议的监督功能更为有力、有效。

（8）道路运输行政复议是国家行政救济机制的重要组成部分。道路运输行政复议是通过审查和纠正行政主体做出违法或者不当的具体行政行为，以达到监督行政机关依法行使职权并保护公民、法人或者其他组织的合法权益的目的。行政复议机关在对具体行政行为进行审查时，如果发现有违法或者不适当的情形，就给予撤销或变更，从而使得行政相对人原被侵犯的合法权益得到救济和保护，因此，行政复议还是国家行政救济机制的重要组成部分。

二、道路运输行政复议原则

（一）行政复议机关依法独立行使复议权的原则

行政复议机关依法独立行使复议权的原则是指行政复议机关依照法定权限与程序独立行使行政复议权力，对具体行政行为及有关的抽象行政行为进行审查，并做出复议决定，不受其他机关、组织与个人的非法干预。由于行政复议是一种对行政相对人合法权益进行救济的制度，其出发点在于对有关行政复议进行居中裁断，具有准司法性的特点，只有保证其一定程度的独立性，才能保证其复议决定的权威性与公正性。

（二）合法、公正、公开、及时、便民原则

合法原则要求道路运输行政复议机关要以事实为依据，以法律为准绳，对行政管理相对人申请行政复议的事项，按照法定程序进行审查，并根据审理的结果依法做出行政复议决定；对于合法的具体行政行为，依法予以维持；对于违法或者不当的具体行政行为，依法予以变更或者撤销，并可以责令被申请人重新做出具体行政行为。

公正原则是合法原则的必要补充,是行政复议制度的灵魂。要做到公正,道路运输行政复议机关在处理复议案件时就必须充分考虑申请人与被申请人两方面的合法权益,不偏袒任何一方,严格依法办事,不拿原则做交易,对申请人正当合法的权利坚决给予保护,对申请人不合理的要求也要依法予以驳回;对被申请人的违法或者是不当的行为必须严格地按照法律、法规的要求处理,做到不故意庇护和放纵违法行为。同时,对被申请人做出的合理的行为和决定应依法坚决予以维护。

公开是合法与公正的外部保障。所谓公开就是指要增强透明度,反对神秘化与封闭化。由于复议机关与被申请人之间存在着行政上的领导与被领导、指导与被指导关系,因此,在复议的过程中就必须遵循公开原则。只有复议活动公开,才能便于公民、法人和其他组织依法有效地监督复议机关的复议活动;只有复议活动公开,才能保障复议机关在处理复议案件时依法办事,对受审查的具体行政行为和有关道路运输行政主体的决定做到不枉不纵。

及时原则也称效率原则,是指行政复议机关必须在法定的期限内做出决定,并不断提高工作效率,尽快结案。及时原则是依靠行政复议法中有关申请、受理、审理、决定以及执行的时限制度来保证的,从行政复议案件的受理、审理到做出复议决定都有严格的时限要求,行政复议的各个环节都必须在法定的时限内尽快完成,才能保证行政复议的高效率。

便民原则是指在行政复议活动中,行政复议机关应当对行政复议申请人行使行政复议申请权提供便利,使他们能够节约时间、精力和费用。

(三) 一级复议原则

一级复议原则是指除有法律特别规定的以外,行政案件经过一级行政复议机关的一次复议后即告终结,申请人对复议决定不服的,不能再向上一级行政复议机关或原复议机关申请复议。如果是法律规定的终局复议决定,申请人则只能履行复议决定;如果不是终局复议决定,申请人还可以向人民法院提起行政诉讼。

(四) 复议期间具体行政行为不停止执行原则

复议期间具体行政行为不停止执行原则是指行政机关做出的具体行政行为不因行政相对人提出行政复议申请而停止执行,即行政复议申请人提出行政复议申请后,对道路运输行政主体做出的具体行政行为,在行政复议机关变更或者撤销以前,必须继续执行,对当事人产生约束力。由于具体行政行为的种类繁多,性质多样,有些具体行政行为明显违法或不当,如果不停止执行,将会给行政相对人带来难以弥补的损失,甚至给国家和社会造成重大损失,可以停止执行的四种例外情况为:被申请人认为需要停止执行;复议机关认为需要停止执行;申请人申请停止执行,行政复议机关认为其要求合理,决定停止执行;法律规定停止执行。

三、道路运输行政复议的受案范围

道路运输行政复议的受案范围是指公民、法人或其他组织认为具体行政行为侵犯其合法权益,依法向行政复议机关提出申请,由行政复议机关受理并解决行政争议的权限范围。

道路运输行政复议受案范围,依据所做出的具体行政行为的性质分类,主要有:道路运输行政处罚案件;道路运输行政强制措施案件;侵犯法律、法规规定的经营自主权的案件;认为符合法定条件申请道路运输行政主体颁发证照,道路运输行政主体拒绝颁发或者不予答复的案件;道路运输行政主体违法要求履行义务的案件;道路运输行政主体侵犯行政相对人的人身权、财产权等合法权益的其他案件。

四、道路运输行政复议管辖和复议机构

(一)道路运输行政复议管辖

行政复议管辖是指复议机关受理行政复议案件的分工和权限。交通运输行政复议的管辖如下:对县级以上地方人民政府交通运输主管部门的具体行政行为不服的,可以向本级人民政府申请行政复议,也可以向其上一级人民政府交通运输主管部门申请行政复议;对县级以上地方人民政府交通运输主管部门依法设立的道路运输管理机构,依照法律、法规授权,以自己的名义做出的具体行政行为不服的,向设立该道路运输管理机构的交通运输主管部门申请行政复议。

(二)道路运输行政复议机构

依法履行行政复议职能的行政机关是行政复议机关,但正如行政主体的行政职权需要通过其内部的工作机构及工作人员实际行使一样,行政复议机关对行政复议的受理、审查及做出决定等行为最终需要由其相应的内部机构做出,所以行政复议机关在其内部设立了具体负责办理复议案件的机构,这些机构就是行政复议机构。行政复议机构是具体处理复议案件的机构,复议机构一般是复议机关内负责法制工作的机构。

在行政复议中,复议机关是以自己的名义独立行使复议权力的机关,而行政复议机构不能以自己的名义独立地做出复议决定,复议机构做出的复议决定是一种初步裁决,经复议机关首长个人或集体讨论认可批准后,要以复议机关的名义做出并送达。

五、道路运输行政复议程序

(一)申请

公民、法人或者其他组织向行政复议机关申请道路运输行政复议,应当自知道该具体行政行为之日起60日内提出行政复议申请;但是法律规定的申请期限超过60日的除外。

因不可抗力或者其他正当理由耽误法定申请期限的,申请人应当在道路运输行政复议申请书中注明,或者向行政复议机关说明,并由行政复议机关记录在行政复议申请笔录中,经行政复议机关依法确认的,申请期限自障碍消除之日起继续计算。

申请人申请道路运输行政复议,可以书面申请,也可以口头申请。申请人口头申请的,行政复议机关应当当场记录申请人、被申请人的基本情况、行政复议请求、主要事实、理由和时间;申请人应当在行政复议申请笔录上签名或者署印。

公民、法人或者其他组织向人民法院提起行政诉讼或者向本级人民政府申请行政复议,人民法院或者人民政府已经受理的,不得再向行政复议机关申请行政复议。

(二) 受理

行政复议机关收到道路运输行政复议申请后,应当在5日内进行审查。对符合《行政复议法》规定的行政复议申请,应当决定予以受理,并制作行政复议申请受理通知书送达申请人、被申请人;对不符合行政复议法规定的行政复议申请,决定不予受理,并制作行政复议申请不予受理决定书送达申请人;对符合行政复议法规定,但是不属于本机关受理的行政复议申请,应当告知申请人向有关行政复议机关提出。

除上述规定外,道路运输行政复议申请自行政复议机关设置的法制工作机构收到之日起即为受理。

公民、法人或者其他组织依法提出道路运输行政复议申请,行政复议机关无正当理由不予受理的,上级交通运输主管部门应当制作责令受理通知书责令其受理;必要时,上级交通运输主管部门可以直接受理。

(三) 送达被申请人和申请人答复

行政复议机关设置的法制工作机构应当自行政复议申请受理之日起7日内,将行政复议申请书副本或者复议申请笔录复印件及行政复议申请受理通知书送达被申请人。

被申请人应当自收到前款通知之日起10日内向行政复议机关提交行政复议答复意见书,并提交做出具体行政行为的证据、依据和其他有关材料。

(四) 审查

道路运输行政复议原则上采取书面审查的办法,但是申请人提出要求或者行政复议机关设置的法制工作机构认为有必要时,可以向有关组织和个人调查情况,听取申请人、被申请人和第三人的意见。复议人员调查情况、听取意见,应当制作行政复议调查笔录。

(五) 审查决定做出前的一些特殊事项的处理

1. 撤回复议申请的处理

道路运输行政复议决定做出前,申请人要求撤回行政复议申请的,经说明理由并由复议机关记录在案,可以撤回。申请人撤回行政复议申请,应当提交撤回道路运输行政复议的书面申请书或者在撤回行政复议申请笔录上签名或者署印。

撤回行政复议申请的,道路运输行政复议终止,道路运输行政复议机关应当制作行政复议终止通知书送达申请人、被申请人、第三人。

2. 行政复议法所列的规范性文件的附带审查

申请人在申请道路运输行政复议时,对有关规定提出审查申请的,行政复议机关对该规定有权处理的,应当在30日内依法处理;无权处理的,应当在7日内制作规范性文件转送处理函,按照法定程序转送有权处理的行政机关依法处理。

行政复议机关对有关规定进行处理或者转送处理期间,中止对具体行政行为的审查。中止对具体行政行为审查的,应当制作行政复议中止审查通知书并及时送达申请人、被申请人、第三人。

3.复议期限

行政复议机关应当自受理道路运输行政复议申请之日起60日内做出道路运输行政复议决定;但是法律规定的行政复议期限少于60日的除外。情况复杂,不能在规定期限内做出道路运输行政复议决定的,经行政复议机关的负责人批准,可以适当延长,并告知申请人、被申请人、第三人,但是延长期限最多不超过30日。行政复议机关延长复议期限的,应当制作延长行政复议期限通知书并送达申请人、被申请人、第三人。

(六)做出道路运输行政复议决定

行政复议机关设置的法制工作机构应当对被申请人做出的具体行政行为进行审查,提出意见,经行政复议机关的负责人同意或者集体讨论通过后,按照下列规定作出行政复议决定。

(1)具体行政行为认定事实清楚,证据确凿,适用依据正确,程序合法,内容适当的,决定维持。

(2)被申请人不履行法定职责的,责令其在一定期限内履行。

(3)具体行政行为有下列情形之一的,决定撤销、变更或者确认该具体行政行为违法;决定撤销或者确认该具体行政行为违法的,可以责令被申请人在一定期限内重新做出具体行政行为:主要事实不清、证据不足的;适用依据错误的;违反法定程序的;超越或者滥用职权的;具体行政行为明显不当的。

(4)被申请人不按照行政复议法的规定提出书面答复、提交当初做出具体行政行为的证据、依据和其他有关材料的,视为该具体行政行为没有证据、依据,决定撤销该具体行政行为。行政复议机关责令被申请人重新做出具体行政行为的,被申请人不得以同一的事实和理由做出与原具体行政行为相同或者基本相同的具体行政行为。

(七)送达

行政复议机关做出道路运输行政复议决定,应当制作行政复议决定书,加盖行政复议机关印章,分别送达申请人、被申请人和第三人;行政复议决定书一经送达即发生法律效力。送达行政复议决定书及其他行政复议文书(除邮寄、公告送达外)应当使用送达回证,受送达人应当在送达回证上注明收到日期,并签名或者署印。

(八)履行

作为被申请人的道路运输行政主体不履行或者无正当理由拖延履行道路运输行政复议决定的,道路运输行政复议机关或者有关上级道路运输行政主体应当责令其限期履行。

六、道路运输行政主体应对复议所要做的工作

(一)认真梳理行政过程

道路运输行政主体一旦被申请复议,首先要认真梳理被申请行政行为的详细发生过程,认真查找可能出现违法或不当执法的环节。实践当中,最容易从以下几个方面犯错。

1. 主要事实不清、证据不足

行政处罚法、行政复议法和行政诉讼法均对具体行政行为的事实和证据有明确的要求,具体行政行为必须做到事实清楚、证据确凿。否则,复议机关有可能将该行为撤销。道路运输行政主体在执法时,在没有充分掌握行政管理相对人的违法事实的情况下,就对行政管理相对人做出具体行政行为;或者虽然掌握了充分的证据,但在做出行政行为时没有严格按照法定的程序做好证据保存和证据记录,以至在行政复议时不能提供合法和充分的证据,就可能在行政复议中败下阵来。其主要表现为:错列行政管理相对人;案件事实认定不清;执法中缺乏证据意识,造成被诉行政行为无事实根据;一人取得证据不合法;先裁决后取证;未在法定期限提交证据,视为没有证据;陷阱取证等。

2. 适用依据错误

道路运输行政主体的行政行为必须依据法律、行政法规、地方法规和政府规章的规定进行。复议机构在审查时,要查明依据的法律、行政法规、地方法规、国务院部委的部门规章和地方政府的规章以及规范性文件是否错误。其主要表现为:道路运输行政主体在做出具体行政行为时所依据的法规或规章错误;道路运输行政主体做出具体行政行为所依据的法律、法规及规章有关条文与所调整的法律关系不对应;没有正确理解法律、法规的含义;在行政时适用了未生效的法律、法规或已经失效的法律、法规。

3. 违反法定程序

程序合法与实体合法同样重要。行政处罚法对行政程序作了明确规定,如行政执法时应出示执法身份证件、做出处罚时应说明根据与理由、做出处罚决定前的证据收集与调查、听取当事人的陈述与申辩,告知当事人权利、对重大处罚举行听证的制度等,违反这些程序做出具体行政行为,就是行政违法行为。处罚后未告知申请复议权和起诉权,虽不导致具体行政行为的效力问题,但延长复议权和起诉权,从当事人知道或者应当知道诉权之日起计算。

4. 主体不合法

道路运输行政主体本身的设立未经法定程序的,没有执法权力而行使了法定权力的,没有经过授权而行使了其他行政机关的职权的,都属于主体不合法。尤其是一些地方在机构改革中不断增设的临时机构或新设的机构在权力机关没有授权的情况下就开始了行政执法,由此引发的行政诉讼并不罕见。在不合法的主体执法案例中,一些政府部门的临时机构或内设机构合法性问题受到了人们的质疑。主体是否合法主要表现为:实施道路运输行政行为的行政主体是否合法;代表道路运输行政主体实施行政行为的人员是否合法(即实施行政行为的人员是否有法定的执法资格等);道路运输行政主体工作人员是否在其职权范围内实施行政行为(具体包括是否在管辖的事务范围、地域范围和级别范围内实施行政行为,有无越权的现象);授权与委托是否合法,即被授权的组织和被委托的组织是否在授权和委托的范围内实施行政行为。

5. 越权执法

越权执法是指道路运输行政主体的具体行政行为超越了法律、法规、规章赋予的权限,对不属于自己管理的事项进行处理,属于越权行使的行政行为。例如:道路运输行政主体对超载行为进行罚款处罚。

6. 滥用职权

不合理、不公正地使用道路运输行政主体的自由裁量权就是滥用权力。现实中的道路运输行政主体往往容易出现滥用自由裁量权的情况,一些道路运输行政主体为了个人或部门的不当利益,做出的具体行政行为显失合理与公正,畸轻畸重,违背了法律、法规、规章授权的目的,侵犯了公民、法人和组织的合法利益,由此造成的行政复议就可能会被法院判决变更。因此,应该主要从以下几方面入手:具体行政行为的做出是否符合法定的目的;具体行政行为的做出是否有正当的动机;是否考虑了相关因素而不受不相关因素的影响;是否符合公正原则。

7. 行政不作为

行政不作为是指道路运输行政主体不履行法定职责或拖延履行法定职责的情形。如符合法定条件者向道路运输行政主体申请颁发许可证和执照,道路运输行政主体拒绝颁发或者不予答复;申请道路运输行政主体履行保护人身权、财产权的法定职责,道路运输行政主体拒绝履行或者不予答复;道路运输行政主体没有依法发给有关国家规定的补助或抚恤金等。

(二) 应对复议在程序方面应注意的几个问题

(1) 按时提交答辩状及有关证据、依据。

道路运输行政主体应当自收到申请书副本或者申请笔录复印件之日起10日内,提出书面答复,并提交当初做出具体行政行为的证据、依据和其他有关材料。在行政复议过程中,被申请人不得自行向申请人和其他有关组织或者个人收集证据。被申请人不按照行政复议法的规定提出书面答复、提交当初做出具体行政行为的证据、依据和其他有关材料的,视为该具体行政行为没有证据、依据,可导致该具体行政行为被行政复议机关撤销。

①道路运输行政主体必须提出书面答复。

这里的"书面答复",就是行政复议答辩书。行政复议答辩书是指在行政复议中,道路运输行政主体对申请人提出的复议请求以及所依据的事实和理由,进行问答或反驳的一种法律文书。答辩书可以明确表达道路运输行政主体做出具体行政行为的事实依据与法律依据,维护被申请人的正确、合法的具体行政行为,反驳申请人的观点,使行政复议机关能够全面了解案件的情况,为行政复议机关正确审理复议案件做好准备。答辩书一般由首部、正文和尾部组成。首部应写明答辩人的名称、地址及法定代表人的姓名、职务等事项。正文是答辩书的主体部分,应当全面阐明答辩人的主张、理由和事实,反驳申请人的要求、主张、理由和证据。正文部分应当做到观点明确、有理有据、论据充分、论证有力。尾部应注明答辩人的名称,提出答辩书的时间,并加盖印章。

②道路运输行政主体应当提交当初做出具体行政行为的证据、依据和其他有关材料。

道路运输行政主体所提交的证据材料应当是做出具体行政行为时的证据材料,而不是事后所得的材料。这些材料一般包括:表明具体行政行为存在的书面材料与其他材料;具体行政行为所依据的法律、法规、规章等规范性文件;做出具体行政行为所依据的各种证据材料,如书证、物证、视听资料、鉴定结论、勘验笔录与现场笔录等。

③道路运输行政主体应当在法定期限内提交。

书面答复、证据、依据和其他材料应在法定期限内提交。法定期间是收到复议书副本或者申请笔录复议件之日起10日内。道路运输行政主体提出的有关材料不符合要求时,行政复议机关应及时通知其补正。

④道路运输行政主体不履行答辩、举证义务应承担的法律后果。

就行为后果而言,道路运输行政主体不提出书面答复,不提交当初做出具体行政行为的证据、依据和其他有关材料的,视为该具体行政行为没有证据、依据,行政复议机关应当决定撤销该具体行政行为。

就具体责任人而言,不提出书面答复或者不提交做出具体行政行为的证据、依据和其他有关材料的,对直接负责的主管人员和其他直接责任人员依法给予警告、记过、记大过的行政处分。

(2)充分注意不予受理的情形。

行政复议机关收到行政复议申请后,应当在5日内进行审查,对不符合规定的行政复议申请,决定不予受理,并书面告知申请人。例如:国务院各部、委员会规章和地方人民政府规章不能被审查;其他规范性行政依据不能单独被提起审查;不服道路运输行政主体做出的行政处分或者其他人事处理决定的;不服道路运输行政主体对民事纠纷做出的调解或者其他处理等。

有下列情形之一的,行政复议机关应当决定驳回行政复议申请:申请人认为道路运输行政主体不履行法定职责申请行政复议,行政复议机关受理后发现该行政机关没有相应法定职责或者在受理前已经履行法定职责的;受理行政复议申请后,发现该行政复议申请不符合行政复议法等规定的受理条件的。

(3)调查申请人资格有无缺陷。

向行政复议机关提出行政复议申请,必须是认为自己的合法权益受到具体行政行为侵害的公民、法人或者其他组织。

(4)起诉超过法定期限且无正当理由。

公民、法人或者其他组织认为具体行政行为侵犯其合法权益的,可以自知道该具体行政行为之日起60日内提出行政复议申请;但是法律规定的申请期限超过60日的除外。因不可抗力或者其他正当理由耽误法定申请期限的,申请期限自障碍消除之日起继续计算。

行政复议申请期限的计算,依照下列规定办理:①当场做出具体行政行为的,自做出具体行政行为之日起计算;②载明具体行政行为的法律文书直接送达的,自受送达人签收之日起计算;③载明具体行政行为的法律文书邮寄送达的,自受送达人在邮件签收单上签收之日起计算;没有邮件签收单的,自受送达人在送达回执上签名之日起计算;④具体行政行为依法通过公告形式告知受送达人的,自公告规定的期限届满之日起计算;⑤做出具体行政行为时未告知公民、法人或者其他组织,事后补充告知的,自该公民、法人或者其他组织收到行政机关补充告知的通知之日起计算;⑥被申请人能够证明公民、法人或者其他组织知道具体行政行为的,自证据材料证明其知道具体行政行为之日起计算。道路运输行政主体做出具体行政行为,依法应当向有关公民、法人或者其他组织送达法律文书而未送达的,视为该公民、法人或者其他组织不知道该具体行政行为。

公民、法人或者其他组织依法申请道路运输行政主体履行法定职责,道路运输行政主体未履行的,行政复议申请期限依照下列规定计算:①有履行期限规定的,自履行期限届满之日起计算;②没有履行期限规定的,自道路运输行政主体收到申请满60日起计算。公民、法人或者其他组织在紧急情况下请求道路运输行政主体履行保护人身权、财产权的法定职责,道路运输行政主体不履行的,行政复议申请期限不受上述规定的限制。

(5)公民、法人或者其他组织向人民法院提起行政诉讼,人民法院已经依法受理的,不得申请行政复议。

道路运输行政主体应对复议时,还应该注意以下事项:申请人是否错列被申请人且拒绝变更的;法律规定必须由法定或者指定代理人、代表人为申请行为,未由法定或者指定代理人、代表人为申请行为的;代理人代为申请复议,其代理不符合法定要求等。

复 习 题

1. 简述道路运输行政许可监督检查的重点。
2. 简述道路运输行政执法监督的方式。
3. 应对复议在程序方面应注意哪些方面?

参 考 文 献

[1] 斯蒂芬·P·罗宾斯.组织行为学[M].孙建敏,译.北京:中国人民大学出版社,1997.
[2] 中国大百科全书本书委员会.中国大百科全书政治学[M].北京:中国大百科全书出版社,1992.
[3] 张国庆.公共行政学[M].北京:北京大学出版社,2007.
[4] 郗恩崇.道路运输行政管理学[M].2版.北京:人民交通出版社,2006.
[5] 徐双敏.行政管理学[M].北京:科学出版社,2008.
[6] 魏永忠.现代行政管理[M].北京:中国人民公安大学出版社,2005.
[7] 交通运输道路运输司.新时期道路运输业发展大调研成果汇编[M],北京:人民交通出版社,2010.
[8] 交通运输部政策法规司.交通运输行政执法管理与监督[M].北京:人民交通出版社,2012.